DES HEILIGEN
EPHRAEM DES SYRERS
HYMNEN DE FIDE

CORPUS
SCRIPTORUM CHRISTIANORUM ORIENTALIUM

EDITUM CONSILIO

UNIVERSITATIS CATHOLICAE AMERICAE
ET UNIVERSITATIS CATHOLICAE LOVANIENSIS

Vol. 154

SCRIPTORES SYRI

TOMUS 73

DES HEILIGEN
EPHRAEM DES SYRERS
HYMNEN DE FIDE

HERAUSGEGEBEN

VON

EDMUND BECK

LOUVAIN
IMPRIMERIE ORIENTALISTE
L. DURBECQ
1955

VORWORT

Ephräms Hymnensammlung *De Fide* ist von S. A. Assemani im 3. Band (syr.-lat.) der E(ditio) R(omana) nach zwei Handschriften der Bibliotheca Vaticana herausgegeben worden.

Er gab ihr eigenmächtig den Untertitel : *Sermones polemici octoginta septem adversus scrutatores* und wiederholt am oberen Rand der ungeraden Seiten als Titel : *Adversus scrutatores Sermones,* auch bei den Hymnen 81-87, die er, frei nach den Handschriften, mit *Margarita seu de Fide septem* einführt.

Überall ist hier das Wort « Sermones » falsch; denn es sind *madrâšē* d.h. Hymnen in Strophenform. Das « Sermones » des Assemani ist um so irreführender als er unmittelbar auf diese « Sermones » andere mit dem gleichen Thema folgen lässt (S. 164 : *In idem argumentum sermones tres*), die diesmal wirklich Sermones sind (siebensilbige Verszeilen ohne Strophengliederung) und ein aus der nisibenischen Zeit stammendes, von den Hymnen *De Fide* völlig verschiedenes Werk darstellen.

S. A. Assemani ist nun bekanntlich überhaupt sehr frei mit dem Text der Handschriften umgegangen, besonders in den Fällen, wo die eine seiner Handschriften (111) einen kaum mehr lesbaren Text bot und die andere (113) wegen Ausfalls von Blättern nicht zur Ergänzung herangezogen werden konnte. Hier bietet er nicht selten eigne Dichtung. Es muss daher betont werden : wenn in Stellen wie Hy. 18, 15 (ER 35 A), 19, 1 (ER 35 C), 20, 3 (ER 36 E), 22, 5-6 (ER 39 D/E), 52, 11 (ER 97 B/C), 59, 9 (fehlt in ER), 59, 10 (ER 113 D), 60, 1 (fehlt in ER), 60, 2-4 (ER 114 E) u. ä. die Editio Romana einen ganz anderen Text bietet als die vorliegende Neuausgabe, darf man nicht einen andren handschriftlichen Text vermuten [1]. Es sind freie Erfindungen Assemanis; denn die Buchstabenreste und nicht selten auch der klare Text seiner Handschriften beweisen, dass auch an diesen Stellen ein mit den Londonern

---

[1] W. Wright spricht vorsichtigerweise nur von der ER in seinem *Catalogue of Syriac Manuscripts in the British Museum* (London, 1871), S. 409 : « The text (add. 12176) presents many variations from that of the Roman edition, sometimes even in the division of te hymns. »

Handschriften im Kern identischer Text vorliegt. Das gleiche gilt in erhöhtem Masse von formal oder auch sachlich theologisch erklärenden Zusätzen zu völlig klar erhaltenen Textstellen wie in Hy. 46, 3 (ER 83 D) und 59, 3 (ER 112 D).

I. — HANDSCHRIFTEN

Die vorliegende Edition beschränkt sich auf die alten Handschriften aus dem 6. Jahrhundert, welche aus dem syrischen Muttergotteskloster der sketischen Wüste in die Vatikana und in das Britische Museum gekommen sind. Drei von ihnen enthalten bzw. enthielten die Sammlung der Hymnen *De Fide* vollständig, was von späteren Handschriften von vornherein nicht mehr zu hoffen ist. Denn schon die älteste aller datierten Ephrämhandschriften, Br. M. add. 14571, bietet aus umfangreicheren Sammlungen nur mehr ausgewählte Hymnen, aus *De Fide* nur sieben.

1) Handschrift **A** = Brit. Mus. add. 12 176. Format des Pergamentkodex nach W. Wright : 12 3/8 in. by 9 5/8. Die Seiten sind dreikolumnig beschrieben, die Kolumne mit über 40 Zeilen. Die Estrangeloschrift verrät nach Wright einen edessenischen Schreiber des V. oder VI. Jahrhunderts. Verglichen mit der Schrift der folgenden Codices zeigt sie eine mehr kursive Art[2]. Inhalt : auf den ersten drei Blättern ein *sermo admonitionis* von jüngerer Hand; dann folgen die Hymnen *De Fide;* anschliessend die Hymnen *Contra Haereses*, die auch in Cod. vat. sir. 111 auf die Hymnen *De Fide* folgen.

2) Handschrift **B** = Cod. vat. sir. 111. Ein Pergamentkodex von 24 × 31 cm, gleichfalls dreikolumnig beschrieben, die Kolumne zu ungefähr 40 Zeilen. Nach dem Kolophon (von der gleichen Hand wie der Codex) aus dem Jahr 834 (der Griechen) = 522. Inhalt : Hymnen *De Ecclesia, De Virginitate, De Fide, Contra Haereses* und *De Paradiso*. Die schöne Estrangeloschrift des Codex ist leider vielfach besonders in der ersten Hälfte unlesbar geworden (beim Transport nach Rom in den Nil gefallen).

3) Handschrift **C** = Cod. vat. sir. 113. Format 12 × 18 cm, ganz-

---

2 Für ein verhältnismässig jüngeres Alter dieses Codex könnte man auf Hy. 53, 1, 5 (S. 165, 1) verweisen, wo der einzige Fall vorzuliegen scheint, in dem die 3. Pers. Fem. Pl. Perf. mit dem (aus dem Imperativ stammenden) yod geschrieben wird. Doch bleibt auch in **A** dieser Fall völlig isoliert.

seitig beschrieben, enthält nur die Hymnen *De Fide*. Mehrere Blätter
gingen verloren. Es fehlen Hy. 1, 1-1, 3; Hy. 18, 7-31, 7 (auch schon
in Hy. 12-17 Text schwer beschädigt); Hy. 59, 4-67, 2; Hy. 85, 2-
87, 9. Gleiche Schrift wie Cod. vat. sir. 112, der nach dem Kolophon
(von späterer Hand als der Codex, gegen Assemani, Katalog) aus
dem Jahr 863 = 552 stammt.

4) Handschrift **D** = Brit. Mus. add. 14571. Format nach W.
Wright : 9 5/8 in. by 6 1/4. Zweikolumnig beschrieben, die Kolumne
zu 29-37 Zeilen. Nach dem Kolophon von einem edessenischen Schrei-
ber (Julian) im Jahr 830 = 519 geschrieben. Inhalt : vollständig
nur kleinere Sammlungen von Hymnen wie *De Paradiso* und *De
Nativitate* ; im übrigen eine etwas nachlässig hergestellte Sammlung
verschiedener Hymnen (Hy. 29 *De Ecclesia* erscheint zweimal in
fol. 48/9 und 67/8 mit Varianten!). Von *De Fide* finden sich
(auf Carm. Nisib. 39 folgend) die Hymnen 10, 11, 12, 14, 21, 23
zusammenhängend auf fol. 60-67 und nach der Wiederholung des
29. Hy. *De Ecclesia* und einem Hymnus *De Mortuis* noch *De Fide*
Hy. 32 (fol. 69-70).

II. — VERHÄLTNIS DER HSS ZUEINANDER

Der Text von **A** weist mehr Schreibfehler auf als der von **B**. Seine
Varianten gegenüber **B** erschöpfen sich nicht im Formalen (Plus
und Minus eines ܘ und ܕ ; Synonyma) sondern betreffen manchmal
auch den Sinn, wobei gelegentlich dem Text von **A** der Vorzug
gebührt [3]. Die Unabhängigkeit der Hs **A** von **B** zeigt sich am klar-
sten in den Responsorien, die mehrmals völlig voneinander abwei-
chen. Das Verhältnis der Hss zueinander ist hierin folgendes :

Hy. 6 : **A** gegen **B** (**C** nach **B** korr.)
Hy. 11 : **AC** gegen **BD**
Hy. 12 : **AC** gegen **BD**
Hy. 14 : **A** gegen **BD** (**C** unlesbar)
Hy. 15 : **AC** gegen **B** (**D** fehlt)
Hy. 16 : **AC** gegen **B** (**D** fehlt)
Hy. 20 : **A** gegen **B** (**CD** fehlen)
Hy. 43 : **AC** gegen **B** (**D** fehlt)
Hy. 44 : **AC** gegen **B** (**D** fehlt)

---

3 Vgl. vor allem Hy. 12, 20, 4 (S. 60, 2).

Hy. 47 : **AC** gegen **B** (**D** fehlt)

Hy. 58 : **AC** gegen **B** (**D** fehlt)

Hy. 63 : **A** gegen **B** (**CD** fehlen)

Hy. 74 : **AC** gegen **B** (**D** fehlt)

Hy. 86 : **A** gegen **B** (**CD** fehlen)

Die Übersicht ergibt ein klares Zusammengehen von **A** und **C**. Das ist um so auffälliger als sonst in den Varianten **C** oft auf Seiten von **B** gegen **A** steht. So z. B. in der verschiedenen Einreihung eines Strophengliedes in Hy. 7, 9. Doch in dem responsorienartigen Schlussglied der 4. Str. des 50. Hy. weichen die zur Stelle allein vorhandenen Hss **B** und **C** wieder völlig von einander ab.

In der zuletzt zitierten Strophe hat **B** gegenüber **C** auch das Minus einer halben Strophenzeile. Auch hier geht **C** in Hy. 4, 14 mit **A** zusammen, indem beide Hss die 6. Strophenzeile bieten, die in **B** fehlt. Doch findet sich in der gleichen Frage auch ein Zusammengehen von **B** und **C** gegen **A** : in Hy. 5, 7 fehlt in **A** die 7. Strophenzeile, die **BC** bieten.

In der Abgrenzung der Hymnen weichen die Hss in zwei Fällen von einander ab. Dabei steht, wenigstens in einem Fall, **C** wieder auf Seiten von **A**. In der Gruppe der Hymnen 49-65, die durch ihre Melodienangabe eingeführt und am Schluss des letzten Hy. durch einen eignen Schlussvermerk mit Angabe der Zahl der Hymnen dieser Gruppe abgeschlossen wird, verbindet **A** und **C** den 49. und 50. Hy. zu einem einzigen und zählen dementsprechend auch im Schlussvermerk nur sechzehn Hymnen im Gegensatz zu **B**, die ihre siebzehn Hymnen vermerkt. Die anschliessende Gruppe, Hy. 66-78, teilt **B** in 13 Hymnen auf mit (teilweiser) Numerierung der einzelnen Hymnen. **A** zieht dagegen Hy. 77 u. 78 zusammen (es fehlen Trennungspunkte, *bar qâleh* u. Responsorium). **C** hat zwar das *bar qâleh* wie **B**, es fehlt aber wie in **A** das Responsorium. Auf diese Weise ergibt sich als Gesamtzahl der Hymnen in **B** 87, in **A** nur 85 und in **C** 86. Trotzdem haben alle drei Hss übereinstimmend im Schlussvermerk : « Zu Ende sind die 87 Hymnen über den Glauben »! Eine unmittelbare Abhängigkeit der Hs **A** von **B** scheidet aus, wie wir sahen, und damit auch die Annahme einer mechanischen Übernahme dieser Schlussnotiz. Es war vielmehr offenbar allgemein bekannt, dass die Sammlung *De Fide* 87 Hymnen enthielt, und die Schreiber gaben sich keine Mühe genau nachzuzählen.

Pl. I

A = British Museum, Add. 12176

(Hy. 71, 6 - 73, 5. Cfr *infra*, p. 218, *9* - 223, *17*)

Pl. II

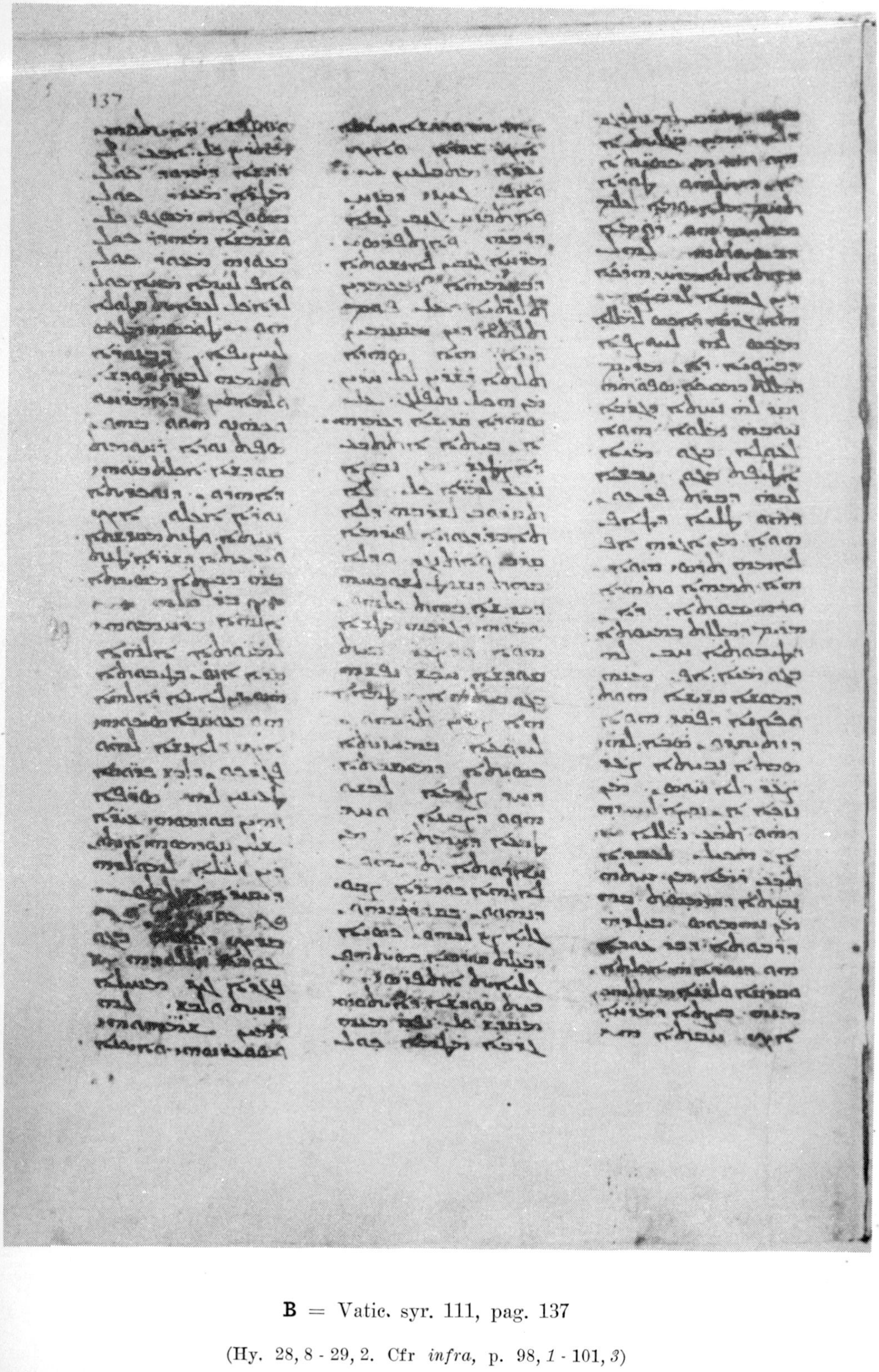

Pl. III

C = Vatic. syr. 113, fol. 95 v° - 96 r°

(Hy. 52, 7 - 52, 11. Cfr *infra*, p. 162, *22* - 163, *21*)

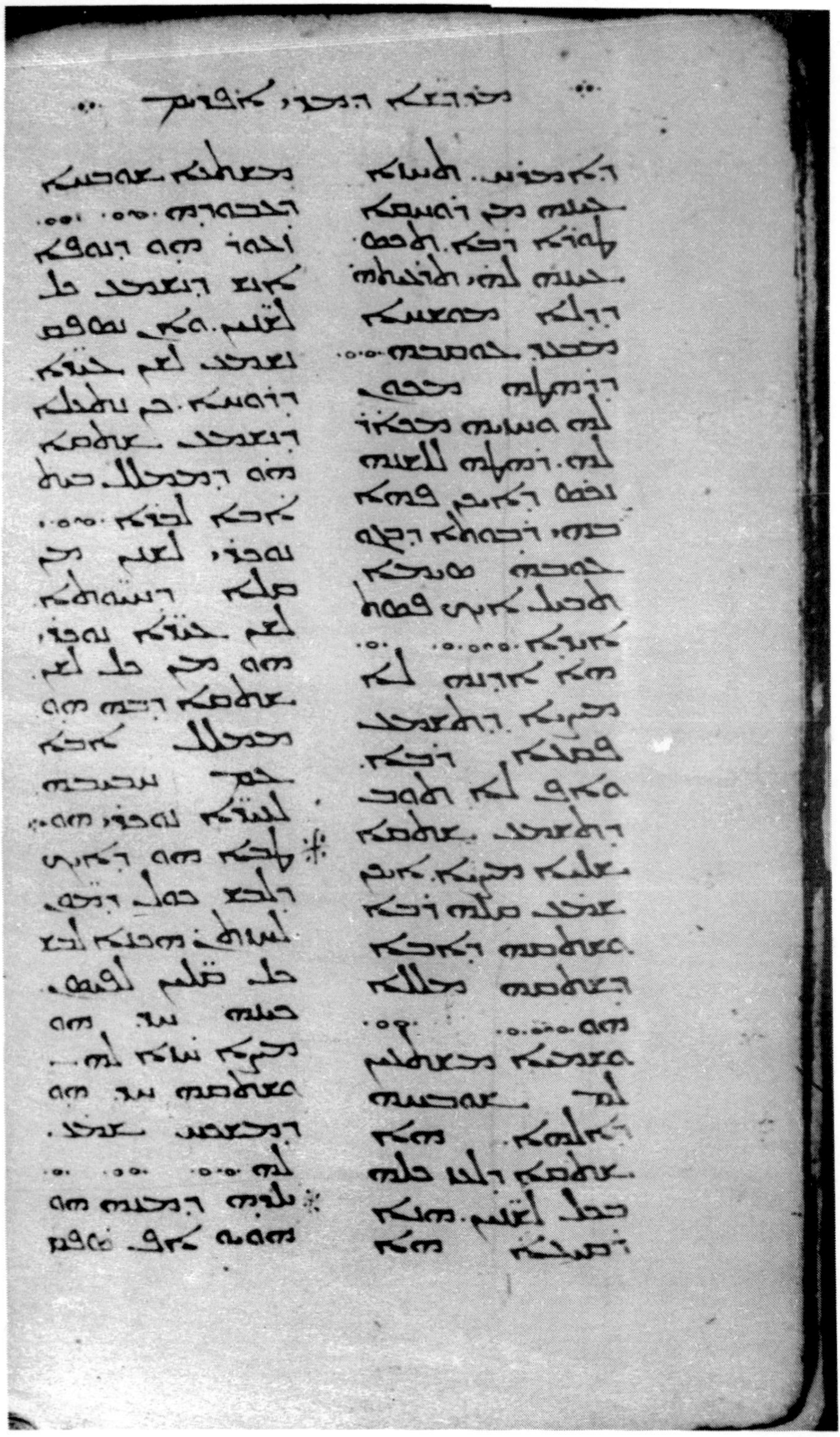

Pl. IV

ܡܕܪܫܐ ܕܗܘ ܕܕܗܒܐ ܐܝܟܢ

ܠܗܘ ܢܝܬܪܢ ܝܬܒ ܐܠܗܐ ܒܐܬܪܐ
ܘܗܘ ܡܢ ܪܚܝܩܘ ܩܘܕ. ܗܒܪܗܒܪ .ܘܘ. ܘܘܘ.
ܛܒܐ ܕܟܠ .ܘܩܒܕܗ ܐܝܟܢ ܗܘ ܕܕܗܒܐ
ܢܒܝ ܠܥܠ .ܚܝܠܒܢ ܐܝܟ ܕܒܬܐ ܒܠ
ܗܚܒܕ ܡܥ .ܘܣܒܘ ܐܝܟ. ܠܥܠܢܝ
ܠܥܠ ܢܒܝ ܕܡ. ܘܡܐܣܕ ܥܡ ܕܚܐܝ
ܠܝ ܗܘ ܕܕܝܢ .ܚܕܬܐ ܕ .ܗܐܢܝ ܚ. ܚܘܕܒܠ
ܗܝ ܕܡܘܒܪܕ ܐܬܟܘ .ܘܒܕܝܪ ܐܬܟܕ
ܘܝܗ ܢܒܝ ܕܪܒܬܝ .ܚܝܠ .ܐܝܟ ܠܟܐ ܐܝܟ .ܘܘ.
ܘܕܪܐ ܗ ܡܝ .ܐܝܟ ܢܒ ܠ .ܒܕܝ ܢܒܝ ܚ.
ܢܘܡܐ ܟܠܗ .ܘܕܝܢ ܕܪܒܬ
ܐܝܟ ܐܬܟ ܗܘ ܡ ܒ ܛ ܘܒ ܘ ܘ.
ܕܢܡ ܐܬܟ. ܗܒ ܕܒܡ ܗܘ
ܐܟܝ ܕܒܕܬ ܐܬܟܬ
ܥܒܕܘ ܝܩ .ܠܗܒ ܗ ܡܒܕ
ܘܩܕܝ ܐܡܝܪ .ܠܝܩܝ ܐܝܟ ܚܘ. .ܘܘ ܪܚܝ
ܕܒܝ ܗܘ ܚܟ ܚ ܠ .ܒܝ ܗ ܘܘ.
ܚܕܒ ܗܘ ܐܒܝ .ܚܕ ܠܝ ܕܒܝ ܚܒ.
ܚܘܠ ܐܝܟܕܡ. ܚܕܒܪ ܝܩ ܚ ܡ ܕ
ܡܕܒ ܗ ܠܩܒ .ܗܒ ܗܘ ܚ. ܝ.
ܝ ܒ ܐܬܚ ܐܝܟ .ܢܘ. ܟ ܚ ܘ ܘ.
ܘܒ ܕ ܡܘܕܟ ܚܝ ܚܘ. ܘ ܚ. ܚ.
ܘܚܒ ܒܚܒ .ܢ ܚ. ܥܒ ܠ
.ܘ. .ܘܘ. .ܘܘ. ܠ ܪܡ .ܟܝ ܚܒ
ܘ. ܚ ܐܝܟ ܘܗ ܚ. ܝ. ܐܝܟ ܚ.

III. — HYMNEN *DE MARGARITA*

Die Festigkeit der Zahl 87 beweist nun aber auch, dass die letzte Gruppe, Hy. 81-87, schon lange mit der Hymnensammlung *De Fide* verbunden war. Es sind dies die bekannten Hymnen *De Margarita*. Alle drei Hss leiten sie ein mit der Überschrift : ʿal margânîtâ. Ein solcher Untertitel steht zwar in unsrer Sammlung vereinzelt, findet sich aber mehrfach in der Sammlung *De Virginitate*. Er berechtigt daher nicht zur Abtrennung. Ferner dient das Bild der Perle völlig dem übergreifenden Thema des Glaubens, der Unerforschbarkeit des Sohnes im Kampf gegen die Arianer. Weiterhin lässt **A** mit Recht die Hymnen *De Margarita* schon mit dem 85. Hy. schliessen (Schlussvermerk : zu Ende sind die Hymnen über die Perle). Denn der 86. Hy. beginnt wieder ausschliesslich mit dem Thema des Glaubens, nur in seinem Verlauf taucht noch einmal das Motiv der Perle auf; im Schlusshymnus (87) ist von ihr überhaupt nicht mehr die Rede. Zusammenfassend kann man daher wohl sagen : die fünf Hymnen *De Margarita* (= *De Fide* 81-85) haben niemals ein selbständiges Werk Ephräms gebildet, das unter dem Titel der Perle allgemein bekannt geworden wäre. Daraus erklärt es sich, dass Severus von Antiochien, als er zur Widerlegung der Dyophysiten, die sich auf eine Rede Ephräms über die Perle beriefen, in Edessa und Mesopotamien sich nach dieser erkundigte, die Antwort erhalten konnte, man kenne nicht einmal den Titel eines derartigen Werkes [4]. Übrigens haben sich die Dyophysiten ganz zweifellos auf die griechische Schrift berufen, die in ER II 259-79 abgedruckt ist und die den Titel führt : Λόγος κατὰ αἱρετικῶν ἐν ᾧ καὶ ἀπόδειξις ἐκ φανερῶν ὑποδειγμάτων τοῦ τε μαργαρίτου καὶ τῶν λοιπῶν συνάγουσα πιστὸν..., eine Schrift, die sicher nicht von Ephräm stammt. Denn sie setzt ganz klar die Zeit des christologischen Streites voraus; auch ihr Hauptanliegen, die Verteidigung der *virginitas in partu* in einer Polemik gegen gnostische Anschauungen, spricht gegen Ephräm als Verfasser [5]. Dazu kommt, dass die fünf echten Hymnen über die Perle nur einmal flüchtig den Mythus erwähnen, und zwar in der Form der Entstehung der Perle aus der Befruch-

---

[4] *Severi Antiocheni, liber contra impium Grammaticum*, CSCO, vol. 102, p. 179 (Louvain, 1952).

[5] Vgl. E. BECK, *Ephräms Reden über den Glauben*, Rom, 1953, S. 95-107.

tung der Muschel durch den Himmelstau (Hy. 84, 14). Der grie-
chische Sermo dagegen verwertet ausschliesslich und sehr breit die
andre Form, nämlich die Befruchtung durch den Blitz. Gegen die
Echtheit der Hymnen *De Fide* 81-85 (= *De Margarita*) können
weder formal noch inhaltlich Bedenken erhoben werden.

IV. — TEXTGESTALTUNG

Der Text der vorliegende Ausgabe ist der Text der Hs. **A**. Sie
musste zur Basishandschrift gewählt werden, weil sie den Text am
vollständigsten bietet. Es werden grundsätzlich auch die Fehler
dieser Handschrift beibehalten; umgekehrt werden auch die
(Schreib)fehler der anderen Hss als Varianten angeführt, damit
man einen Einblick gewinnt in die Fehlermöglichkeiten aller Hand-
schriften. Verbesserungen nach den anderen Hss werden in den
Variantenangaben des Apparats mit einem *lege, corrige, omitte*
oder *adde* eingeführt; fehlt dabei der Verweis auf Hss, dann sind
es eigne Verbesserungsvorschläge. Buchstaben oder Wörter, die aus
den andren Hss in den Text der Ausgabe (= **A**) übernommen
wurden, sind in eckige Klammern gesetzt mit Verweis auf die Hss,
aus denen die Ergänzung stammt, im Apparat. Dabei handelt es
sich nur in Hy. 1, 1 und 3, 3 um Ergänzung von Buchstaben und
Wörtern, die in **A** verwischt sind, in allen übrigen Fällen liegen
Auslassungen von **A** vor. In der durch den Ausfall eines Blattes
der Hs **A** entstandenen Lücke, Hy. 50, 2, 1-52, 14, 4, tritt **C** an die
Stelle von **A** als Basishandschrift, wiederum weil nur sie den Text
vollständig bietet.

V. — PUNKTATION

Alle Handschriften haben ihrem Alter entsprechend keine Vokal-
zeichen [6] sondern nur folgende Punkte zur Unterscheidung gleich-
geschriebner Wörter und Formen : die Pluralpunkte, den Punkt
der Genusunterscheidung im Pron. suff. 3. P. Sg. (z.B. ܟܗ und
ܟܗܡ), den Punkt, der Pe'al und Pa''el unterscheidet, und den
Punkt des aktiven Partizips Pe'al, der vom Pa''elpunkt nicht etwa

---

[6] Nur bei der Schreibung der Hs **C** : ܟܒܝܫܐ kann man zweifeln, ob nicht
schon das nestorianische *Ḥbâṣâ* vorliegt.

durch ausschliessliche Setzung auf den ersten Konsonanten zu unterscheiden ist; er kann auf allen drei Konsonanten sich finden, wenigstens in **A** und **C**, wo man ein ܫܒܼ in Hy. 7, 4, 5, ein ܐܠܟ in Hy. 14, 10, 1 und ein ܢܚܦ in Hy. 52, 10, 6 hat. Seltener sind Punkte, die gleichgeschriebene Nomina unterscheiden wie ܡܠܟܐ *(melkâ)* und ܡܠܟܐ *(malkâ)* oder ܥܒܕܐ *('abdâ)* und ܥܒܕܐ *('bâdâ)*. Hieher gehört auch das häufigere ܡܢܘ *(manū)* und ܡܢܘ *(mânaw)*. In **B** u. **C**, gelegentlich auch in **A**, findet sich mehrfach bei den Verben tertiae yod ein Punkt zur Bezeichnung des Partizips Passiv : ܫܪܐ *(šrē)* und ܓܠܐ *(glē)*. In der Trennung der 3. P. fem. Perfekt Pe'al von der 1. P. Sg. steht der Punkt der 3. Person häufiger als der der ersten : ܟܬܒܬ gegen ܟܬܒܬ.

Nun zu den einzelnen Handschriften. Für **C** hat man ein Beispiel in den Hy. 50, 2-52, 14, da konsequenterweise mit der Basishandschrift auch ihre Punktation wiedergegeben wird. Die relativ reichste und für das Verständnis des Textes wertvollste Punktation hat **B**, die jedoch in dieser Publikation nur in Variantenangaben zur Geltung kommen kann. In der in Vorbereitung befindlichen Edition der Hymnen gegen die Häretiker wird **B** als Basishandschrift erscheinen und damit auch ihre Punktation. Eine **B** allein eigentümliche Punktierung sei hier schon kurz erwähnt : **B** schreibt durchgängig die mit der Pluralform *mârē* gleichlautende Form des status constructus singularis von *mârâ* mit den Pluralpunkten.

Der Text der Edition bietet die Punktation der Basishandschrift **A**. Zweifellos falsche Punkte wurden weggelassen. Abweichungen der anderen Handschriften von der Punktation der Basishandschrift werden nur dort wie Varianten gegeben, wo sie von grammatischem oder sachlichem Interesse sind. Die Punktation von **A** ist sehr spärlich, nur in den ersten zehn Hymnen etwas reichlicher. Im grossen und ganzen läuft die durch die Umstände notwendig gewordene Wahl der Hs **A** auf die Publikation eines so gut wie unpunktierten Textes hinaus. Man muss daher aus der Übersetzung feststellen, wie der Text von mir gelesen wurde, ob Singular (manchmal auch gegen das Pluralzeichen des Textes) oder Plural, Partizip oder Perfekt, Maskulinum oder Femininum u.s.w. Dies hat neben Nachteilen auch den Vorzug, dass der Leser des syrischen Textes nicht von vornherein auf das Geleise einer bestimmten Auffassung gescho-

ben und damit in der Selbständigkeit seines Urteils beeinträchtigt
wird.

Nachtrag : Umstellungs- und Tilgungspunkte. Als Zeichen dafür,
dass zwei Wörter oder auch nur zwei Buchstaben umzustellen sind,
finden sich in **A** und **B** die von W. Wright in seinem Katalog
(III, Preface, XXVII-VIII) für diese Codices erwähnten drei drei-
eckförmig angeordneten Punkte. Als Beispiel für die Umstellung
einzelner Buchstaben sei nachgetragen, dass in dem zu Hy. 2, 10, 1
für **B** angeführten ܪܚܘܪܟܣ der Fehler durch jene Punkte berich-
tigt wird. Nur **B** kennt darüber hinaus auch noch Tilgungspunkte.
So wird in Hy. 63, 8, 5 ein gegen das Metrum verstossendes *ba-šmâ*
und in 63, 7, 2 ein ʿal durch Punkte über und unter jedem Konsonan-
ten getilgt. In Hy. 72, 1, 2 erhält das zu tilgende ܣ neben einem
oberen und unteren Punkt auch noch einen vorangehenden und
nachfolgenden [7]. Jünger scheint die Art zu tilgen zu sein, die sich in
C findet, nämlich durch kleine Strichelchen am oberen und unteren
Rand der Buchstaben. In **B** wird auf diese Weise in Hy. 6, 11, 8
die im Apparat angegebene Variante der Variante von **C** angeglichen!

VI. — INTERPUNKTION UND METRISCHE FORM

Zur Angabe der metrischen Gliederung benützen die Hss die
Interpunktionszeichen, da ja zumeist die metrische Gliederung mit
der sprachlogischen zusammenfällt. Dass aber diese Interpunktion
in unseren Hss in erster Linie die metrische Gliederung angeben
will, geht daraus hervor, dass bei einfachen Rythmen, wie z.B. bei
den unverändert wiederkehrenden Viersilbern der Hy. 66-78 die
Interpunktion in allen Hss sehr spärlich ist. In komplizierteren
Metren sind die Punkte reichlicher aber wohl nirgendwo vollstän-
dig. Ferner werden gelegentlich sprachlogisch eng zusammengehö-
rige Teile durch die Punktierung auseinandergerissen, am auffäl-
ligsten die mehrmals wiederkehrende Trennung der Konjunktion
ܘ ܡܛܠ. Nicht alle Interpunktionsangaben stammen von den ersten
Schreibern. In **B** und **C** konnte ich das gelegentlich aus dem Unter-
schied in der Tinte sehen. Ferner mussten gerade auch in **B** und **C**

---

[7] Manchmal scheint auch ein einzelner einem einzigen Konsonanten über-
gesetzter Punkt diesen tilgen zu wollen; so z.B. bei dem *Rēš* des zu Hy. 62, 8, 2
angeführten Schreibfehlers der Hs **B**.

die Punkte öfters zwischen zwei ganz nah aufeinander geschriebene
Wörter hinein gezwängt werden.

Nun zu den verschiedenen Zeichen in den einzelnen Handschrif-
ten. **A** kennt fast nur den einfachen Punkt zwischen zwei Wörtern.
In den Hy. 4-9 sind mehrmals Punkte gesetzt worden, die ein
Späterer als falsch erkannte. Vgl. Hy. 5, 5, 10, wo der falsche Punkt
deutlich auf die Auslassung eines Wortes zurückgeht. Der spätere
Korrektor bringt nun seine Punkte an; die falschen tilgt er manch-
mal durch Umwandlung des Punktes in ein schräges Strichlein,
vielfach lässt er sie auch stehen. Das ist von Wichtigkeit zur Beur-
teilung einiger Punktangaben in diesen Hymnen. In **B** findet sich
darüber hinaus auch ein einzelner Punkt unter dem letzten Kon-
sonanten des letzten Wortes, in **B** und **C** eine Verbindung dieses
Punktes mit dem zwischen die Wörter gesetzten Punkt sowie auch
die Verbindung des Zwischenpunktes mit einem Punkt über dem
letzten Konsonanten des vorangehenden Wortes; ferner Zusammen-
ziehung beider Punkte nebst Übergangsformen.

VII. — METRISCHE GLIEDERUNG IN DER AUSGABE

Es gelten folgende Regeln : Bei einfachen klaren Metren werden
die metrischen Glieder durch die äussere Anordnung (Zwischen-
räume und neue Zeile) kenntlich gemacht, ohne Asterisken. Bei
komplizierten Metren, wo die Punktation der Hss weder einheitlich
noch vollständig ist, wird nicht ein subjektiv zurechtgelegtes Schema
durchgeführt, sondern die Edition hält sich folgendermassen an
die Punktation der Hss :

a) Bei Zeilenenden der Edition ohne Asteriskus ist wenigstens
in einer Handschrift der Trennungspunkt vorhanden. In den weni-
gen Fällen, wo das nicht der Fall ist, wird ein Asteriskus gesetzt
mit Verweis auf die Angabe im Apparat : *deest in Mss.* Ferner
wurde am Zeilenende ein Asteriskus gesetzt mit Verweis auf die
Hss, die an dieser Stelle einen Trennungspunkt haben, wo diese
Angabe eine bessere Beurteilung des innerhalb der Zeile vermerkten
Trennungspunktes ermöglicht.

b) Finden sich zu längeren Stichen der Edition vereinzelt unter-
teilende Punkte in den Hss, so erscheinen diese Punkte als Asterisken
im Text mit Verweis auf die Hss, die diese Punkte bieten, im
Apparat.

Auf diese Weise wird ohne subjektive Ergänzungen denen, die die Metren genauer analysieren oder allgemein metrische Studien anstellen wollen, das Material der Hss zur Verfügung gestellt. Soweit das in einer Edition möglich ist. Denn oft ist es nicht leicht, diese Punkte mit Sicherheit in den Hss festzustellen, von diakritischen Punkten oder auch von blossen Flecken u. ä. zu unterscheiden.

Der Grundsatz, möglichst treu nur die Hss wiederzugeben, galt auch in der Frage von Ergänzungen *metri causa*. Es wurde keine einzige vorgenommen, auch nicht dort, wo in eindeutig vier- und siebensilbigen Metren wie in den Hy. 1-3 und 66-87 in einem Glied eine Silbe zu fehlen scheint und wo eine Ergänzung durch ein (syllabisches) *hū* oder durch eine einsilbige Partikel nicht allzu ferne liegt, wenn man die vielen Varianten berücksichtigt, die hierin die Hss aufweisen. Die ER hat nach ihrer Art auch hier keinerlei Bedenken gekannt. Man hat derartige Ergänzungen gegen alle ihre Hss z.B. in Hy. 1, 18, 1; 2, 15, 2; 3, 3, 2; in 67, 4, 1; 69, 12, 1; 71, 8, 1; 72, 18, 1; 77, 15, 1; 78, 19, 1; 78, 27, 1; 80, 7, 1 u. ä. Ergänzt werden : *hū, wa-, hwâ, 'att, lan, lam*. Wie problematisch aber solche Ergänzungen sind, dafür nur zwei Beispiele aus den angeführten Fällen. In Hy. 3, 3, 2 übernimmt ER das *da-qraw* der Hs **C**. Weil nun die Strophenzeile so nur 6 statt 7 Silben hat, ergänzt ER ein *hwaw*. Die ER hätte aber nur die Variante von **B** berücksichtigen sollen, wo statt *qraw* ein *qrâ'ūk* steht. In Hy. 2, 15, 2 lautet ein Siebensilber nach **ABC** : ‎ܐܠܟܘܢ ܗܘܝܬܘܢ ‎ ER fand darin nur sechs Silben u. ergänzte nach dem Verb ein *lam*. Man braucht aber nur dem Alaf der Verbform seinen Lautwert zurückzugeben und man hat sieben Silben auch im Text der Hss!

Zu den einzelnen Metren ist Folgendes zu bemerken :

Hy. 1 : Metrum ohne Schwierigkeiten, sechs Siebensilber; vgl. LAMY IV, 494 mit weiteren Beispielen.

Hy. 2-3 : Vier Siebensilber. Die falsche Melodienangabe in **A** ist ein Versehen; denn auch nach **A** ist die Melodie « *alâhâ b-raḥmaw* » ganz anders gebaut; vgl. Hy. 26-30.

Hy. 4-9 : Das Metrum dieser Hymnen ist sicher nicht identisch mit dem der Hy. 49-65 (gegen LAMY, IV, 493). Die Elfzahl der Glieder, die ich gebe, geht evident hervor aus Hy. 6, 5 mit dem durchgängigen Reimwort : *'att* [8].

---

[8] Dieses *'att* findet sich in allen drei Hss. Nur **B** lässt es versehentlich

Hy. 10-25 : LAMY (IV, 488) gibt in Übereinstimmung mit Bickell folgendes Schema : 5-6-7-8-8-5. Damit ist die Gesamtzahl der Silben wohl richtig angegeben. In der Aufteilung aber ergab sich mir eine Viergliederung aus der Punktation der Hss in Übereinstimmung mit der gedanklichen Gliederung wie etwa in Hy. 18, 15 (11-11-8-9); ebenso in Hy. 22, 3; 22, 6-9; 23, 6 (hier mit voller Übereinstimmung der Punktation der Hss mit den Sinnabschnitten : 11-11-8-9). Zumeist ist dabei das elf der beiden ersten Glieder in 5-6 teilbar, das 3. Glied in 4-4 und das letzte in 4-5, wobei öfters das fünfsilbige Schlussglied responsorienartig isoliert erscheint. In solchen und ähnlichen Fällen bildet dieser Fünfsilber in der Edition für sich allein die Schlusszeile.

Hy. 26-30 und Hy. 79 : Die Struktur dieser Melodie (*alâhâ b-raḥmaw* = Anfang von Hy. 29) ist schwer zu bestimmen. Entgegen den zehn Gliedern, die LAMY (IV, 489) dafür ansetzt, gebe ich nur acht, weil diese sich mir noch am klarsten aus der Interpunktion der Hss ergaben. Besonders spricht für sie Hy. 28, 7 (teilweise auch 28, 15), weil hier durchgängig Reime zur Punktierung hinzu kommen. Sehr klar gebaut ist ferner Hy. 30, 2.

Hy. 31 und 39-48 : Das eindeutige Metrum aller Hymnen *De Paradiso* mit dem Schema 10 (5-5), 10 (5-5), 10 (5-5), 7 (5-2), 10 (5-5), 10 (5-5).

Hy. 32-33 : Dreimal zwei Fünfsilber, vgl. LAMY IV, 489.

Hy. 34-35 : Die Punktation spricht für die Achtzahl der Stichen, die schon LAMY (IV, 488) annahm. Der Wechsel der Länge der einzelnen Stichen bleibt unklar. In Hy. 35 hat von der 4. Strophe an jede Strophe einen responsorienartigen Schluss, den aber nur B durch eigne Asterisken von der übrigen Strophe trennt. In Hy. 34, 5 scheint die erste u. vor allem die letzte Strophenzeile die übliche Silbenzahl weit zu überschreiten.

Hy. 36-38 : Für die Melodie dieser Hymnen *(ō bar ḥērē)* kennt auch LAMY keine weiteren Beispiele (IV, 486). Er teilt sie in 5 Glieder (7-8-8-4-8). Ich biete sie in vier Verszeilen, mit Angabe

im vorletzten Glied aus (was im Apparat nachzutragen ist), und ihr folgend auch die ER.

weiterer Gliederungspunkte der Hss, die weder einheitlich noch regelmässig auftreten.

Hy. 49-65 : Zeile von 5-5 Silben, sechsmal wiederholt, wobei das letzte fünfsilbige Glied responsorienartigen Charakter hat. Hy. 49 bringt dazu ein eignes gleichfalls fünfsilbiges Responsorium. Von Hy. 53 ab wird das letzte fünfsilbige Glied der ersten Strophe als Responsorium eingeführt und in den folgenden Strophen fehlt dann dieses letzte Glied; offenbar war an seiner Stelle das Responsorium zu wiederholen.

Hy. 66-78 : Fünf Viersilber. Die Melodienbezeichnung ist der Anfang von Hy. 69.

Hy. 80 : Zwölf Viersilber. Zur Frage der Gruppierung dieser Viersilber vgl. Hy. 81-87. Bei der Melodienangabe ist in **A** nach dem *bar qâleh* das Melodienstichwort versehentlich ausgefallen, wie aus *Contra Haereses* XII bewiesen werden kann, wo **A** und **B** übereinstimmend die gleiche Angabe vollständig bieten : *bar qâleh d-kullâh brîtâ ḥbaltâk*.

Hy. 81-87 : Zehn Viersilber. Ob und wie hier und in Hy. 80 die Viersilber zu grösseren Gruppen zusammenzufassen sind, will mein Nebeneinanderstellen von je zwei Viersilbern nicht entscheiden. Hier in Hy. 81-87 scheint der Sinnzusammenhang regelmässig die ersten drei Viersilber zusammenzufassen.

VIII. — ORTHOGRAPHISCHE EIGENTÜMLICHKEITEN DER HSS UND EDITION

a) Die Schreibung des Ettaf'al der Verba mediae waw mit einem oder zwei taw wird wie eine Variante behandelt, um die Verteilung der älteren Schreibweise mit einem taw auf die Hss zu zeigen.

b) Ebenso wird die Schreibung des Verbalform ܟܬܒ bzw. ܐܟܬܒ immer vermerkt, weil die zweite Form eindeutig die Lesung des Perfekts verbürgt. Beim Substantiv [ܐ]ܟܬܒܬܐ dagegen erscheinen nur die Formen von **A** im Text; die Angaben abweichender Schreibung in den übrigen Hss wurden nur in den Hy. 77-79 beibehalten, als Beispiel dafür, wie hier beide Schreibungen in allen Hss systemlos wechseln.

c) ܥܩܒ[ܐ] und ܥܠ[ܐ]   Auch hier wird nur die (schwankende) Orthographie von **A** im Text geboten ohne Hinweis auf abweichende Schreibungen in anderen Hss, weil hier völlige Willkür herrscht. Es ist nirgendwo die Tendenz festzustellen, etwa ein selbständiges, voll betontes *kollâ* « das All » als ܟܠܐ zu schreiben, ܟܠ findet sich ebenso gut im status constructus wie umgekehrt « das All » ܟܠ geschrieben werden kann. Das einzige, was dabei öfters klar in die Erscheinung tritt, ist nur der Einfluss des zu Verfügung stehenden Zeilenraums [9].

d) Auch bei ܐܝܟܐ-ܐܝܟ-ܐܝܟܐ wird nur die Orthographie von **A** geboten. Zur Verteilung der drei Schreibweisen auf die Hss ist folgendes zu sagen : für **B** ist die ausschliessliche Schreibung ܐܝܟܐ oder ܐܝܟ kennzeichnend. **C** hingegen kennt nur ܐܝܟ und ܐܝܟܐ. **A** steht auf Seiten von **C** mit der einzigen Ausnahme von Hy. 4, 9-10, wo allein die Schreibung ܐܝܟܐ sich findet, eine um so auffälligere Erscheinung, als wenigstens 4, 9 zu jenen Strophen gehört, deren Echtheit verdächtig ist, weil sie aus der alphabetischen Ordnung der Strophen dieses Hymnus herausfallen. Als Beispiel der Schreibweise der einzelnen Hss sei Hy. 42, 10 angeführt, wo einmal *râzâ* und zweimal *b-râz* vorkommt :

B	ܐܝܟܐ	—	ܒܪܝܙ	—	ܒܪܙ
C	ܐܝܟ	—	ܒܪܐܙ	—	ܒܪܐܙ
A	ܐܝܟܐ	—	ܒܪܐܙ	—	ܒܪܐܙ

IX. — AKROSTICHISCHE UND ALPHABETISCHE HYMNEN

Sie werden durch die Voranstellung des Buchstabens vor die Strophenzahl gekennzeichnet. Das auffälligste Beispiel ist die Gruppe der Hy. 49-65, die mit dem Akrostichon des Namens Ephräm beginnt und dann das Schlussmīm über 15 Hymnen hin beibehält. Störungen in der Reihenfolge der Buchstaben werden durch ein Fragezeichen neben der Strophenzahl angedeutet.

X. — ZWEI BEMERKUNGEN ZUM TEXT

1) Das rätselhafte zweimalige ܗܘܐ ܠܝ in **A** und **B** in Hy. 56, 6, 2 (S. 175, 10) und in Hy. 62, 5, 2 (S. 196, 4) findet seine Lösung durch ein drittes Vorkommen der gleichen Wendung im Hymnus *De Ecclesia* 24, 8, der erhalten ist in unserer Hs B, p.

---

[9] Man müssten bei jedem ܟܠ im Apparat vor allem auch noch bemerken, ob es am Schluss einer Zeile steht oder nicht. Das häufige ܟܠ am Zeilenende scheidet für jede linguistische Bewertung aus.

17 a, 9 a.i. und in Br. Mus. add. 14574, fol. 22 r, b, 20. Hier heisst es nur in der Hs des brit. Museums : ܐܘܪܐ ܗܘܐ ܕܝܢ ܗܘܐ ܐܠܦ ܕܝܠܢ ܗܘܐ ܠܡܪܐ. **B** hat den gleichen Text nur diesmal statt ܗܘܐ ein ܗܘܒܐ. Man hat es daher mit der Wendung *nṭar pum(m)â* zu tun, die in *De Nativitate* 14, 10, 2 die Bedeutung unseres dialektischen « den Mund halten » = schweigen hat. Dass dabei an zwei Stellen in zwei Hss zugleich die Form ܗܘܐ auftaucht, lässt die Vermutung aufkommen, dass es sich nicht um einen blossen Schreibfehler handelt. Geht etwa das *pum(m)â* auf ein *puw(w)â* zurück ?

2) In Hy. 42, 11, 6 (= S. 138, 10) ist ܦܪܘܩ nicht mit ER in ܦܪܘܩ zu korrigieren, was gegen die Silbenzahl des Metrums verstossen würde. Die in der Anmerkung angeführte Stelle aus den Hymnen *Contra Haereses* beweist, dass wie neben *bârōyâ* die substantivierte Form des Partizips *bâryâ* steht, ebenso neben *pârōqâ* auch ein *pârqâ*, eine Angabe, die in den Vokabularen fehlt.

Zum Schluss fühle ich mich verpflichtet zwei Männern zu danken, die das Zustandekommen der vorliegenden Edition ermöglicht haben : meinem hochwürdigsten Herrn Abt Dr. h. c. Corbinian Hofmeister, der mich zu den orientalistischen Studien geführt hat und trotz grösster Schwierigkeiten mich darin weiter arbeiten liess, ferner Herrn Professor Dr. R. Draguet, von dem die erste Anregung zu dieser Arbeit ausging und dessen fördernder Kritik es zu verdanken ist, dass sie auf eine viel breitere Grundlage gestellt wurde als ursprünglich geplant war.

Abtei Metten, 11 Juli 1955.   P. Edmund Bᴇᴄᴋ, OSB.

ABKÜRZUNGEN IM APPARAT

a. i. = ab infra	m. pr. = manus prima
add. = addit	m. sec. = manus secunda
corr. = correctum	scr. = scribit
in marg. = in margine	supr. l. = supra lineam
l. n. p. = legi non potest	

ܪܚܝܡܘܬܐ ܠܝܬ ܪܡܝ̈ܢܐ
ܪܡܝܢ ܠܝܬ ܐܝܢܐ ܐܝܢܐ ܐܝ̈ܢܐ

I

I. A 2 v° a, 1 – 2 v° c, 22 ; B p. 110 a, 1 – 111 a, 11 ; C 1 r° – 3 v°, 9. — [1] Suppl.
ex B — [2] B add. ܗܡ

7 ܚܕ ܕܒܢܝܐ ܡܫܒܚܘܬܗ ܡܢ ܢܘܪܐ ܐܚܪܢ ܕܐܝܬܘܬܗ̇
ܐܚܝܢ ܕܒܢܝܐ ܪܘܚܢܘܬܗ ܡܢ ܪܘܚܐ ܩܐܡ ܕܗܘܬ
ܚܕ ܒܪܝܐ ܡܢ ܐܠܗܐ ܘܐܚܪܢܐ ܡܦܘܣܬܐ ❖

8 ܐܝܬ ܕܡܢ ܐܢܬܬܐ ܩܐܡ ܠܗ ܘܐܝܬ ܕܡܢ *ܐܬ̈ܢܬܐ ܦܪ̈ܝܢܐ * 2 vo b
ܐܝܬ ܕܡܢ ܚܕ ܡܕܡ ܒܒܕܗ ܘܐܝܬ ܕܡܢ ܥܩ̈ܒܐ ܬ̈ܘܠܥܝܢ
ܐܝܬ ܕܐܘܪܒ ܘܐܣܩܗ ܒܢܘܗ ܘܐܝܬ ܕܡܩܕܡ ܘܐܦܪܚ ܥܙܒܗ ❖

9 ܐܢ ܕܝܢ ܢܦܫܐ ܦܘܠܚܬܐ ܗܝ ܕܐܦ ܫܠ̈ܡܐ ܡܦܘܡܝ ܠܗ
ܡܢ ܦܘܡܝ ܒܒܠܬܗ̇ ܕܕ̈ܘܟܝܐ ܕܙܪܥܘ ܡܢܗ̇
ܡܢܘ ܦܩܕ ܕܢܒܥܐ ܗ̇ܘ ܫܠܝܐ ܕܠܐ ܡܬܒܥܐ ❖

10 ܬܘ ܢܬܕܪ ܒܐܝܠܢܐ ܕܐܢܫ̈ܐ ܒܠ ܢܦܫܐ ܕܠܐ ܠܡ ܐܝܬܘܗ̇
ܕܒܕ ܐܦ ܒܗ̇ ܒܢܦܫܐ[1] ܥܪܝܐ ܗܝ ܒܗ̇ ܠܡܘܒܠܗ̇ ܕܥܪܬ ܗܘܬ
ܗܝ ܠܗ̇ ܦܠܚܬ ܕܐܬܥܪܬ[2] ܗܘܬ ܒܠ ܡܬܗ ܕܐܦܠܐ ܐܝܬܘܗ̇ ❖

11 ܢܦܫܐ ܕܗܝ ܠܗ̇ ܠܐ ܡܫܟܚܬ ܕܐܢ ܐܝܬܘܗ̇ ܘܐܠܐ ܐܝܬܘܗ̇
ܗ̇ ܒܗ̇ ܕܬܕܪܟ ܠܐ ܡܨܘܬ ܕܥܠܝܗ̇ ܦܘܡܗ̇ ܓܒܝܦ ܗܘܐ
ܐܡܟܢܐ ܡܨܝܐ ܠܡܒܨܝܘ ܠܗܘ ܕܒܐܝܕܗ ܐܬܒܪܝܬ ❖

12 ܕܐܝܬܘܬܗ̇ ܢܦܫܐ ܡܬܚܙܝܐ ܒܡܠܬܐ ܕܗܝ ܡܚܘܝܬܗ̇
ܒܗ̇ ܕܐܢܐ ܡܠܬܐ ܡܨܝܐ ܗܘܬ ܢܦܫܐ ܕܬܚܙܐ ܠܦܘܡܗ̇
ܕܒܡܠܬܐ ܗ̇ܘ ܪܒ ܐܡܪܗ̇ ܡܢ ܚܝܘܬܐ ܚܙܝܬܐ ❖

13 ܒܕ ܡܒܠ ܢܦܫܐ ܐܝܬܘܗ̇ ܗܝ ܠܗ̇ ܠܐܝܬܘܗ̇ ܒܝܕܥܬܐ
ܐܡܟܢܐ ܒܟܪ ܠܐ ܐܝܬܘܗ̇ ܕܗܘܐ ܒܬܫܥܝܬܗ̇ ܡܬܕܪܟܐ
ܘܒܕ ܐܝܬܘܗ̇ ܡܢ ܒܪܘܝܗ̇[3] ܐܟܝܕܐ ܗܝ ܡܢ ܚܐܪܘܬܗ̇[4] ❖

14 ܐܢ ܡܒܠ ܗܢܐ ܒܠܗ ܡܠܠܬ ܢܦܫܐ ܠܥܪܪܗ̇
ܘܒܪܒܘܬܗ ܠܐ ܪܓܫܬ ܢܦܫܐ ܕܓܦܪܬ ܒܦܘܡܗ̇
ܒܠ ܡܢܘ ܡܚܝܢܐ ܕܐܬܘܕܐ ܐܝܟ ܕܐܝܬܘܗܝ ܥܪܝܪܐܬ ❖

15 ܘܐܢ ܗܘ ܕܡܢܗ ܕܒܡܘܒܠܐ ܕܦܘܡܗ̇ ܥܪܓܬ ܢܦܫܐ
ܠܡܢܘ ܬܒܝܢܐ ܒܕܥܪܗ̇ ܠܡܢܘ ܬܕܪܟ ܒܒܠܬܗ̇
ܐܢ[5] ܗܝ ܡܢܗ̇ ܪܚܡܬܐ ܐܝܟ ܬܫܒܚܬܐ ܟܕ ܒܟܢܫܐ ❖

[1] Lege ܢܦܫܐ ܒܗ BC — [2] BC ܕܐܬܒܪܬ — [3] C ܒܪܘܝܐ — [4] BC ܒܚܝܠܗ̇ — [5] C ܘܐܢ

16 ܐܢ ܗ̣ܘ ܡܟܝܠ ܕܝܕܝܥܬ ܗ̣ܝ * ܠܗ̇ ܕܬܕܥ ܠܐ ܝܕܥܬ
ܐܝܟ ܬܡܗܝܢ ܬܫܡܫܬܗ ܒܗ ܒܡܠܬܗ ܕܗ̇ܘ ܝܕܥ ܟܠ
ܒܒܪܐ ܕܗ̣ܘ ܠܗ ܠܐ ܝܕܥ ܐܝܟ ܟܝܠܐ ܠܒܪܘܝܗ ܀ *2 v° c

17 ܚܝܘܐ ܪܒܐ ܕܠܐ ܡܬܚܬܘܡ ܐܬܡܠܠ ܡܢ ܟܠ ܦܘܡܝܢ
ܦܘܡܐ ܕܝܠܕܐ ܕܢܡܠܠ ܥܠ ܐܝܢܐ ܕܠܐ ܡܬܡܠܠ
ܠܒܪܘܬܐ ܡܣܬܐ ܠܗ ܕܠܒܪܘܬܗ ܠܐ ܣܦܩ ܀

18 ܥܠ ܐܝܢܐ ܕܐܝܟ ܕܗܘܐ[1] ܝܠܕܐ ܕܢܗܘܐ[2] ܢܘܪܒ ܠܐܠܗܐ
ܒܪ ܗ̣ܘ ܪܒ ܗ̣ܘ ܒܚܝܠܗ ܗ̣ܘ ܗ̇ܘ ܕܡܘܪܒ ܢܪܒ ܒܗ
ܟܠ ܕܪܥܐ ܕܠܐ ܣܦܩ ܠܗ ܘܗ̣ܝ ܫܬܘܐ ܕܢܣܐ ܠܗ ܀

19 ܗܒ ܠܝ ܡܪܝ ܕܒܬܪ̈ܬܝܗܘܢ ܐܬܚܫܚ ܦܪܘܫܐܝܬ
ܠܐ ܐܕܪܘܫ ܡܪܚܐܝܬ ܐܦ ܠܐ ܐܫܬܘܩ ܫܒܩܐܝܬ
ܐܠܐ ܒܡܠܠܐ ܕܒܕܝܪܐ ܘܐܘܢܐ ܫܬܘܐ ܕܦܘܪܫܢܐ ܀

ܫܠܡ[3]

II

ܥܠ ܗܠܐ ܕܐܠܗܐ ܒܪ̈ܚܡܘܗܝ[1]

1 ܛܘܒܘܗܝ ܠܐܝܢܐ ܕܝܗܒ ܠܗ ܡܚܝܠܘܬܐ ܥܢܘܝܘܬܐ ܕܬܘܬܒܘܬܐ
ܘܢܚܐ ܒܚܘܒܗ̇ ܡܠܟܝܢ ܕܪܒ ܗ̣ܘ ܡܢ ܟܠ ܠܟܠܢ ܀
ܒܥܘܬܐ : ܠܟ ܫܘܒܚܐ ܘܠܗ ܕܐܒܘܗܝ

2 ܛܘܒܘܗܝ ܠܐܝܢܐ ܕܐܬܩܪܒ ܠܘܬ ܝܕܥܬܐ ܕܫܪܪܐ
ܘܐܦ ܒܗ ܕܠܐ ܡܬܒܥܐ ܐܠܗܐ ܡܢ ܒܪܢܫܐ ܀

3 ܛܘܒܘܗܝ ܠܐܝܢܐ ܕܗܘܐ ܡܪܝ ܡܠܝܐ ܕܬܘܬܒܘܬܐ ܒܗ̇ ܕܪܐ
ܘܠܐ ܦܓܥܬ ܗܝܡܢܘܬܗ ܒܝܬ ܦܚܡ̈ܐ ܕܒܝܢ ܠܟ ܀

4 ܛܘܒܘܗܝ ܠܐܝܢܐ ܕܐܒܪܟ ܬܘܒ ܥܘܪܐ ܕܫܬܘܐ ܠܡܫܬܥܝܘܬܗ
ܘܠܐ ܬܒܥܘܗܝ[2] ܫܐ̈ܠܘܗܝ ܕܡܫܝ̈ܚܐ ܕܐܒܪܘܗ ܒܟܝܢ ܀

[1] BC om. ܗܘ — [2] C om. ܕ (m. pr.) — [3] C om. (B ?)

II. A 2 v° c, 23 – 3 r° b, 11 a. i.; B p. 111 a, 12 – 112 a, 11; C 3 v°, 10 – 6 r°, 7 —

[1] Lege ܕܪ̈ܚܡܬܘܢܗܝ BC — [2] B ܬܒܥܘܗ̇

[1] B ܟܣܝܬܐ — [2] B ܕܟܣܝܢ

15 ## III

* 3 ro c

---

¹ C ܐܘܒܠܝ̣ܟ — ² B ܪ̈ܘܝ — ³ B ܠܟ̈ܬܝܪܐ; C ܣܒܝܫ ܬܒܝܪ — ⁴ B ܠܣܘ̈ܦܝܬܐ

III. A 3 r° b, 11 a. i. – 3 v° a, 15; B p. 112 a, 12 – 112 c, 10; C 6 r°, 7 – 7 v°, 13 —

¹ B ܣܪ — ² Suppl. ex BC — ³ Lege ܝܘܝ̣ܢ B — ⁴ BC ܦ̈ܝ̈ܝܐ ܦܝ̈

* 3 vo a ܠܟ ܫܘܒܚܐ, ܐܠܗܐ ܕܒܪܐ ܒܗ, ܕܒܪܐܬ ** ⁹ ܐܝܬ ܕܟܬܒܘܬܐ   13
---

¹ B ܒܠܬܗ — ² Lege ܫܥܒܘܕ BC — ³ B ܘܒܝܢ — ⁴ Lege ܘܐܝܗ B (C corr.) —
⁵ BC ܣܒܟ — ⁶ BC ܩܕܠ — ⁷ C ܠܐܗ — ⁸ B ܟܠܘܡ — ⁹ BC ܕܒܪܐܬ — ¹⁰ C
ܒܪܘܡ — ¹¹ B ܕܢܚܙܝܢ; C ܕܢܚܙܝܢ — ¹² BC om.

IV

5

10

15

20

25

IV. A 3 v° a, 16 – 4 r° a, 14; B p. 112 c, 10 – p. 114 a, 2 a. i.; C 7 v°, 13 – 11 v°, 15 — ¹ B ܗܘܒ ܠܠ — ² BC ܐܪ ܒܪܝܠܐ — ³ Suppl. ex BC — ⁴ C ܐܠܒܟܗ

5

10

15

20

25

[1] B ܒܪܐ ܗ ; C ܒܪܐ ܗܘܠ — [2] BC ܒܪ — [3] C om. ܂ (B ?) — [4] BC ܒܘܡܝ — [5] B ܚܒܝܫܐ — [6] B ܒܪܝܬܐ — [7] B om. ܘ

ܥܠܡܐ ܐܢܬ ܕܠܐ ܡܩܦܝܬ[1]

ܘܗܠܟܐ ܕܠܐ ܡܬܦܚܡ[2]

ܐܢܬ݂ܝܪ ܚܝܠ ܡܚܡ ܐܝܟܐ

ܕܒ ܢܘܗܪܐ ܐܢܬ݂ ܢܚܝܬ

5   ܘܡܢ ܟܠ ܡܚܐ ܢܚܝܬ ❖

6   ܠܐ ܗܘܐ ܡܢ ܒܪܝܬܐ *[3] ܒܛܘܠ. ܠܘܬܝܟ

ܪܐ ܢܚܝܬ

ܐܘ ܡܚܐ ܒܚܬ

ܐܠܐ ܝܝ ܝܦܝܪ ܢܚܝܬ

10   ܩܣܝܚ ܕܠܒܐ ܐܝܠܬ

ܟܠ ܐܝܪܐ ܐܝܪܐ *[4] [5]* ܕܛܘܒ

ܡܩ ܡܚܬܐ

ܐܠܒܐ ܕܢܩܪܕܬ݂ܐ

ܡܚܒ ܡܩ ܒܚܬ

ܠܚܝ ܕܠ ܡ ܢܝܐ

15   ܡܚܬܠ ܣܚܬܝܢ ❖

7   ܕܒ ܡܣܚ ܣܡܚܢ

ܒܪܐ ܕܬܬܚܒܬܐ

ܠܐ ܡܒܚܕ ܐܝܢܐ

ܐܠܚ ܪܛܝܠ ܣܝܘܗܝ [6]

20   ܒܪܟܝ ܠܠܛ ܡܪܒܐ

ܚܪܟܝ ܠܠܬܬ ܡܒܪܒܐ

ܒܪܟܝ ܡܩ ܡܫܪ

ܚܪܟܝ ܡܩ ܡܟܢܡܪ

ܚܪܚܝ ܠܬܟ ܡܪܚܐ

25   ܐܪܒܚܡܝ ܡܩ ܒܘܚܬ

ܣܚܬ݂ ܩܛܪܝܟ ܘܒܣܚܐ ❖

8   ܕܒ. ܒܪܚ ܕܢܚܒܢ

ܢܚܝܬ ܡܩ ܒܘܚܬ

¹ BC ܡܬܩܦܝܬ — ² BC ܕܠܟܬܬܦ — ³ C — ⁴ B ܪܐܝܪ — ⁵ C — ⁶ B ܣܝܘܗܝ

ܠܐ ܐܙܕܪܘ ܒܪ̈ܗܛܐ
ܠܡܩܡ ܟܠ ܒܥܠܬܟ
ܕܚܙܐܘܟ ܒܥܘܡܩܐ
ܚܙܐܘܟ ܠܟܠ ܒܪܘܡܐ
ܕܚܙܐܘܟ ܒܡܒܪܐ
ܚܙܐܘܟ ܒܓܘ ܓܘܒܐ
ܕܚܙܐܘܟ ܡܫܬܐ
ܐܟܣܝܘܟ ܡܚܫܒܢܐ
ܬܡܗܘ ܘܬܗܪܘ ܘܐܦܩܘܗ ✣

9 ܒܟܠܕܘܟ ܡܪܝ ܪ̈ܐܙܝܟ
ܘܡܢ ܟܠ ܕܘܟ ܟܣܝ ܐܝܬ
ܗܐ ܪ̈ܐܙܝܟ[1] ܒܪܘܡܐ
ܠܐ ܪܓܫ[2] ܕܐܝܬ ܗ̇ܘ
ܗܐ ܪ̈ܐܙܝܟ ܒܥܘܡܩܐ
ܠܐ ܡܕܪܟ[3] ܕܡܢܘ
ܗܐ ܪ̈ܐܙܝܟ ܒܝܡܐ
ܡܢ ܝܡܐ ܒܫܝܬ ܗ̇ܘ
ܗܐ ܪ̈ܐܙܝܟ ܒܝܒܫܐ
ܠܐ ܝܕܥ[4] ܕܐܝܬ ܗ̇ܘ
ܒܪܝܟ ܒܫܝܢܐ ܕܢܝܚܐ ✣

10 ܕܐܦ ܪ̈ܐܙܝܟ ܠܒܘܪܐ ܕ
ܡܒܘܒܠܐ ܗ̇ܘ ܕܪ̈ܐܙܐ
ܘܡܢ ܢܘܦܐ ܢܦܫ
ܪ̈ܐܙܐ ܕܠܐ ܚܬ̈ܝܡ
ܕܐܢܫ ܢܣܒ ܕܡܘܬܟ
ܗܘܐ ܠܗ ܡܚܝܢܐ
ܕܟܠ ܕܗ̈ܘ ܡܒܕܪܝܐ
ܘܒܐܝܢܐ[5] ܢܣܒ ܕܢܣܒܪ

[1] B ܪ̈ܙܝܟ; C ܐܪܙܝܟ — [2] B ܐܪܓܫܘ — [3] B ܡܬܕܪܟ — [4] B ܝܕܥܘ —
[5] Lege ܘܒܐܝܕܐ BC

ܠܐ ܡܢ ܪܡܐ ܡܕܒܬܐ *   * 3 vo c

[1] Lege ܘܕܝܠܗ ܩܘܫ BC — [2] BC — [3] C add. ܗܝ, — [4] C ܕܡܬܩܘܒܕܝ —
[5] AC (B ?) — [6] ABC

ܢܗܪ ܟܠܗ ܒܥܠܡܐ
ܡܢ ܗ̇ܘ ܡܫܒܚ ܕܢܗܪܟ
ܐܠܐ ܪܘܚܟ ܕܢܗܪܟ
ܫܠܝܐ ܡܫܒܚ ܕܢܗܪܟ
ܡܢ ܡܪܚܐ *[1] ܕܪܘܚܟ
ܚܠܝܐ ܕܒܓܘܐ[2]
ܗܐ ܒܟܠ ܡܚܝܠܐ
ܕܢܚܠ ܫܡܐ ܕܚܝܠܐ ❖

14 ܗ ܗܐ ܡܪܝ ܐܢ ܥܠ ܠܗ
ܦܘܡܐ ܡܢ ܕܢܒܥܟ
ܠܘ ܦܫܝܛܘܬܐ ܟܒܪ ܗܘܐ
ܕܥܒܝܐ ܗܘܐ[3] ܕܢܒܥܐ ܘܐܗܡܝ
ܡܚܝܠܘܬܗ ܟܠܬܗ
⌝ܕܡܪܚܘܬܗ ܥܒܬܗ[4]
ܦܫܝܛܘܬܐ ܒܗ ܗܘܬ
ܐܢ ܦܪܫ ܕܢܫܠܐ
ܕܫܬܘܐ ܠܡܐܢܐ ܗܘܐ ܠܗ
ܕܠܐ ܢܐܒܕ ܒܡܢܟ
ܘܒܡܒܘܥܟ ܬܬܒܥܐ ❖

15 ܘ ܘܐܢ ܐܢܬ ܦܪܘܣܐ ܕܢܒܥܐ
ܬܘ ܢܒܥܘܗܝ ܠܒܣܝܡܐ
ܬܘ ܢܦܘܩ ܢܦܫܗ[5]
ܐܢ ܗ̇ܘ ܕܢܒܥܐ ܡܬܕܪܟ
ܟܠܬ ܗ̇ܘ ܡܪܝ ܠܫܪܪܐ
ܘܟܣܝܬ ܡܢ ܓܢܝܒܐ
ܠܕܡܗܝܡܢ ܫܒܝܚ ܐܢܬ
ܠܕܒܥܐ ܓܠܝܐ ܐܢܬ
ܦܘܩܕܘܗܝ ܠܗܢ ܕܗ̇ܘܐ

[1] A — [2] Lege ܕܒܓܘܐ BC — [3] BC om. — [4] B om. — [5] BC ܢܦܫܘܗܝ

ܒܝܠܝܠ ܗܘ * ܚܒܛ ܠܐܒܘܗܝ   * 4 ro a

<hr/>

[1] Lege ܐܬܡܫܚܢ B (C corr.) — [2] Lege ܐܝܢ BC — [3] Lege ܕܡܫܝܒ BC — [4] B (C ?) ܡܘܬܗ — [5] Lege ܐܝܕܝ BC

ܐܝܟ̈ ܒܪܘܟ̈ܬܐ [1] ܐܘܒܠ

ܘܠܐ [2] ܪܢܝ ܒܗܘܢ

ܘܢܬܪܘ ܗܘܘ ܡܢ ܐܠܦ ܝܚܢ

ܩܕܫܘܗܝ ܥܒܕܝ ܪܕ

ܐܠܦ ܕܠܟ, ܠܟܘܬܐ [3]

ܐܘܪܝܢ ܥܡܗܘܢ

ܥܒܕ [4] ܘܒܟܬ ܒܕܝܠܐ ❖

         5

V

ܒܪ [1] ܘܠܒܗ

    ܫܘܒܚܐ ܠܐܒܐ 1 ❞   10

    ܒܒܪܘܬܐ ܟܢܝ

    ܫܘܒܚܐ ܠܒܪܐ

ܕܢ ܐܠܐ ܒܒܪܘܬܐ [2] ܗܘܐ

ܫܡܗ ܗܘ ܐܘܪܝܢ

    ܐܪܐ ܘܪܡܝܢ   15

ܘܢܪܝܢ ܠܝ ܡܢ ܘܠܒܐ

ܚܝ̈ܐ ܟܠܗ ܕܟܠܐ

ܐܠܦ ܕܠܟ, ܒܪܘܬܐ [3]

ܐܘܪܝ ܒܪ ܕܩܘܝ [4] ܗܘ

ܕܐܘܪܐ ܒܕܝܫ ❖   20

ܫܘܒܚܐ : ܐܦ [7] ܐܫܒܚܟ [5] ܒܪ, [6] ܒܪܝܢ

    ܫܘܒܚܐ ܠܒܪܐ 2 ❞

ܠܟܠ ܫܘܒܚܐ ܕܒܪ̈ܝܢ

ܐܝܟ ܒܪܘܐ ܗܘ, ܒܪܝܢ

ܘܐܦ [7] ܫܘܒܚܐ ܕܪܒܝ̈ܢ   25

¹ Lege ܢܒܪܘܟ̈ BC — ² C ܘܠܐܪܢܝ — ³ B ܕܐܠܦ — ⁴ C ܘܒܟܬ

V. A 4 r° a, 15 – 4 v° b, 22; B p. 114 a ult. – 116 a, 16; C 11 v°, 16 – 16 r°, 11 —

¹ B ܒܪ ܒܠܒ — ² BC ܒܒܪܘܬܐ — ³ Lege ܒܪܘܬܐ BC — ⁴ Lege ܕܩܘܝܗܝ C —

⁵ BC ܐܫܒܚܟ ܠܐ — ⁶ B om. (C?) — ⁷ B om. ܘ

3 ܗ   ܚܡ [2] ܘܚܢ ܕܗ ܐܘܪ

4 ܠ   ܗܪ ܗܡ ܘܗܡ ܒܚܪ

* 4 ro b

[1] BC ܪܘܚܐ — [2] Lege ܩܒܠ BC — [3] B ,ܡܘܪܒ — [4] B ܐܘ — [5] BC ܠܛ — [6] B ܐܘ — [7] BC ܠܒܬܟ — [8] A — [9] ABC — [10] C ܕܪܐܝ

ܠ 5 ܠܘ ܡܪܝ، ܡܢ ܚܫܘܟܢ
ܕܒܘܪܢ ܡܢܢ ܒܥ̈ܒܕܝܢ
ܗ̇ܘ ܒܥܒܕܐ ܠܐ ܡܟܐ
ܕܒܗ ܒܥܒܘܕܗ ܢܫܬܘܐ
ܓܘܕܦܐ ܗ̇ܘ ܕܚܝܠܐ
ܐܦ ܗ̇ܘ ܕܡܟܐ ܡܫܬܘܐ
ܕܥܒܕܐ ܚܒܪܐ ܗ̇ܘ ܕܡܪܗ
ܘܡܪܐ ܒܝܬܐ ܗ̇ܘ ܕܥܒܕܗ
ܬܘܒܘܗܝ، ܠܟܢ [ܕܐܪܓܫ][1]
ܕܡܪܐ *[2] ܪܚܡ ܒܚܘܒܗ
ܘܠܒܫܗ ܠܥܒܕܐ ܒܥܒܕܗ ❖

ܠ 6 ܠܥܒܘܕܐ ܠܐ ܡܟܐ
ܕܢܦܣܩ[3] ܠܗ ܒܥܒܕܗ
ܐܦܠܐ ܓܒܪ ܫܡ̈ܗܐ
ܕܬܪ̈ܝܗܘܢ ܡܫܬܘܝܢ
ܘܝܬܝܪ ܡܢ ܫܡ̈ܗܐ
ܩܢܘܡ̈ܐ ܠܐ ܡܫ̈ܬܘܝܢ
ܡܪܐ ܙܟܐ ܒܚܘܒܗ
ܕܢܘܫܠܐ ܫܡ̈ܗܘܗܝ ܠܥܒ̈ܕܘܗܝ،
ܟ̈ܗܢܐ ܘܡܠ̈ܟܐ ܟܠܗܘ
ܟܘܢܝܢ[4] ܠܒܫܘ ܗܘܘ
ܘܡܫܝܚܐ ܘܫܘܒ ܫܡ̈ܗܝܢ ❖

ܡ 7 ܡܪܐ ܗ̇ܘ ܪܚܡܬܢܐ
ܕܠܒܫ ܐܦ ܗ̇ܘ ܫܡ̈ܗܝܢ
ܒܕܡܐ ܦܪܕܬܐ[5] ܕܚܪܕܠܐ
ܐܬܡܟܟ ܘܐܬܡܬܠ
ܝܗܒ ܠܢ[6] ܗ̇ܘ ܫܡ̈ܗܘܗܝ،
ܢܣܒ ܡܢܢ ܫܡ̈ܗܝܢ

[1] Suppl. ex BC — [2] A — [3] B ܕܢܬܦܣܩ — [4] Lege ܟܘ̈ܢܝܢ BC — [5] B ܦܪܕܐ — [6] C add. ܐܦ

* 4 ro c

---

¹ Suppl. ex BC — ² BC — ³ BC, ܘܕܚܝܘܗܝ — ⁴ BC ܒܘܩܗ — ⁵ BC ܚܒܝ * ܐܠܟܝ — ⁶ BC ܘܐܦ — ⁷ Omitte cum BC — ⁸ BC clare ܥܝܪ̈ —

⁹ BC om. ܘ — ¹⁰ C ܘܒܕܚܝܗ

---

¹ Lege ܗܘ BC — ² C ܡܫܬܥܒ̈ܕ — ³ Lege ܐܠܐ ܠ̈ܝ B; C ܚܫ̈ܬܬܝ̈ —
⁴ B ܡܣܘ̈ܐܘܢ — ⁵ ABC — ⁶ ABC — ⁷ C ܚܫ̈ܬܝ — ⁸ Adde ܗܘ cum BC

ܐܟ ² ܐܬܬܘܬܗܐ * ܥܡܡܬܐ   * 4 vo a

---

¹ C ܗܘ݂ܕ — ² B ܘܟܐ — ³ B ܘܩܬܝ — ⁴ B ܘܠܦܥܣܘܪܝ — ⁵ BC add.
ܗܘ — ⁶ B ܚܒܪ. — ⁷ B ܘܠܪ — ⁸ BC ܕܢܒܝܟܐ

ܕܢܚܣܘܦ ܢܒܓܐ ܠܦܐܪܐ
ܪܗܛܐ ܠܗ̇ ܒܓܢܬܐ
ܠܘܬ ܒܥܪܐ ܕܐܘܠܕܗ̇
ܒܪܐ ܓܒܐ ܗܘ ܕܐܝܬ ܒܗ
ܒܓܬܐ ܒܗ ܦܫ̈ܝܛܬܐ
ܠܡܪܚܐ ܒܓܬܟ
ܘܠܬܓܪܐ ܦܫܝܛܬܟ
ܒܬ̈ܪܬܝܗܝܢ ܠܡܬܗܪ
ܕܘܟܐ ܡܠܝܐ ܒܓܬܟ
⌜ܘܟܡܐ ܦܐܝܐ[1] ܒܪܚܡܬܟ ܀

ܫ 16 ܥܡ ܘܢܦܩܬ ܠܘܬܟ
ܦܐܪܐ ܒܣܘܟܐ[2] ܠܒܢܝܗ̇
ܫܠܘܬܗ ܬܫܕܝܟ
ܠܐ ܬܒܥܝܟ ܒܓܬܗ
ܗܡ ܫܢܐ ܗ̤ܘ ܕܡܫܟܚ
ܐܦ[3] ܗܡ ܡܘܬܐ ܠܡܗܘܐ
ܗܒ ܡܢܗ ܕܐܚܬ،
ܗܒ[4] ܠܗ ܐܦ[5] ܠܗ ܕܢܣܒ
ܗܒ ܡܢܗ ܘܗܒ ܠܗ
ܗܒ ܪ̈ܚܡܐ ܕܐܚܬ،
ܗܒ[6] ܠܗ ܒܢ̈ܝܐ ܕܢܣܒ ܀

ܬ 17 ܬܘܒ، ܠܕܐܚܬ، ܒܘܪܟܬܐ
ܘܢܫܒ ܡܢܝ ܓܠܘܬܐ
ܕܦܓܥܐ ܢܦܩܬ ܠܟ
ܐܣܘ ܡܢܝ ܦܓܥܬܐ
ܕܐܠܗܘܬܐ ܢܗܒ ܠܟ
ܐܢܫܘܬܐ ܢܣܒ ܠܗ
ܕܡܠܟܘܬܐ ܐܚܬ، ܠܟ

[1] BC ܒܗ̇ ܟܡܐ ܦܐܝܐ — [2] BC ܒܣܘܟܗ — [3] BC ܘܐܦ — [4] B ܘܗܒ — [5] B ܘܐܦ — [6] C ܘܗܒ

* 4 vo b

---

¹ B ܝܩܕܘܒ — ² B om. ܠ — ³ C ܘܗܡܝ — ⁴ B add. ܗܘ — ⁵ BC ܕܠܝܥܡܘ —
⁶ C ܘܥܟܬܐ — ⁷ C ܘܗܬܫܫܬܐ — ⁸ BC ܠܚܟܕܝ — ⁹ Lege ܡܣܐܪܬ BC

VI   10

---

¹ BC ܕܬܪܝܟܐ

VI. A 4 v° b, 22–5 r° b ult. ; B p. 116 a, 17–117 b, 5 a. i. ; C 16 r°, 11–20 r°, 6 — ¹ B ܘܐܟܢ — ² B om. — ³ BC ܕܝܢ — ⁴ C — ⁵ B ܡܚܣ — ⁶ B (et C sed corr.) ܢܟܡܐܬܟ ܠܬ

ܫܘܼܚܠܦܘܼܗܝ ܩܒܿܡܗ

ܐܬܢܚܬܘܼܗܝ ¹ ܒܪܝܫܝܬ

ܘܥܠܡ ܡܕܒܪܢܗ

ܗܘ ܟܢܝܪ̈ܐ ܕܡ̈ܝܐ ܡܛܠ

ܐܠܐ ² ܠܝܠܝ ܕܗܘ̣ܐ ܡܪܝܐ

ܠܥܠ ܘܣܝܡܗ, ܠܥܠܡܐ

ܘܕܚܙܝܠ ³ ܗܘ ܡ̣ܢ ܟ̈ܒܪܗܘܗܝ,

ܟܢ. ܐܝܬ ܡܠܝ ܐܬܚܘܝ,

ܐܝܟܪ ܕܠܐ ܡܢܬܐ ܪܘܚܐ ܀

3 ܒ   ⁴ ܒܪܝܫ ܕܥܠܡܐ ܕܡܢܝ̈ܝ

ܐܝܕܗ ܕܩܪܡܗܐ

ܐܠܐ ܠܐ ܗܘ̣ܐ ܕܡܒܪܫ ܕܡܒܝܠ ⁵

ܗܘ ܕܡܣܒ ܕܢܪܝ ܠ

ܘܒܪܝܫܐ ܕܡܫܠܝ,

ܟܢ. ܠܥ ܗܘܐ ܡ̣ܢ, ܕܒܘܬܗ

ܘܠܕ. ܐܠܐ * ܐܝܟ ܠܥ ܝܨ ܒܪܕ.   * 4 vo c

ܘܕܬܐܬܟܪܬ ܠܥܢܘ ⁶

ܘܒܟܒܪܐ ܗܘ ܡ̣ܟܠܘܗܝ ⁷

ܘܐܝܟ ܣܠܝ ܐܬܠܐܩܗ, ⁸

ܟܢ. ⁹ ܒܚܕܘܝܗ, ܒܪ̈ܚܐ ܀

4 ܒ   ⁵ ܒܥܠܡܐ ܝܥ ܐܝܬܐܬܠ

ܬܘܒܐ ܕܠܐ ܐܬܐܬܠ

ܣܘܪܝܐ ܬܒܘ ܐܟܬܬ,

ܣܘܒܐ ܕܠܐ ܒܟܬܬܐ

ܐܘ ¹⁰ ܒܡܫܢܐ ܕܟܫܘܝܗ,

ܠܝܠܐ ܕܠܐ ܒܬܫܡܫ

ܘܐܝܟ ܕܐܬܒܪܝ ¹¹ ܠܥܘܒܐ

¹ B ܡܬܘܠܟܢ — ² BC ܕܠܐ — ³ C ܕܢܝ̈ — ⁴ Lege ܡܕܢܝ̈ ܝܨ BC —
⁵ C ܠ ܕܡܒܝܠ; lege ܕܡܒܠ (sine ܠ) B (?) — ⁶ B, ܠܥܢܘ̈ — ⁷ BC ܡ̣ܟܠܘܗܝ —
⁸ B, ܘܐܬܠܐܩܗ — ⁹ BC sine ܟ. — ¹⁰ B ܘܐܒ — ¹¹ Lege ܕܐܬܒܪܝ B; C ܕܢܪܝ

ܚܒܝܒܐ ܘܐܒܘܗܝ

ܫܘܬܗ ܐܝܢ ¹ ܠܚܬܐ

ܐܝܢ ܥܘܒܗ ܕܡܠܐ

ܕܐܦ ܐܢܐ ܐܫܬܥܢܘܗܝ ؛

ܒ 5   ܒܛܠܐ ܕܐܬܡܠܝ ܐܢܬ   5

ܩܠܬܐ ² ܨܝܕܐ ܐܢܬ

ܟܘܒܕܐ ܒܝܘܢ ܐܢܬ

ܩܘܪܐ ܣܘܡܐ ܐܢܬ

ܕܪܝܬܐ ܕܨܒܐ ܐܢܬ

ܚܒܝܒܐ ܐܠܒܐ ܐܢܬ   10

ܚܬܝܐ ܣܠܝܠܐ ܐܢܬ

ܩܢܝܬܐ ܕܟܝܢܐ ܐܢܬ

ܟܠ ܒܪܝ، ܒܠܐ ܐܢܬ

ܥܒ ܥܒܘܐ ܒܝܪܐ ܐܢܬ

ܩܒܘܢܐ ܥܝܝܐ ܐܢܬ ؛   15

ܒ 6   ܒܪܝܬ ܕܝ ܚܬܐ ܒܪܝܐ

ܝܫܘ ܣܒܐ ܐܬܒܪܝܘ

ܐܡܪ ܟܠ ܠܥܝܪ ܐܠܗܐ

ܕܚܘܬܐ ܗܘܡܪ ܘܐܬܒܪܝ،

ܠܥܒܐ ܦܩܕ ܗܘ ܘܗܘܐ   20

ܐܡܪ ܗܘܐ ܙܕܝܩ ܠܛ ܗܘܐ

ܘܟ ܠܗ ܦܩܕ ܠܥܝܪܐ ܠܗ ܗܘܐ

ܠܗ ܦܩܕ، ܦܩܕ، ܠܗ ³

ܕܚܘܬܐ ܒܒܘܐ ܐܬܒܪ ܗܘܐ

ܦܪܝܫ ܗܝ، ܥܒܪ ܒܠܬܐ   25

ܗܘܡܪ، ܒ ⁴ ܕܚܘܬܐ ؛

ܠ 7   ܐܠܗ ܒܪܗ ܠܩܒܪܐ

ܒܪܝܐ ܪܒ ܠܗ ܐܬܒܪ

ܒܚܕܘ ܟܠ ܐܢܫܐ

¹ B ܚܝܢ — ² B ܩܪܝܒܐ — ³ Lege ܗܘܐ B — ⁴ B add. ܗܘ

ܒܝܠܕܗ ܐܝܟ ܕܐܡܪܬ
ܒܣܘܪܬܐ ܗ̇ܝ[1] ܕܢܣܒܪ
ܕܠܗ ܠܐܕܡ ܐܡܪ ܗܘܐ
ܗ̇ܘ ܕܐܣܝܗ ܒܡܣܟܢܐ
ܒܐܠܦܐ ܐܚܪܝܐ ܕܐܫܬܐܬܐ
ܗ̇ܘ ܕܟܠܗ ܒܪܫܝܬ
ܐܦ ܒܣܘܡܐ ܕܫ̈ܢܬܐ
ܒܪ ܐܪܥܐ ܒܡܣܟܢܐ ❖

ܕ 8 ܕܢܪܢܐ ܬܘܒ ܘܢܐܡܪ
ܕܠܒܢ̈ܝܐ ܦܩܕ ܗܘܐ
ܡܪܚܘܬܐ ܗ̇ܝ ܕܓܠܝܐ
ܕܒܓܕܐ ܢܗܘܐ ܠܒܢܘܗ * * 5 rº a
ܫܘܬܦܐ *[2] ܘܥܒܕܐ *[3]
ܠܒܒܪܐ ܐ ܕܕܡܐ
ܗܟܐ ˥ܕ ܠܒܪܐ ܕܕܡܐ[4]
ܕܠܗ[5] ܕܐܒܘܗ̇ܝ ܢܥܒܕ
ܕܗ̇ܘ ܡܪܐ ܗܘܐ ܕܢܫܡܘܪ
ܟܡ ܡܠܐ ܥ̇ܒܕܐ
ܘܟܡ ܡܠܬܐ ܒܪܝܬܐ ❖

ܗ 9 ܗ̇ܝ ܗܕܐ ܬܬܕܪܫ
ܕܟܠ ܡܕܝܢܐ ܐܠܗܐ
ܐܡ̇ܪ ܗܘܐ ܒܡ̈ܠܐ[6]
ܘܟܢ ܗ̇ܘܐ ܗܘܐ ܥ̇ܒܕܐ
ܟܝܘܡܗ ܒܫܬܝܐ
ܡܚܝܠ ܗ̇ܘ[7] ܟܝ ܕܒܪܐ
ܐܘ ܡܠܐ ܕܟܠܠ
ܟܢܫ ܘܗܘܘ ܒܒ̈ܪܐ
ܬ̈ܪܬܝܗܘܢ ܐܕܕܟ

[1] B om. — [2] A — [3] ABC — [4] B ܝܬܝܪ ܠܒܪܐ — [5] BC ܕܩ̈ܠܘܗܝ — [6] C ܒܡܠܬܐ — [7] BC ܗܘܐ

ܟܐ ـ ܐܝܟ ܕܐܝܪ ܗܘ ܐܠܒܝ   10 ܐ
[1] B ܐܠܗܐܘ — [2] B ܚܝܬܗ — [3] Adde * ܚܝܝܘ BC — [4] BC ܩܦܦ — [5] B
ܘܝܢܘ — [6] C ܪܝܠ ܡܗ — [7] Lege ܚܡܝܬ BC — [8] B ܘܢܪ

ܡܢ ܒܢ̈ܝܐ ܡܪܝܡ
ܘܡܢ ܚܒܪ̈ܐ ܡܬܚܫܝ
ܠܐ ܒܡܢ ܒܢ̈ܝܐ ܡܬܕܡܝܐ
ܘܠܐ ܒܡܢ[1] ܚܒܪ̈ܐ ܡܬܢܣܒ
ܡܢ ܬܪ̈ܬܝܗܝܢ ܡܟܠ
ܠܘ ܒܪܐ ܗ̇ܘ ܕܝܠܕܐ ܗܘ
ܘܠܐ ܗܘܐ ܚܒܪܐ ܗ̇ܘ *[2] ܕܒܥܘܪܐ ܗ̇ܘ ܀
13 ⳼ ܠܟ ܗ̇ܘ[3] ܓܠܝܐ[4] ܫܪܪܐ
ܠܐܢܫܐ * ܕܢܟܐ ܕܢܣܝܘܗܝ * 5 ro *b*
ܫ̈ܬܐ ܘܡ̈ܩܝܢ ܕܐܬܒܪܝܘ
ܠܫ̈ܬܐ ܒܢ̈ܝܢ *[5] ܫܘܪ̈ܝܢ *[6]
ܠܐܪ̈ܒܥ ܩܢܝܢ ܡܒܪ̈ܝܢ
ܘܠܢܘܡܣܐ ܘܠܟܘܡܣܐ[7]
ܕܠܘ ܠܢܒܪ̈ܐ ܦܩܕ ܗܘܐ
ܕܗ̇ܘܢ ܠܗܘܢ ܢܒܕܘܢ
ܟܕ ܚܕ ܡܢ ܚܕ ܐܬܒܪܝܘ
ܐܒܐ ܦܩܕ ܗܘܐ ܒܡܠܐ
ܒܪܐ ܓܒܠ ܗܘܐ ܒܒܪܐ ܀
14 ⳼ ܠܟ ܓܠܝܐ ܕܐ ܗ̇ܘ
ܕܠܐܪܥܐ ܦܩܕ ܗܘܐ ܕܬܦܩ
ܦܩܘܕܐܝܬ ܚܕܐ ܗܘܐ
ܕܒܡܗ̇ ܕܐܪܒܐ ܢܟܠܠ
ܐܝܟ ܕܐܡܪ ܠܚܘܐ
ܕܒܟܐܒܐ ܬܐܠܕܝܢ
ܚܠܦ ܕܐܡܪ ܕܬܘܒܐ
ܐܡܪ ܠܗ̇ ܕܝܢ ܕܐܘܒܕ
ܒܪܗ ܗ̇ܘ ܥܒ̣ܠ ܘܢܣܒܗ̇
ܟܚܕ ܐܡܠ ܫܢ̈ܐ
ܢܪ̈ ܢܘܒܐ ܕܡܬܘܡܬܗ[8] ܀

[1] B ܡܢ — [2] A (C ?) — [3] B om. — [4] C ܘܓܠܝܐ — [5] A — [6] ABC — [7] BC ܘܟܘܡܣܐ — [8] B ܕܡܘܬܗ̇

15 ، ܝ܏ ܕܗܘܐ ܕܢܘܒܠ

ܘܒܚ ܡ̈ܢܐ ܡܥܒܕܠܠ

ܐܝܟ ܕܝܢ ܕܢܘܒܠ

ܘܒܚ ܡܥܡ ܡܥܒܕܠܠ

[1] ܕܐܡܪ ܗܘܐ ܕܢܒܫܘ‍ܝ   5

[2] ܐܡܪ ܗܘܐ ܡܢ ܕܐܝܟܐܘ

ܦܪܝܫ ܗܘܐ[3] ܠܓܪ ܐܡܪܐ

ܘܠܗܘ ܡܢ ܕܠܐܝܬܘ

ܝܠܝܕܐ[4] ܙܥܘܪܐ ܐܡܪ ܗܘܐ

ܘܪܒܐ ܗܘܡ ܪܒܐ[5] ܙܥܘܪܐ[6]   10

ܕܡܥܘܪܐ ܘܐܝܠܬ ܀

16 ، ܝ܏ ܕܠ ܢܒܠ ܗܘܐ

ܡܥܡ ܕܐܡܪ ܗܘܐ ܕܐܝܟܢ

ܠܥܡܗ ܡܫܡ ܠܥܒܕܝܗܘ

ܘܡܬܚܠ ܕܠ ܠܥ‍ܡܐ[7] ܕܐܝܒ   15

ܘܒ ܡܥ ܐܝܪܘ ܒܪ

ܠܝܗܝ ܠܗܪܘ ܡܗܥܠ ܠܐܟ

ܘܐܝ̈ܬܐ ܘܠܒܚܟ[8] ܒܗܪܘܐ

ܘܕܐܝܬ[9] ܐܡܥܢ ܘܡܥܠܐܘ[10]،

ܘܒܢܐ ܐܒܪ ܡܬ ܡ̈ܢܐ ܀   20

ܕ‍ ܠܥ‍ܒܕ‍ܗ،[11] ܟܡ ܡܪ ܒ‍ܝ،[12]

ܘܒܪܥܐ ܘܠ‍ܒ‍ܐ ܟܡ ܡ‍ܪ، ܀

17 ، ܝ‍ܡܥ ܐܪܥ ܕܥܝܡ ܪ‍ܡܥܝ

ܠ‍ܐܝ‍ܪ ܐܪ‍ܡܥ ܗܘ‍ܝ ܕܘܒ‍ܪ‍ܝ

ܡ ܠ‍ܒ‍ܗ ܠܐ‍ܚܝ   25

ܠܥ‍ܠ ܦ‍ܬܝܚ ܘܡܢ‍ܝܬ

ܥܘܒ ܐܝܟ‍ܬ‍ܐ ܐ‍ܬ‍ܠ‍ܝ‍ܬ

---

[1] B ܕܗ (?) — [2] C (m. pr.) ܕܐܝܟ‍ܝ — [3] B ܗܡ — [4] C ܝ‍ܠ‍ܝ‍ܬ — [5] C ܠ‍ܥ‍ܘ‍ܕ — [6] C ܙ‍ܥ‍ܝ‍ܪ — [7] Lege ܕܠ‍ BC — [8] Lege ܘܠ‍ܒ‍ܚ‍ܙ BC — [9] BC om. ܘ — [10] B ܘܡ‍ܥ‍ܠ — [11] C — [12] ABC

ܗܘܝ ܓܫܪܐ ܠܟܠܗܿ
ܬܥܒܪ ܓܢܝ ܫܪܪܟ
ܓܫܘܪ ܚܘܒܟ ܠܒܢܝܟ
ܟܢ ܐܥܒܪ ܓܢܝ ܐܒܘܟ
ܐܥܒܪ ܘܐܥܒܪ *[1] ܒܪܝܟ ܗܘ *[2]
ܕܐܪܟ ܒܘܪܗ ܒܠܕܗ ❖
ܫܠܡ[3] * * 5 r° c

VII

ܒܪ ܩܠܗ

ܐ 1 ܐܝܢܘ ܕܐܠܗܐ ܡܘܗܒܗ
ܘܠܐ ܝܕܥ[1] ܫܘܒܚܬܗ
ܕܢܬܒܥܐ ܒܢܝܐ[2] ܕܒܘܟܪܐ
ܡܪܐ ܒܢ̈ܝܐ
ܒܢ̈ܝܐ ܕܗܘܘ ܒܐܝܕܗ
ܡܢܘ ܡܫܒܚ ܕܢܣܓܐ[3]
ܐܦ ܗ̣ܘ ܗܘ ܕܒܗ ܗܘܐ
ܒܢܗ ܕܢܣܓܐ ܠܐ ܡܣܓܐ
ܕܡܢܗ ܘܒܗ ܫܬܡܠܝ[4]
ܕܒ ܗ̣ܘ ܠܗ ܠܐ ܣܦܩ
ܐܝܟ ܣܦܩ ܠܡܪܗ ❖

ܒܥܘܬܐ: ܫܘܒܚܐ ܠܫܕܪܟ ܓܢܣܐ

ܒ 2 ܦܫܝܛ ܢܫܐ ܘܩܪܝܒ
ܪܒ ܘܓܠܝܐ ܘܦܪܝܫ
ܘܐܝܢܐ ܕܓܒܐ[5] ܕܢܫܪܐ
ܫܪܒ[5] ܡܢܗ ܘܢܦܠ[5]

[1] AC — [2] BC — [3] BC om.

VII. A 5 r° c, 1–5 v° b, 15; B p. 117 b, 4 a. i. – 118 b, 4 a. i.; C 20 r°, 6–22 v°, 10 — [1] B ܐܝܕܥ — [2] BC ܒܢܝܗ — [3] B ܠܡܣܓܐ — [4] C ܡܫܬܡܠܝ — [5] BC punctum participii

---

¹ Suppl. ex BC — ² B ܕܚܘܣܩ — ³ Lege ܚܝܣܗ C; vel ܚܝܣܗ B — ⁴ BC
om. ܂ — ⁵ Lege ܝܢܚܗ BC — ⁶ C ܐܘܕܪܬܚܝܒ — ⁷ C ܩܠܟ — ⁸ B ܐܪܫܒ —
⁹ BC ܩܘܦܪܐ

ܟܕ ܐܝܬܘܗܝ ܗܘ ¹ܐܝܬܘܗܝ

ܡܚܘܐ ܩܘܫܬܐ ܕܒܪܝܬܐ ܀

ܓܠܝܢܐ ܥܠܘܗܝ ܠܟܠ ܒܪܝܬܗ, 5 ܩ

ܘܒܟܝܢܐ ² ܕܗ ܐܝܬܪܚܡܘܗܝ,

ܠܥܠ ܡܢ ܟܠܐ ܡܝܕܥܬܐ

ܡܝܕ ³ ܠܗ ܒܗܘܬܐ

ܠܥܠ ܢܘܪܝ ܢܘܪܐ ܘܡܥܗܐ

ܘܒܪܝܐ ܝܘܗܝ ܡܗ ⁴

ܒܝܬܗ, ܐܦ ܐܠܐ ܡܝܬ ܒܥܠܡܐ ܀   * 5 vo a

ܐܦ ܐܝܬܪܚܡܘܗܝ, ܒܪܝܬܐ

ܠܥܠ ܥܕܡܐ ܒܥܝ̈ܐ

ܐܠܝ ܡܢܝܬܝܟ ܝܗܝܡܗ,

ܘܒܪܘ ܠܗ ܒܬܚ̈ܡܝ ܀

ܥܕ ܝܠܕܬܗ ܒܪܝܬܐ 6

ܕܢܘ ܡܠܬܐ ܒܥܠܡܐ

ܘܠܐ ܒܥܕ ܐܦ ⁵ ܟܒ

ܠܝ ܕܢܡܝܗ̈ܘ ܠܐ ܢܪܝ

ܡܢ ܓܘ ܒܝܬ ܥܠܡܐ

ܘܡܬܒܝܬܐ *⁶ ܢܝܬܐ *⁷

ܩܪ̈ܝܐ ܕܝ ܒܥܠܟܐ ܗܘ 20

ܠܐ ܐܝܬܪܚܘ ܚܝܟܡܘܗܝ,

ܡܢ ܢܘܝܘ ܚܝܢܗܡܘܗ, ⁸

ܡܪܐ ܕܝܘܦܠ ܘܥܠܬܐ

ܠܟܠ ܚܝܐ ܒܪܝܬܐ ܀

ܐܦ ⁹ ܥܡܝܐ ܠܐ ܢܪܝ 7

ܗܡܕ ¹⁰ ܕܗ ܠܐ ܠܟ ¹¹

ܒܪ ܥܠܡܐ ܗܘ ܕܢܪܝ ܗܘܐ

---

¹ Lege ܐܝܬܘܗܝ BC — ² Lege ܒܟܝܢܐ BC — ³ BC add. ܗܘܐ — ⁴ Lege ܠܗ
BC — ⁵ B ܐܦ — ⁶ A — ⁷ ABC — ⁸ B ܢܝܕܝܚܝ̈ܗܡ, — ⁹ BC ܐܦ — ¹⁰ C
ܘܗܡܝ — ¹¹ BC add. ܗܘܐ

---

[1] Lege ܕܒܪܫ BC — [2] B ܕܠܐܪ — [3] BC ܚܚܒ — [4] B ܕܒܪܝܚܪ — [5] BC om.

ܡܢ ܗܘ ܕܟܬܒ ܐܦܩܬܗܝ

ܘܡܢܟܣܘܬܐ ܐܬܐ ܠܗ [1] ܀

10　ܡܢܝܘܬܐ ܪܒ [2] ܗܘܐ

ܐܝܟ ܕܐܠܗܐ [3] ܬܗܪ ܗܘ

ܡܢ [4] ܡܢܟܣܘܬܐ ܗܘܐ ܘܗܪܡ

ܘܠܐ * ܫܒܩܗ ܕܢܥܘܠ

ܗܘ ܗܘ ܝܗܒ ܠܗ

ܐܝܬ ܕܝܢ ܗܝ ܥܡ ܗܝ ܥܬܗ

ܕܥܠ ܗܡܢ ܕܐܬܠܟ

ܡܒܠܗ ܠܥܬܐ

ܠܟܠ ܗܝܘ ܫܒܗ

ܕܣܪܦ ܥܝܪܐ ܒܪܘܡܐ

ܡܢܟܣܘܬܟ ܗܘ ܀

11　ܬܗܘܐ ܐܘܢ ܐܡܪܝܬ [5]

ܠܘܡܢܝܘܬܐ ܕܪܡܝܗ

ܘܠܚܘܪܐ ܠܬܐܪܡܐ

ܘܕܝܟܐ ܕܫܥܒܕ ܩܒܠܐ

ܘܐܡܠ ܪܒܗ ܗܪܡ ܩܠܡܗ [6]

ܘܗܘܐ ܪܗܒ ܡܠܝܟܗ

ܐܝ ܗܘ ܗܒܪ ܕܐܡܪܟܝ

ܘܡܢܝ ܡܢܗ ܥܡ ܚܘܬܐ ܡܣܝܚܢܘ [7]

ܘܐܠܟܐ ܣܪܝܡ ܗܘܡܣ ܐܠܟܐ

ܐܠܝܟ ܐܒܟܪܕܝ ܕܠܩܘܡܪ

ܘܚܝܬܐ ܡܣܝܒ [8] ܘܐܟܗ ܒܫܒܡ ܀

---

[1] BC transpon. inter versum 8 et 9 omittentes ܘ — [2] B ܪܒܝܪ — [3] B ܐܝܟܝ ܕܐܠܟܐ; lege : ܐܝܟܝ ܕܐܠܗܐ? — [4] BC om. — [5] BC ܐܡܪܝܘ — [6] B ܩܠܘ — [7] B ܘܐܝܠ; C ܘܩ — [8] Lege ܘܡܣܝܒ BC

VIII

VIII. A 5 v° b, 16–6 r° b, 2 ; B p. 118 b, 3 a. i.–p. 120 a, 10 ; C 22 v°, 10–
26 v°, 1 — [1] C om. ܕ (B ?) — [2] C add. ܗܘܐ (B ?) — [3] C ܐܝܘܐܠܕ (B ?) — [4] C
ܠܝܘܪܚܬܕ — [5] B ܠܚܝ.

10 ܟܪܟܘܟ * ܘܒܥ̈ܐ   4   * 5 vo c

[1] A — [2] C ܩܡܚܬܡ — [3] B ܐܪܒ

[1] B ܫܡܝܪ — [2] B ܒܠܬܚ — [3] BC ܚܡܘܪ — [4] Lege ܗܘܣ B; C ܗܠ ܗܘܣ —
[5] BC ܠܚܪܡ — [6] BC ܐܘ — [7] Lege ܒܗܘܪܐ C — [8] B ܒܡܗܝ — [9] B ܐܪܟܚܘ

ܪ̈ܥܝܢ ܗܘܘ ܠܡܚܛܦ
ܘܕܒܝܬ ܩܘܪܚ ܐܬܟܠܝܘ
ܕܠܡܟܗܢܘ[1] ܪ̈ܥܘ ܗܘܘ[2]
ܐܢ ܒܡܘܬܗ ܕܐܗܪܘܢ
ܗܢܐ ܟܠܗ ܕܚܝܠܐ
ܟܡܐ ܕܚܝܠ ܡܪܐ ܟܗ̈ܢܐ[3]
ܕܒܗܢ ܒܕܡܐ ܕܢܦܫܗ
ܡܢܘ ܢܡܪܚ ܕܢܒܥܝܘܗܝ ܀

9 ܪܒ ܠܒܘܫܐ ܕܡܢ ܥܠ
ܒܢܘܗܝ ܐܝܩܕܘ[4] ܕܐܗܪܘܢ
ܢܘܪܐ ܢܘܟܪܝܬܐ
ܐܩܪܒܘ ܘܐܟܠܘ ܘܝܩܕܘ
ܡܢܘ ܟܝ ܕܢܦܠܛ
ܡܢ ܢܘܪܐ ܪܒܬܐ
ܕܡܛܠ ܠܟܘ ܥܕܬܐ
ܒܥܬܐ ܢܘܟܪܝܬܐ
ܐܝܬ ܒܗ̇ ܒܥܕܬܐ
ܒܝܬܐ ܕܬܒܩܝ ܕܓ̈ܠܝܢ
ܠܐ ܗܘܐ ܕܬܒܥܐ ܕܟ̈ܣܝܢ ܀

10 ܟܐܢܐ ܪܒ ܟܗ̈ܢܐ
ܟܕ ܐܙܠ ܣܡܟ ܐܣܬܦܩ
ܕܐܬܦܩܕ ܠܐ ܥܒܕ
ܕܠܐ ܦܩܕܢ ܣܡܟ ܗܘܐ
ܠܣܒܘܬܐ ܦܩܕܘܗܝ
ܕܥܠ ܟ̈ܬܦܬܗ[5] ܢܛܥܢܗ̇[6]
ܦܫܛ ܐܝ̈ܕܘܗܝ[7] ܕܢܣܡܘܟ
ܠܚܝܠܐ ܕܣܡܟ ܠܟܠܐ
ܣܒܪ ܗܘܐ ܠܗ[8] * ܕܣܡܟܬ * 6 rº *a*

[1] B ܕܠܡܟܗܝܢܘ — [2] C ܕܪ̈ܥܘ ܗܘܘ ܠܡܟܗܢܘ — [3] A (m. sec.) ܕܟܗ̈ܢܐ — [4] C (B ?) ܝܩܕܘ — [5] B ܟ̈ܬܦܬܗܝ — [6] B ܢܛܥܢܝܗ̇ — [7] B ܐܝܕܗ — [8] B om.

ܥܒܕܐ ܠܗ̇ܠ

ܕܗ ܡܥܝ ܠܗ ܦܠ̈ܠܬܗ ⁖

11 ܠܐ ܬܫܝܪ ܥܠܐܪܐ

ܥܡܐ ܕܠܐ ܗܘܩܘ

ܗܢܐ ܕܒܢܝܗ̇

ܐܝܬܘܗܝ ܕܪܓܐ ܗܘ

ܠܐ ܐܝܟ ܝܕܥ ܫܒܪܐ

ܬܗܘܬܐ ¹ܐܬܓܝܙ ܠܥܒܕܐ

ܠܐ ܐܬܪܘܡ ܪܡܐܝܬ

ܘܡܚܝܒܬܐ ܠܗ̇ܠ

ܡ̇ ܡܣܟܐ ܣܢܝܩܐ

ܠܐ ܐܝܟ ܐܝܟܐ ܬܬܥܒܕܘܢܝ

ܕܠܐ ²ܩܪܘܛܐ ܬܘܒ̇ܩ

12 ܛܠܘܩܐ ܡܚܓܝ̈ܐ

ܠܥܒܕܬܗ ܐܬܩܡ

ܕܗ ܣܥܘ ܚܠܝܡ

ܠܐ ܩܘܪܒܐ ܨܦܪ ܠܗ

ܕܠܓܢ ²ܩܘܡܚܡܗ ³ܐܬܚܘܝܬ

ܡܩܘܪܡܗ, ܣܥܡܗ

ܡܟܐ ܚܘܝ ܕܒܪܬܐ

ܕܒܐܙܐ ܩܘܡܚܡ ܐܬܚܘܝܬ

ܟܡ ܫܥܠܛܘ ܦܡܗܗ

ܩܘܪܒܐ ܐܝܪ̈ܝܚܡ

ܕܗܡܚܡܝܢ ܐܬܘܝ ⁖

13 ܠܘܟ ܒܥܘ ܚܝܘ ܗܘܡ ⁴ ܘܪܝܝ

ܠܥܒܕܬܐ ܘܐܟܬܐܠܝ

ܪܝܗܘܡ ܢܗܘܐ ܠܗܘܩܘܡܗ,

ܒܪܝ ܗܘܐ ܠܗ ܠܚܡܬܗ

ܕܠܐ ܚܠܘ ܢܗܘ ܗܘܐ

---

¹ B ܐܬܓܘ — ² BC ܩܪ̈ܘܛ — ³ C ܩܘܡܚܡ — ⁴ BC om.

ܕܚܙܐ ܠܡܪܐ ܒܢ̈ܝܐ
ܐܝܟ ܡܒܘܥܬܐ ܕܚܝܠܐ
ܕܠܥ̈ܝܢܐ ܟܒܘܗ̇ ܐܝܬ ܗܘܐ
ܗܪܟܐ ܕܚܝܠܐ ܒܟܝܬܐ
ܘܟܕ ܢܩܪܘܒ ܠܘܬܗ̇
ܕܡܪܐ ܠܥ̈ܝܢܐ ܒܣܡܐ ܒܗ̇ ܀

ܕܢܫܐܠ ܚܙܐ ܗܘܐ 14
ܚܝ̈ܘܬܐ ܕܬܗܪܐ
ܚܙܐ ܗܘܐ ܬܘܒ ܕܢܬܒ
ܒܬܘܡ ܬ̈ܘܕܬܐ ܒܫܘܒܚܐ
ܥܠ ܚܝ̈ܘܬܐ ܩܪܒ ܗܘܐ
ܕܢܫܐܠ ܗܘܐ[1] ܘܢܐܠܦ
ܠܐ ܗܘܐ ܫܒܝܩܗ̇ ܕܕܪܓܐ
ܐܬܩܪܒ ܕܚܙܐ[2]
ܩܠܝܠܐ ܫܒܩܘ ܗܘܘ ܒܕ̈ܪܐ
ܘܥܠ ܒܒܘܕܐ ܪܗܛ
ܕܢܓܘܫܗ̇ ܕܡܢܗ ܀

ܕܢܫܐܠ ܚܙܐ ܗܘܐ 15
ܠܚܕ ܡܢ ܒܢ̈ܝܐ ܘܐܬܪܗܒ
ܠܘ ܠܒܢܝܬܗ̇[3] ܩܪܒ ܗܘܐ
ܡܛܠ ܕܢܫܡܥ ܠܐ ܗܦܟ
ܕܢܫܐܠ ܠܐ ܐܬܡܨܝ
ܐܦ ܠܐ[4] ܡܛܠ ܠܡܫܡܥ
ܘܠܗ̇ ܕܡܫܡܫ ܠܐ ܚܙܐ
ܒܕܡܫܬܡܫ ܡܢ ܠܒܪ
ܗܪܟܐ ܕܚܙܐ ܠܢܦܫܗ
ܕܚܠ ܘܟܪܡ ܘܐܬܪܗܒ[5]
ܠܬܪ̈ܝܢ ܒܒ̈ܝܢ ܐܫܬܕܩ ܀

[1] B om. — [2] Lege ܕܢܚܙܐ BC — [3] B ܠܒܢܝܬܐ — [4] C ܘܐܠܐ — [5] C ܘܐܬܬܪܗܒ

16 ܕܢܚܐܠ ܕܫܐܘܠ
ܟܠ ܦܬܓ̈ܡܐ ܫܡܥ ܗܘܐ
ܕܐܬܡܠܝܢ ܐܦ ܒܫܡܝܢ
ܒܫܢ̈ܬܐ ܕܪܒܘܐ
ܠܐ ܦ̇ܠܐ ܠܡܒܥܐ
ܡ̇ܢ ܢܡܪܚ ܢܒܥܐ[1]
ܒܥܬ ܓܝܪ ܕܒܗ ܗ̇ܘ
ܫܪܝܐ ܒܠܗ̇ ܕܝܒܬܐ
ܒܡܒܪܐ ܗ̇ܘ ܓܘܗ ܕܐܒܘܗܝ
* 6 r° b ܒܗ[2] ܗ̇ܘ[3] ܬܠܝܐ[4] * ܒܠܗ̇ ܫܥܒܕܗ
ܘܟܠܗ ܗܦܟ ܕܢܒܥܘܢܗܝ ❖
ܫܠܡ[5]

IX

ܒܪ ܩܠܗ

1 ܬܘܢܐ ܗܘܬ ܒܟܬܒܐ
ܕܐܬܗܦܟܬ ܒܕ̈ܪ
ܦܪܝ ܘܒܟܝ ܕܢܘܪܐ ܗ̇ܘ
ܠܐ ܬܒܟܐ ܕܐܡܝܢ
ܒܪܡ ܘܗܦܟ ܡܕܪܝܢ
ܕܒܟܘܬܐ ܢܚܘܪ
ܐܢܬ ܗ̇ܝ ܘܒܟܐܠ
ܕܪܒܘܬܐ ܬܓܒܪ
ܗܦܟܘ ܬܩ̈ܢܐ ܢܦܫܗܘܢ
ܕܒܢܝܢ ܠܐ ܢܣܘܪܘܢ
ܕܠܡܪ̈ܢܐ ܢܒܣܘܢ ❖
[ܒܡܢܝܬܐ : ܫܘܒܚܐ ܠܟ ܡܪܝ، ܘܠܐܒܘܟ
ܒܪܐ ܫܒܝܚܐ ܕܦܪܩܢ][1]

[1] BC ܕܢܒܥܐ — [2] B ܕܒܗ — [3] BC ܗܝ — [4] Omitte cum BC — [5] C om. (B ?)

IX. A 6 r° b, 3 – 6 v° a, 6 a. i.; B p. 120, 13 – 121, 16; C 26 v°, 1 – 30 r°, 9 — [1] Suppl. ex C; in B str. 1 et resp. l. n. p.; A om. resp.

[1] BC ܕܒܪ̈ܝܢ — [2] Lege ܟܒܠܗ BC — [3] Lege ܡܣܝܗ BC — [4] BC ܟܣܝ —
[5] C ܣܘܟܬܗ

ܚܣܝܐ ܡܠܚܐ ܠܚܠܬ ❖   * 6 ro c

─────────────────────

¹ C ܡܚܘܪ — ² BC add. ܐܝܬܗ — ³ C ܕܡ ܗܘܐ ܠܝܕ; B = A sine ܗܘ

ܓܒܐ ܗܘܐ ܕܝܢ ܡܠܐܟܐ
ܕܢܒܣܡܘܗܝ ܐܦ ܡܬܢܕܠ[1]
ܚܠܦܘܗܝ ܒܗܕܪܐ *[2] ܕܠܐ ܠܡ
ܡܕܝܢ ܐܢܬ *[2] ܗܠܝܢ
ܠܐ ܢܒܥ ܗܘܐ ܕܢܘܕܐ
ܐܝܢ[3] ܕܢܒܥ[4] ܚܬܝܪܐ
ܠܐ ܐܬܬܟܠ ܢܒܥܐ
ܟܠ ܡܕܒܬܐ ܕܢܦܫܗ
ܐܝܟ ܡܪܥܐ ܕܢܘܡܣ ⁘

8 ܘܒܪܐ[5] ܕܝܢ ܒܗܢܐ
ܫܐܠ ܗܘܐ ܕܢܒܓܐ
ܫܘܠܗ ܡܠܬܐ[6] ܡܠܐܟܐ
ܕܠܒܓܘܐ ܢܕܠ
ܐܦ ܙܒ ܒܗܡܪ̈ܐ ܟܠܒ ܗܘܐ
ܕܒܡܒ ܘܒܓܐ[7] ܕܢܐܠܦ
ܡܠܬܗ ܘܟܠܝܗ
ܕܒܪܘܪܐ ܘܡܒܕܪܐ
ܘܡܒܐ ⸢ܘܕܚܠܐ ܘܪܒܠܐ[8]
ܐܦ ܐܢܫ ܡܡܪܚ[9] ܕܢܒܓܐ
ܠܗ ܕܡܪܐ ܟܠ ⁘

9 ܘܒܪܐ ܟܠ ܕܒܡܒ
ܟܠܡܘܗܝ ܦܘܡܗ ܒܫܬܩܐ
ܗܦܟ ܚܪ ܒܫܬܩܐ
ܠܗܘ ܡܕܝܡ ܕܒܡܒ
ܠܡܠܬܗ ܕܒܡܒܪܐ
ܒܡܐ ܚܘܪ ܒܫܬܩܐ
ܗܘ ܒܕܝܠ ܕܒܡܒ

[1] Lege ܡܬܢܕܠܠ B corr. — [2] A — [3] BC ܐܝܟ — [4] Lege ܕܢܒܘܥ BC — [5] B l. n. p. usque ad 9, 6 — [6] C ܡܠܬܗ — [7] C ܘܒܓܐ (corr.) — [8] C ܘܪܒܠܐ ܘܕܚܠܐ; in A signum inversionis — [9] C ܢܡܪܚ

ܥܠ ܛܠܝܐ ܕܥܘܒܗ
ܢܕܚܠ ܡܢ ܕܩܪܒ[1]
ܠܐܬܘܬܐ ܕܢܒܝܐ
ܚܒܝܒܗ̇ ܒܥܘܒܗ̇

10 ܫܪܝܐ ܗܘܐ ܕܝܢ ܐܒܪܗܡ
ܒܫܐܠܗ ܫܪܪܗ[2]
ܥܠ ܗܒܝܠ ܐܢܫܐ
ܕܡܫܐܠܘ ܡܫܐܠ
ܫܐܠܗ ܚܘܣܐ
ܕܠܐ ܒܕܒܥܠ ܗܝܡܢ[3]
ܡܢܬܗ ܫܪܝܐ ܠܗ
ܠܗܝܡܢܘܬܗ[4] ܕܗܝܡܢ
ܐܒܪܐ ܗܘܐ ܕܐܘܒܕ
ܗܝܡܢܘܬܐ ܕܠܒܗ
ܒܫܐܠܐ ܕܦܘܩܕܢܗ ❖

11 ܚܕ̈ܘܬܐ ܠܥܡܐ
ܢܬܘ ܗܘܘ ܒܚܘܪܒܐ
ܡܕܝ ܚܘܝܐ ܐܚܪܢܐ
ܕܢܚܘܪܘܢ ܒܗ ܘܢܚܙܘܢ
ܠܥܡܐ ܐܢܫ ܚܙܬܐ
ܗܝܡܢܘܬܐ[5] ܠܥܡ̈ܡܐ
ܗܐ ܪܙܗ ܕܥܘܒܪܐ
ܠܐ ܗܘܐ ܡܢܬܗ ܐܦܣܬ
ܚܙܬܗ[6] ܒܠܚܘܕ ܐܦܣܬ[7]
ܒܗܝܡܢܘܬܐ ܚܘܪ ܒܗ
ܒܒܪܐ ܙܪܐ ܕܢܫ̈ܚܝܢ[8] ❖

12 ܘܐܦ ܕܒܥܐ ܪܫܡܐ
ܕܥܠ ܛܘ̈ܪܐ ܐܙܕܠܩ

[1] B ܕܩܪܒܐ — [2] B ܫܪܪܐ (?) — [3] BC ܗܝܡܢ ܒܕܒܥܠ — [4] BC ܠܗܝܡܢܘܬܐ — [5] C ܘܗܝܡܢܘܬܐ — [6] B l. n. p. usque ad 13, 4 — [7] C ܐܦܣܬ — [8] Lege ܕܢܚܙܝܢ C

¹ C ܣܒܪ — ² Lege ܕܒܝ.ܝ B

ܕܗܘܐ ܦܗܘ ܒܗ ܒ̈ܠܥܐ
ܘܠܐ ܐܫܟܚܘ ܡܥܟܘܗܝ ⁘

15 ܐܢ ܢܚܬܘܢ ܘܢܐܬܘܢ[1]
ܟܘܠ ܒܥܠܡ ܠܫܒܟܐ
ܫܒܝܢ ܐܦ ܡܙܕܒܢܝܢ
ܘܠܐ ܡܘܦܩ ܠܒܥܠܗ[2]
ܗ̇ܢܘܢ ܒܗ ܡܫܬܡܥܝܢ
ܘܕܢܣܒܘܢܗܝ ܠܐ ܡܨܝܢ
ܘܠܘ ܡܛܠ ܕܐܙܕܒܢܘ
ܐܦ ܗ̇ܘ ܝܗܒܐ ܠܝܬܘܗܝ
ܡܛܠ ܒܪ ܕܐܝܬܘܗܝ
ܐܡܪܝܢܘ ܡܠ̈ܟܐ ܢܚܬܘ ܠܗ
ܕܢܒܠܘܢ ܠܡܦܩ̈ܬܗ ⁘

16 ܐܝܟܢܐ ܕܣܦܩ ܕܢܒܨܐ
ܗܘܐ ܠܗ ܡܫܡܫܢܐ
ܕܒܬܐ ܕܢܒܨܐ
ܕܠܒܪ ܟܠ ܬܚܘܡܝܢ
ܪܒܐ ܗܝ ܡܢܗ ܕܣܦܩܬ
ܕܬܒܨܝܘܗܝ ܠܟܠܗ
ܕܢܒܨܐ ܠܐܒܐ ܘܠܒܪܐ
ܪܒ ܗ̇ܘ ܡܢ ܬܪ̈ܝܗܘܢ
ܫܡ ܘܫܪܩ ܕܬܗܘܐ
ܕܐܒܐ ܘܒܪܐ ܡܬܒܨܝܐ[3]
ܘܟܦܪܐ ܘܡܛܠܒܐ ܢܬܪܝܨ[4] ⁘
ܥܠܡ[5]

[1] Lege ܢܚܬܘܢ ܘܢܐܬܘܢ BC — [2] Lege ܠܒܠܥܗ BC — [3] BC ܬܒܨܝܐ — [4] BC ܢܬܬܪܝܨ — [5] BC om.

X

¹ܟ݂ܠ ܥܠ ܐܝܟ݁ܪܝ ܗ݂ܘܐ،

* 6 vo b

(Syriac text, lines 1–5)

(Syriac text, strophe 2, lines 6–11)

(Syriac text, strophe 3, lines 12–15)

(Syriac text, strophe 4, lines 16–19)

(Syriac text, strophe 5, lines 20–23)

X. A 6 v° a, 5 a. i. – 7 r° a, 12 a. i.; B p. 121 b, 16 – p. 122 c, 4; C 30 r°, 9–33 v°, 3; D 60 v° b, 14 – 62 r° b, 7 — ¹ BC ܐܠܝ̈ܡ — ² ACD — ³ B ܪܗ، ܠܗܘܢܐ، — ⁴ BCD — ⁵ Suppl. ex BCD; A om. — ⁶ Lege ܬܫܬܚܘܬ BCD — ⁷ A — ⁸ B — ⁹ BC — ¹⁰ A — ¹¹ C ܘܐܟ — ¹² BCD — ¹³ C — ¹⁴ BCD ܪܐܠܘܬ — ¹⁵ Lege ܠܟ BCD — ¹⁶ D om. — ¹⁷ D, ܬܒܘܢ̈ܪܡ، — ¹⁸ D (B? C?) — ¹⁹ A — ²⁰ D om. ܡܗ — ²¹ B * ܠܠܝ — ²² B ܕܚ̈ܘܬ — ²³ BCD ܐܬܒܩܘ

ܐܝܟ ܗ̇, ܐܝܬܝܗܝܢ ܙܒܠܬܗ ܐܝܬܝܬܗ ܐܝܬܘܬܗ 6

ܗ̇ܘܐ ܪܡܘܬܐ, ܟܕ ܡܢ ܟܝܢ ܐܝܟܢ ܕܒܠ

ܡܢ ¹ ܣܝ ܗܘܐ ܐܝܟܢ ²ܐܝܬܠܒ

ܡܢ ܗ̇ܘ ³ ܒܪܝܟ ܕܐܝܟ ܐܝܟܢ ܚܠ ܐܝܬܟܒ̈ܘܗܝ, ⁴

ܗܘܐ ܐܝܟܢ ܗ̇ܝ, ܐܝܟ̈ܘܗܝ, ܟܒܠܟ ܡܒܟ̈ܫܐ 7   5

ܒܠܘܬܫ ܠܥܠ ܐܝܪ ܡܢ ܚܠܝܟ ⁵ ܗܡܐ

ܗܘܐܢ ܕܐܝܢܐ ܡܢ ܦܣܩܝ 6 * ⁷ ܗܕ

ܐܝܪܚܐ ⁸ ܗ̇ܘ ܪܝ ܐܪ 9 * ܕܐܝܪܚܐ ܠܚ ܠܚܒ

ܕܠܘܝܟ ܟܝܗܐ ܡܢ ܐܝܘܐ ܠܐ ܚܬܪܒܘܬܐ 8

ܡܒܪܚ ܟܝܪ ܡܢ ܐܝܘܐ ܡܢ ܐܝܘ ܠܐ ܡܪܒܬܚܬ   10

ܐܝܘܐ ܠܒܘܠܩ * 10 ܗ̇ܘܐ ܟܝܗܐ ܡܒܪܚ

⁷ܐܝܬܗ ܒܪܝܟ ܪܐ̈ܠ ¹¹ ܕܒܣܝܢ ܡܣܐ̈ܗܝ

* 6 vo c
ܗܙܒܪ ܚܠ ܗ̇ܘܐ * ܠܗ ܐܠܪܝܐܪ ܙܝ ܟܢܘ̈ܗܬ 9

ܒܪܒܠ ܚܬܘܫ ܐܝܒܟ ܙܝܪ 12 * ܐܝܠ ܐܢ̈ܘ ܐܝܟ 13 *

ܗ̇ܘܐܢ ܗ̇ܘܝܐܘܟ 14 * ܗܒܣ ܐ̈ܡܗ 15 * ܒܠܓ ܗ̇ܘܐ 15   15

⁷ܕܝܢܪܝ ܗܪܝܣ ܗ̈ܪܝܬܣ 16 ܗ̇ܘܐ̈ܗ ܡܒܪܝܬ

ܣܡ̇ܘ ܠܐ ܒܪ ܗ̇ܟ ܠܘܒܝܪܐܬ ܣܘܡܐ 10

ܠܒܘܠܬ ܕܒܪܐ̈ܪ ܩܝܒܪ ܐܒܝܟ ܟܒܪܘ.

ܠܐ ܗ̇ܘ 17 ܐܪܚܝ̇ 18 * ܠܐ ܗ̇ܘ 17 ܐܝܪܠܬ

ܠ ܠܝ ܗ̇ܘܐ ܡܢ ܒܪ ܚ̈ܝܢ ܟܝܬܐ̈ܪܚܢ   20

ܠܚܠܐ ܐ̈ܢܘܪܐ ܪܒܟܚܠ̈ܬܐ 19 ܠܒܪ̈ܝܢܐ 11

ܒܪ ܐ̈ܪܝܒܣ ܐܣܡܒ ܐ̈ܪܠܒܐ 20 * ܗ̇ܟܚܘܬ 21 *

ܕܝܪܚ ܙܝܪ ܪܝ 22 * ܕܒܪ̈ܝܠܐ 23 *

ܐܝܘܐ ܘܝܒܐ ܪܒܠ ܐܘ ܚܟܘܟ

ܐܝܘܐ ܠܘܦ̈ܝܠ ܟܪܒ̈ܝܐ ܚܠ̈ܘܬ ܐܝܒܠܬ 12   25

¹ D ܩܒܐ — ² CD add. * ܒܗ — ³ D om. — ⁴ BCD ܟܒܟ̈ܘܗܝ — ⁵ BCD
ܚܠܝ — ⁶ A — ⁷ BD om.; C * ܒܗ — ⁸ Lege ܐܝܗܬ BCD — ⁹ C — ¹⁰ C —
¹¹ B puncta pluralis — ¹² A — ¹³ BCD — ¹⁴ A — ¹⁵ BC — ¹⁶ C (m. pr.) ܕܝܪܝ
ܡܒܪܝ — ¹⁷ BC ܐܡ — ¹⁸ AC — ¹⁹ C ܪܒܟܚ̈ܬܐ — ²⁰ AC — ²¹ BCD —
²² ABD — ²³ C

ܢܘܪܐ ܕܚܢܢܐ ܒܠܚܡܐ ܢܚܬܬ ܘܫܪܬ
ܚܠܦ ܗ̇ܝ ܢܘܪܐ ܕܐܟܠܬ ܐܢܫܐ
ܢܘܪܐ ܒܠܚܡܐ ܐܟܠܬܘܢ ܘܚܝܝܬܘܢ

13 ܠܕܒܚܘܗܝ ܕܐܠܝܐ ܢܘܪܐ ܢܚܬܬ ܘܐܟܠܬ
ܢܘܪܐ ܕܪ̈ܚܡܐ ܗܘܬ[1] ܠܢ ܕܒܚܬ ܚܝ̈ܐ
ܢܘܪܐ ܐܟܠܬ ܠܩܘܪܒܢܐ
ܢܘܪܟ[2] ܡܪܢ ܐܟܠܢܝܗ̇ ܒܩܘܪܒܢܟ

14 ܪܘܚܐ ܒܢ̈ܘܦܘܗܝ، ⌝ܠܡ ܡܢܘ[3] ܐܫܕ. *[4] ܬܐ ܘܚܙܝ، *[5]
ܐܘ ܥܠܝܡܘܢ ܡܕܡ ܕܟܒܕ. ܡܪܗ ܕܐܟܒܢ
ܕܢܘܪܐ ܘܪܘܚܐ ܕܠܐ ܒܟܝܢܗ̇[6] *[7]
ܡܠܟ ܘܢܣܒܢ *[8] ܒܢ̈ܘܦܝܐ ܕܬܠܡܝ̈ܕܘܗܝ

15 ܡܢܘ ܓܪ ܚܙܐ ܢ̈ܘܪܐ ܒܥܘܒܐ ⌝ܡܥܐܠܘ ܥܐܠ[9] ܗܘܐ
ܗܐ ⌝ܒܥܘܒܐ ܡܒܘܒܐ[10] ܒܢܦܫܗ̇[11] ܕܡܪܝܡ
ܡܢ ܟܡ ܢ̈ܘܪܐ ܢܦܠܬ ܢ̈ܘܪܐ * * 7 ro a
ܟܕ ܥܘܒܐ ܢܣܒ ܐܬܗ̈ܬܢ

16 ܗܐ ܚܝܠܐ ܒܟܣܝܐ *[12] ܒܥܘܒܐ ܕܪܘܚ[13] ܘܩܘܕܫܐ
ܚܝܠܐ ܕܐܦ ܠܐ ܬܪܒܝܬܐ ܡܬܘܡ[14] ܫܒܥܬܗ
ܐܪܡ ܫܘܒܗ ܘܢܚܬ ܪܓܫ *[15]
ܥܠ ܥܘܒܐ *[16] ܕܡܕܒܚ ܬܪܒܘܬܐ

17 ܗܐ ܢܘܪܐ ܘܪܘܚܐ ܒܥܘܒܐ[17] ܕܝܠܕܬܟ
ܗܐ ܢܘܪܐ ܘܪܘܚܐ ܒܢܗܪܐ ܕܒܗ ܥܡܕܬ[18] ܗܘܝܬ
ܢܘܪܐ ܘܪܘܚܐ ܒܡܥܡܘܕܝܬܐ
ܒܠܚܡܐ ܘܟܣܐ ܢܘܪܐ ܘܪܘܚ ܩܘܕܫܐ

18 ܠܫܡܥܘܢ ܥܠܠ ܠܗ ܠܒܝܬܐ ܕܥܒܕ. ܠܫܡܗ
ܒܡܫܚ ܡܟܒܕ ܠܗ ܠܡܘܬܐ ܕܗܘܐ ܣܦܩ ܠܢ

[1] BCD add. ܠܗ̇ — [2] BCD ܘܢܘܪܟ — [3] D ܡܢܘ ܠܡ; C ܠܡ ܡܢ — [4] AC — [5] C — [6] BD ܒܟܝܢܐ — [7] AB — [8] AD — [9] BCD ܡܥܐܠ — [10] BCD ܡܒܘܒܐ ܒܥܘܒܐ — [11] BD ܒܢܦܫܐ — [12] D — [13] Lege ܕܪܘܚܬ BCD — [14] B ܡܬܘܡ ܡܢ; D ܡܬܘܡ — [15] BC — [16] D — [17] BCD ܒܥܘܒܐ ܒܗ — [18] BC ܥܡܕ.

XI

20

---

¹ BCD ܒܪ̈ — ² B ܪ̈ܐܢܝ̈ — ³ D om. ܝ — ⁴ ABC — ⁵ D — ⁶ BCD ܒܡܒܪ̈ܝܬ̈ — ⁷ D ܘܝ̈ܝ; BC ܘܝ̈ܝ ܗܡ — ⁸ BCD — ⁹ Lege ܕܪ̈ܒܕܐ BCD — ¹⁰ BCD ܢܒܥ̈ܝܘ̈ܪ̈ — ¹¹ A — ¹² C (?) D — ¹³ BD add. ܒܪ̈, — ¹⁴ ACD — ¹⁵ C — ¹⁶ D

XI. A 7 r° a, 11 a. i. - 7 v° a, 19; B p. 122 c, 5- p. 123 c, 24; C 33 v°, 3- 36 v°, 7; D 62 r° b, 8-63 v° b, 11 — ¹ Adde ܟ̈ BCD — ² B ܟ̈ܡ̈ܣܒܘܢ — ³ ABCD

¹ BC — ² BD ܚ.ܝܒܠܟ ܪ̈ܡܚܕ ܪ̈ܢܠ ܗܘܠܢ — ³ D — ⁴ C ܕ̈ܪ̈ܝܚ.ܡ —
⁵ BCD ܠܟܚ.ܩ — ⁶ D ܠܥܕ — ⁷ Lege ܪ̈ܡܕܢ BCD — ⁸ A hic false repetit 1, 4 :
law bák.... att — ⁹ AB — ¹⁰ BD om. ܘ — ¹¹ BCD — ¹² A — ¹³ D — ¹⁴ A —
¹⁵ A — ¹⁶ BCD ܚ.ܝܚܘ — ¹⁷ BCD — ¹⁸ A — ¹⁹ BC — ²⁰ A — ²¹ B — ²² CD;
AB om. — ²³ D add. ܠܥܕ — ²⁴ BC add. ܠܥܕ — ²⁵ BCD ܙ̈ܒܚ — ²⁶ Lege
ܪ̈ܒ.ܝ C — ²⁷ ABC — ²⁸ B ܟܚܒܠܩ — ²⁹ AC — ³⁰ D ; ABC om. — ³¹ BCD
ܚܝܚܘܣܒ ܠܥܕ — ³² Lege ܕܠܩܬܝ BCD — ³³ BD om. — ³⁴ B ܪ̈ܝܢܘܐܝܪ — ³⁵ Lege
ܪ̈ܝܘ BCD — ³⁶ B add. ܚܝܘܠܣ ܣ̈ܠܟܠ

---

¹ BCD ܚܣܝܢ — ² B ܕܠܬܟܝ — ³ BC — ⁴ BCD ܠܕܝܪ — ⁵ B add. ܗܘ —
⁶ D — ⁷ BD — ⁸ D om. — ⁹ BCD add. ܗܘ — ¹⁰ A — ¹¹ BD ܐܟܘ — ¹² Lege
ܟܕܘܚܒ C — ¹³ ABD — ¹⁴ BCD — ¹⁵ Lege ܐܟ̈ܬܗܝ BCD — ¹⁶ D ܘܒܚܗ —
¹⁷ BC add. ܒܝ, — ¹⁸ A — ¹⁹ C ܠܓܢ̈ܠܕܐ — ²⁰ Lege ܢܩܪܚ ܫܚܒܐ BCD —
²¹ D om. ܘ.

[1] AD — [2] A — [3] BD — [4] D ܚܬܘܬ — [5] AC — [6] D om. — [7] BCD add. ܗܠ — [8] BC ܕܡܬܟܠܝܣ — [9] BD om. ܪ — [10] BCD ܠܛܠܘܬܐ ܪܒܐ ܕܟܐ — [11] D ܕܒܚܠ — [12] B ܐܒܟܐ — [13] D ܐܪܝܫܚܗ — [14] CD — [15] B ܡܗܘܢ; C ܪ.ܘܣ (?) — [16] D — [17] B ܕܫܒܝܝ — [18] A — [19] D — [20] B ܚܝܢ — [21] AD — [22] D — [23] A — [24] Lege ܣܚܕ BCD — [25] D ܚܒܣܘܬܐ — [26] BD — [27] D — [28] BCD ܠܩܬܐܗܠ — [29] BC — [30] CD ܚܣܘܪܝܗܘܢ; B ܕܚܣܘܪܝܗܘܢ.

XII

[1] AD — [2] B (?) — [3] BD om. ܠ — [4] ABD — [5] AB — [6] BD ܗܘܝ (C ?) —
[7] AD — [8] D (B ? C ?) — [9] AC — [10] BCD ܣܒܘܬ — [11] D (C ?) — [12] ABCD
[13] A — [14] D — [15] B ܗܬܝܪܘܣ — [16] BD ܗܬܟ — [17] Lege ܟܪܝܒ ܚܝܪ BCD
[18] BC ܗܬܟ — [19] BCD om.

XII. A 7 v° a, 20 – 7 v° c, 33; B p. 123 c, 25 – p. 124 c, 22; C 36 v°, 8 – 39 r°, 18;
D 63 v° b, 12 – 65 r° a, 24 — [1] D ܒܘܝܬܟ,ܘ — [2] D — [3] BD ܐܟܪ — [4] D — [5] BD (C ?)
ܠܟܬ ܠܗܬ — [6] BD ܠ ܗܠ ܪܝܒܕܝ, ܗ ܪܝܐܟܪ, ܝ ܗܟܣܡܒܠ (in B ܪܝܒܕܝ
l. n. p.; D om. ܠ et scr. ܗܠ)

2 حمٍٔ اܝ‪¹ رصم اܫ محصٌ *² اܫܠܐ ܙܘ. ܘܙ. ܚܠ *³

ܐܘ²³ ܩ‪ܩܝ‪ ܩܩ‪ ܩܘ‪ܩܩܠܐ *²⁴ ܠܘܩܐ‪²⁵ ܘܙ.ܩܗ *   * 7 vo b

¹ B ܩ‪ܐܩ — ² ACD — ³ BCD — ⁴ BCD ܩܘ‪ܐܠܘܝ‪ ܩܘܟܠ‪ — ⁵ D om. —
⁶ BCD ܝ‪ܐܩ — ⁷ A — ⁸ A — ⁹ BCD ܩܘ‪ܐܩ‪‪ — ¹⁰ D — ¹¹ BCD ܡܩ‪ —
¹² BD — ¹³ AD — ¹⁴ B — ¹⁵ AD — ¹⁶ D — ¹⁷ A — ¹⁸ BC — ¹⁹ A — ²⁰ ABD —
²¹ B ܝ‪ܩܘ‪ܩ‪ܘ — ²² Lege ܩܘ‪ܠ‪‪ܝ BCD — ²³ C ܐ‪ܩܐ — ²⁴ D — ²⁵ BCD
ܠܘܩܐ‪, — ²⁶ Lege * ܩܩܘ‪ܠ‪ D — ²⁷ D ܐܩ — ²⁸ BC ܩ‪ܗ‪ ܝܩ‪ — ²⁹ BD
ܝ‪ܩܩܘ‪ܠ‪‪ ܝ‪ܩܩ — ³⁰ Lege ܩܘ‪ܐ‪ܝ‪ BCD — ³¹ ACD — ³² Lege ܩܘ‪ܐ‪ܟܐ
BCD — ³³ A — ³⁴ BD ܩܘ‪ܩ‪ܝܩܝܝ ܙܘ‪ܘܩ

* 7 vo c

[1] B ܘܐܩܦ — [2] D — [3] C — [4] AC — [5] D — [6] D add. ܗܒܠ — [7] D ܒܪܝܪ —
[8] D — [9] BCD ܕܐܪܡܐ — [10] BCD ܐܠܘܒܝ — [11] BCD ܕܢܬܚܒܝ — [12] Lege ܚܒܝܢ
BC; D ܕܢܚܒܝܢ — [13] B ܚܒܠܐ — [14] Lege ܕܢܬܚܚܒܝܢ BCD

---

¹ BCD ܘܩܒܠܟ — ² C; A false hic finit str. — ³ BCD om. — ⁴ B ܘܒܚܕܚ;
D ܕܒܚܕ — ⁵ B — ⁶ B add. ܠܟ — ⁷ D — ⁸ D — ⁹ BCD ܒܚܝܠ — ¹⁰ D
ܘܗܐ — ¹¹ BCD, ܕܝ ܐܬܠ — ¹² ABC — ¹³ D — ¹⁴ D — ¹⁵ B ܟܚܝܢ —
¹⁶ BCD ܘ — ¹⁷ BC ܘܐܦ — ¹⁸ D om. — ¹⁹ ACD — ²⁰ A — ²¹ BC ܕܒܦܕ; D
ܘܦܘ — ²² BCD ܚܒܬܐܚ — ²³ BD ܠ ܐܪܝ — ²⁴ D — ²⁵ D ܟܚܝܚ —
²⁶ BCD ܟܪܝܟܘܣ

²*¹ ܠܐ ܐܢ ܚܟܝܡ ܪ̈ܝ܆ ܡܣܘܚܬ

³ܘܗܪ.ܝ ܠܒ ܥܟܐ ܕܐܝܟ ܐܗ ¹ܒܩܘܒܡܗ ܡ̈ ܢܟܠܒܝ⁴

XIII

ܒܪ ܩܠܗ

1   ܐܬܪ̈ ܡܣܘܚܬ, ܡ ܕܐܪ̈ ܢܓܒܪ ܕ܆ܡ ܩܪܐ
    ܘܗܪ.ܝ ܐܪ̈ ܐܪ̈ܡ ܢܦܚ ܚܣܘܝ.ܡ
    ܘ܆ܠܠ ܝܣܐ ܡܣ ܡܘ܇ܐܪ̈
    ܟܐܪ̈ܝ ܐܩܘܠܟܪ̈ ¹*ܐܬܪ ܡܣܘܚܬ,
    ²ܚܘܐܪ̈: ܚܘܬܠ.ܪ̈ ܐܪ̈ܐ ܐܠܟܐܪ̈ ܘܠܝܘܢ ܣܟ܇ܡ²

2   ܘܝܟܡ ܐܠܐܪ̈ ܣܪܚ ܡܟ ܐܪ̈ܟܘܗܬܡ
    ܘܝܟܡ ܒܐܪ̈ ܡܘܓܟ. ܡܟܟ܇ܐܬܘܗܡ³
    ܘܟܐ ܢܘܝ ܩܘܐܪ̈⁴ ܘܝܣ.ܝܡ⁵
    ⁶ܘܟܐ ܪ̇ܝܟ ܡ ܚܡ ܐܪ̈ܝ ܡܣܥ.ܝ ܠܟ

3   ܡܣܘܚܬܐ ܠܟ ܗ ܐܠ.ܪ̈ ܝܪ̈ܥܝ ܛܒ̈ܬܐ ܡ,
    ܒܚ.ܝܒ ܝܣ ܗ ܣ ܐܠܐܘܟܝ ܐܪ̈ ܡ ܗ ܣܐܬܪ̈
    ܝܘܝ ܚܘܬ ܪ̈ ܣ ܡܣ ܗܒܝܘܬ ܩܣܘܚ.ܝ *⁷ ܝܪ̈ܝ ܐܪ̈.ܡ
    ⁸ܚܝܒ ܠܪ̈ ܡܣ܆ܚ

4   ܡ, ܡ, ܘܗ܆ܬܪ̈ *⁹ ܐܠ.ܪ̈ ܝܪ̈ܡ ܐܠܘ ܥܣܘܩܐܪ̈
    ܐܠܘ ܡܐܩ ܚܟܢ ܝܒܘܩܣ ܡܘܣܘܚܬ_
    ܒܝܣ ܝܒܘܣܐ * ¹⁰* ܐܠ܆ܠܩܐܪ̈ ܐܠ.ܪ̈ ܡܟ ܗܬܒܘܩܡ_
    ܡ ܪ̈ܥܣܐ ܪ̈ ܐ܇ܩܘܡܣܐܪ̈

5   ܬ̈ܠܟܐ ܪ̈ܣܘ ܦܡܣܨ ܐܠ.ܪ̈ ܡ ܒ ܝ܇ܚ ܘܬ_
    ܬ̈ܠܟܐ ܪ̈ ܝܪܝ ܝ܆ܝܟ ܚ ܡܣܘܚܬ_

---

¹ BCD ܡ܇ܚ܆ܣ_ — ² AB — ³ B om. ܝ — ⁴ BCD ܝܣܘܩܐܪ̈ _ ܚܟ̈ܥܝܒ ܡܠ
XIII. A 7 v° c, 33 – 8 r° a, 34; B p. 124 c, 22 – p. 125 a, ult.; C 39 r°, 18 –
40 v°, 14 — ¹ A — ² Sic A in marg. sed m. pr.; B ܐܠܘ.ܪ̈ܚ ; in C Resp. l. n. p. —
³ Lege ܡܟܟ.ܟܒܝܒ BC — ⁴ C add. ܚܒܬ — ⁵ B ܡܣ.ܝ.ܟ — ⁶ B om. ܘ —
⁷ B (C ?) — ⁸ B false add. ܡ, ex initio str. sequ. — ⁹ A — ¹⁰ C

XIV

¹ B ܘܟܐ — ² BC om. — ³ Lege ܘܒܪܝ B; vel ܘܒܪܐ C — ⁴ A — ⁵ B
ܟ ܗܩܒܗ — ⁶ B — ⁷ C — ⁸ B ܒܡܥܒ ܐܝܘ — ⁹ B (C?) ܐܝܘܝܚܘ —
¹⁰ BC ܗ، — ¹¹ A — ¹² Omitte ܒ cum C

XIV. A 8 r° a, 34 – 8 r° b, 5 a. i.; B p. 125 b, 1 – p. 125 c, 25; C 40 v°, 15 –
42 r°, 11; D 65 r° a, 24 – 65 v° b, 17 — ¹ BCD ܒܪ

¹ AC — ² BD ܘܗܝܒܠ ܠܟ ܘܟܠܗܡܘܢ ܫܝܥܬܐܢ; C l. n. p. — ³ D — ⁴ BC
add. ܗܘ — ⁵ D ܘ — ⁶ B ܠܚܝ̈ — ⁷ BCD ܐ̈ܝܪ — ⁸ C ܘܟ̈ܘܡܒ — ⁹ A —
¹⁰ BC — ¹¹ ABD — ¹² BCD ܪܟܒܘ — ¹³ ACD — ¹⁴ BC ܐܟܘ — ¹⁵ BCD
ܪ̈ܝܐ — ¹⁶ D — ¹⁷ AC — ¹⁸ B ܡܬܦܘܡ — ¹⁹ D — ²⁰ A

* 8 ro b

XV

XV

* ‏[8 ro c]‏ ܪܒ̇ܝ ܘܪܒܣܬ̈ܗ ܗܡ ܥܘܢܐ ܘ̣ܪܒ̈ܐܪ̈ܢ.*

‏[1]‏ A — ‏[2]‏ D — ‏[3]‏ A — ‏[4]‏ BD ܘܒܐ — ‏[5]‏ D ܘܣ̈ܝܘܝܪ (C ?) — ‏[6]‏ C ܢܒܠܐ, ܗܢ̣ܝ —
‏[7]‏ C ܐܪ ܐ̈ܠ ܕܘܒ — ‏[8]‏ D ܠܬܒܘܢܬ̇

XV. A 8 r° b, 4 a. i. – 8 v° a, 16; B p. 125 c, 26 – p. 126 b, 12; C 42 r°. 11 –
43 v°, 11 — ‏[1]‏ B ܠܒ̈ܝܬܟܗܢ ܟܕܣ[ܒܪ̈]ܘܣ̣ ܒܪ̈ܝܪ̈ ܕ̣ܢ (C = A) — ‏[2]‏ B ܐܠܘܣ̣ܬ̈ܗ
— ‏[3]‏ B ܪܝ̇ܒ̈ܗ̇

---

[1] B ܫܡܥܬ — [2] BC ܝܕܥܬܗ, — [3] Lege ܢܕܫܝ BC — [4] A — [5] C — [6] BC
ܘܐܝܟ — [7] Lege ܪܝܕ BC — [8] B ܒܪܒܘܬܗ — [9] A — [10] C ܡܢ ܡܬܚܠܦ

ܦܫܛ ܠܗ ܒܪܢ ܗܘ ܦܠܓܐ
ܡܐ ܕܐܪܟ ܒܗ ܕܦܐܪܗ ܡܪܝܪܐ ܗܘ

10 ܠܐ ܢܗܘܪ ܚܝܠܐ ܕܡܫܒܚܬܝ ܒܒܪܝܬܐ
ܒܕܓܡܪܬ ܠܗ̇[1] ܬܪܚܡܬܝ ܠܐ ܬܬܘܒ ܡܪܝܪܐ
ܕܬܬܒܘܐ ܒܗ ܒܚܝܠܐ ܫܦܝܪܬܐ
ܒܐܒܐ ܘܒܒܪܐ ܘܐܦ ܠܐ ܒܪܘܚ ܩܘܕܫܐ

11 ܠܐ ܢܬܚܫܒ ܥܠ ܐܢܫ ܠܒܝܫ ܚܠܦ ܚܘܒܐ
ܠܐ ܬܗܘܐ ܐܦ ܬܪܚܡܬܐ[2] ܡܫܬܐ ܠܟ̈ܠܠܐ
ܠܐ ܢܗܘܐ ܬܘܒ ܕܪܥ ܒܢܫܐ
ܫܘܐ ܕܢܫܪܐ ܡܟܪܙܬܐ[3] ܒܡܫ̈ܝܚܘܗܝ،

XVI

ܒܪ ܩܠܗ

ܐ 1 ܐܡܬܝ ܢܫܠܐ ܡܪܝ، ܒܢ̈ܝܟ ܡܢ ܬܫܒܘܚܬܟ
ܐܡܬܝܐ ܢܫܬܩܘܢ ܠܥܠ ܡܢ ܬܘܕܝܬܟ
ܐܡܬܝ ܐܬܐ ܫܘܒܚܐ ܫܠܝܐ
ܕܐܢܬ ܗܘ ܬܪܒܝܬܗ، ܠܪܒܝܬ ܕܝܠܗ ܠܟ
ܒܘܝܬܐ: ܒܪܝܟ[1] ܠܒܪܐ ܕܒܗ ܗܘ ܐܪܟܢ ܒܪܘܪܐ[2]

ܒ 2 ܒܕܠܝܟ ܠܟ ܐܡܪܝ ܫܘܒܚܐ ܡܢ ܡܗܝܡܢܘܬܟ
ܡܢ ܗܘ ܒܪ ܡܪܝ، ܒܬܪ ܐܢܐ *[3] ܘܠܟ ܡܘܪܒ ܐܢܐ
ܡܢ ܢܕ ܐܢܐ *[3] ܘܠܟ ܓܠܐ ܐܢܐ *[4] ܐܘ ܡܘܪܒ ܥܠ
ܒܪܝܟ ܗܘ ܕܫܠܝܟ ܠܝ

ܓ 3 ܓܠܝܟ ܒܫܘܒܚܐ ܗܘ *[5] ܘܐܚܝܢ[6] ܐܦ ܓܒܝܪܟ[7]
ܓܘܠܝܢ ܢܒܐ ܒܫܘ̈ܒܚܬܟ *[8] ܐܝܟ ܒܪ ܙܘܥܐ *[9]
ܓܒܝܐ *[8] ܗܝ، ܗܕܐ ܠܡܫܒܚܘܬܟ
ܕܬܦܢܐ ܠܝ ܘܗܘܢܐ ܒܫܘ̈ܒܚܐ

[1] C (corr.) ܒܪܝ — [2] BC ܬܪܚܡܬܝ — [3] BC ܡܪܐܬܐ

XVI. A 8 v° a, 17 – 8 v° b ult.; B p. 126 b, 13 – p. 127 a, 16; C 43 v°, 11 – 45 v°, 5 — [1] C add. ܗܘ — [2] C ܒܪܘܪܗ; Resp. in B : ܐܫܬܝܢ ܕܐܡܪܘ ܠܟ ܫܘܒܚܐ ܕܠܐ ܫܘܠܡܐ — [3] A — [4] C — [5] A — [6] BC ܘܚܝܢ — [7] B ܓܒܝܪܐ — [8] A — [9] BC

ܕ. 4 ܕܗܐ ܦܓܥ ܚܘ̈ܒܬܟ *[1] ܘܡܢܗ ܕܡܪܝܡ ܢܣܒܬ
ܗܐ ܥܡܠ ܡܛܠܬܐ ܒܣܢܝܢ ܡܢ ܛܠܘ̈ܡܐ
ܕܢܣܒܘ ܘܛܠܡܘ *[2] ܘܐܦ[3] ܒܟܘ *[4]
ܘܐܬܘ ܠܬܪܥ ܓܠܝܢ *[5] ܗܒ ܠܝ ܘܐܬܦܬܚ ܠܝ

ܗ. 5 ܕܐܣܝܦ ܙ̈ܒܢܐ[6] *[7] ܘܕܐܡܪܝܢ ܡܬܒܣܪ̈ ܐܢܐ
ܐܢܐ ܒܗ ܡܢ ܬܬ̈ܘܢܗܝܢ ܓܒܝܢܐ ܠܟ ܡܪܝ
ܒܫܡܟ[8] ܗܘ ܠܟ ܚܘܠܦܗ ܕܚܘܒܢ
ܐܝܟ ܕܒܫܡܟ[9] ܠܟ ܕܢܬܚܘܒ ܡܢ ܓܠܝܢ

* 8 vº b

6 ܠܟ * ܡܪܝ ܗܝܡܢܘܬܝ ܡܩܪܒ ܐܢܐ *[10] ܩܘܪܒܢܐ *[11]
ܕܛܠܐܬ ܩܪܒܬܗ ܕܠܐ ܕܘܒܪܐ
ܗܝ ܬܒܥܐ ܡܪܝ ܡܢܝ ܕܝܠܝ
ܘܐܢܐ ܡܢܗ ܐܦ[12] ܡܢܟ ܡܢ ܕܝܠܟ

7 ܡܩܪܒ[13] ܬܓܪܐ ܠܡܠܟܐ ܡܪ̈ܓܢܝܬܐ *[14]
ܕܛܠܐܬ *[15] ܢܣܒ ܠܗ̇ ܘܒܗ̇ ܡܩܪܒ ܠܗ
ܕܡܠܟܐ ܒܬܓܪܗ ܗܘ ܡܩܪܒ ܠܗ̇
ܒܟܠܐ ܒܝܬ ܓܢܝ ܡܪܝ ܬܐܪܒ ܗܝܡܢܘܬܐ[16]

8 ܘܐܝܟ ܦܐܪܐ ܥܠܝܢܐ ܡܩܪܒ ܐܦ ܦܠܝܢܐ
ܘܫܪܐ ܒܗ ܡܪܐ ܒܪܟܐ ܘܐܦ ܡܠܟܐ ܠܗ
ܘܐܝܟ ܦܠܝܢܐ ܒܦܐܪܐ ܥܠܝܢܐ *[17] ܠܒܡܫܐ ܢܣܒ
ܫܢܝܢ ܐܠܒܫܢ

9 ܘܐܦ[18] ܠܐ ܠܒܘܪ ܐܢܐ ܕܪܒܐ ܗܝܡܢܘܬܗ
ܕܒܝ ܠܒܪܬ ܗܝܡܢܘܬܐ *[19] ܒܟ ܡܪܝ ܬܐܪܒ
ܘܐܝܟ ܗܘ ܕܢܛܠܬܐ ܒܦܐܪܐ ܒܬܪܬ
ܘܐܦ ܡܢ ܓܠܝܢ ܬܒܥܐ ܗܝܡܢܘܬܝ

10 ܗܟܢ ܠܗ̇ ܡܒܠ ܐܦ[20] ܠܗ̇ ܠܗܝܡܢܘܬܐ
ܕܠܐ ܢܗܒܢ ܠܗ̇ ܡܢ ܕܠܗ ܐܝܟ ܛܠܘ̈ܡܐ

[1] A — [2] C — [3] B om. ܘ — [4] A — [5] ABC — [6] BC ܙ̈ܒܢܐ ܐܢܐ — [7] AC — [8] B ܒܫܡܟ — [9] B ܕܒܫܡܟ — [10] A — [11] C — [12] BC ܘܐܦ — [13] B ܡܩܪܒ — [14] BC — [15] A — [16] BC ܗܝܡܢܘܬܝ — [17] C — [18] B om. ܘ — [19] A — [20] B ܘܐܦ

XVII

           * 8 vo c

¹ B ܘܟܐ — ² AC — ³ B ܩܡܘܪ ܚܣ — ⁴ A — ⁵ Lege ܪܟܒܣܘ BC — ⁶ B ܪܩܘܝܩܗ — ⁷ AC — ⁸ B

XVII. A 8 v° c, 1 – 9 r° a, 20; B p. 127 a, 17 – 127 c, 6; C 45 v°, 5 – 47 r°, 5 —
¹ C add. ܗܘ — ² C om. — ³ B ܠܐ ܘܟܐ — ⁴ A — ⁵ C ܩܠܐ — ⁶ B (C corr.) ܪܚܝܪ — ⁷ B

* 9 ro a   ܘܩܠܚ ܐܒܠܥܚ ܘܐܚܡܕ ܒܚܣ ܢܕ.ܚܕܐܠܪ * ܢܣܝ

---

1 BC ܐܠܓܢܝܪܐ — 2 C ܠܚܝܪܚܣ — 3 BC ܕܚܚܝ — 4 BC ܚܝܥ — 5 AC —
6 B add. ܗܘܡ — 7 A

XVIII

---

[1] A — [2] AB — [3] C om. ܘ — [4] B ܘܐܟܐ ܣܡܘ — [5] B ܗܡ — [6] A —
[7] B ܘܐܟܐ

XVIII. A 9 r° a, 21 – 9 r° c, 18; B p. 127 c, 7 – 128 b, 23; C 47 r°, 5 – 47 v°
ult = finis str. 6. Lacuna usque ad hym. 31, 7 — [1] B ܟܝܠ — [2] B ܘܐܟܐ —
[3] AC — [4] C

ܡܢ ܗܘ ܦܪܝܫ ܒܪܘܪܘܬܐ ܠܐܪܒܥ ܦܢܝ̈ܢ *[1]
ܒܫܠܡܐ[2] ܕܝܠܝܕܐ

4 ܫܡܗ̈ܐ ܬܠ̈ܬܝܬܐ *[3] ܬܠܬܐܝܬ ܡܬܕܪ̈ܟܝܢ *[4]
ܒܪܘܚܐ ܘܢܦܫܐ ܘܦܓܪܐ *[5] ܐܝܟ ܕܒܐܪܙܐ
ܬܠܝܬܝܘܬܢ ܗܢܐ ܕܐܬܓܠܝܬ ܒܬܠ̈ܝܬܝܬܐ
ܐܡܠܟܬ ܥܠ ܢܦܫܐ[6]

* 9 r° b

5 ܐܢ ܪܘܚܐ ܬܚܘܪ * ܒܐܒܐ ܪܫܝܡܐ ܥܠܗ
ܘܐܢ ܢܦܫܐ ܬܚܘܪ ܒܒܪܐ ܚܬܝܡܐ ܥܠܗ
ܘܐܢ ܗܘ ܕܦܓܪܐ ܢܘܪܐ ܘܢܐܡܪ.
ܒܗ ܪܘܚ ܡܘܕܥܐ ܥܠܗ ܡܫܬܘܕܥ ܗܘ

6 ܘܐܢ ܬܦܫܘܫ ܒܢ̈ܦܫܗ ܦܪܝܫܬܐ ܘܬܒܥܘܪ ܒܗ
ܒܐܪܙܐ ܦܫܝܛܐ ܕܝܠܝܕܐ[7] *[8] ܐܦ ܗܘ ܐܡܪ
ܚܙܝ ܠܗ ܒܗ̇ ܘܠܐ ܓܠܝ ܠܗ̇
ܐܠܐ ܐܘܕܝ ܒܦܘܫܗ̇ ܒܝܠܝܕܐ

7 ܘܐܢ ܐܠܦܐ ܬܫܬܦܩ ܠܢܗܪܐ ܒܐܪܙ ܝܠܝܕܐ
ܘܡܢ ܙܘܓܐ ܕܢܗܪܐ ܬܥܒܕ ܚܘܒܐ ܠܪܘܚܐ
ܡܢܐ ܕܦܫܛܬܗ ܗܘ[9] ܠܝܠܝܕܐ
ܡܢ ܡܬܦܫܛܐ ܐܘܪܚܐ ܠܡܪܕܝܬܗ

8 ܘܐܢ ܗܘ ܕܬܗܘܐ ܠܗ̇ ܐܠܦܗ ܕܢܘܗܪܐ
ܗܘ ܠܗ ܡܒܥ ܒܒܕܐ ܒܝ. ܠܐ ܠܐ ܢܟܐ
ܕܒܗ ܐܠܦܗ[10] ܗܘܘ ܒܐܝ̈ܕܘܗܝ
ܡܬܚ ܦܫܛ ܐܪܙܗ[11] ܕܝܠܝܕܐ

9 ܡܢܐ ܠܒܘܪ̈ܐ ܒܝܠܝܕܐ ܗܘ ܡܫܬܒܒ.
ܕܐܠܐ ܙܘܦ ܘܡܘܦܐ ܡܫܚܐ ܘܡܘܦܐ
ܘܟܠܗܝ ܬܠܐ ܐܦ ܒܬܪܐ ܒܕܡܘܬ ܦܓܪܐ
ܫܒܪܐ ܗܝ ܡܪܕܝܬܗ

10 ܐܘ ܚܘܒܐ ܕܒܢܐ ܐܪܙ ܦܓܪܗ ܕܦܪܘܩ

[1] Deest in Mss — [2] B ܒܪܙܐ — [3] A — [4] Deest in Mss — [5] A — [6] B (corr.) ܢ̈ܦܫܐ — [7] BC ܕܙܘܥܦܐ — [8] A — [9] B ܗܝ — [10] B ܐܠܦܐ — [11] B ܒܐܪܙܗ

ܥܩܒܗ ܗܒܐ ܢܒܥ̇ ܐܪܝܐ * ܐܒܝܪ ܠܛܪ   * 9 ro c

¹ B ܗܩܡ — ² Lege ܗܕܟܝܠܐܬܐ B — ³ B ܪܚܡ — ⁴ B ܗܐܗ — ⁵ B ܐܝܪܐ —
⁶ Lege ܪܘܚܝ B — ⁷ B ܗܪܥܝܘܗ

XIX

ܒܪ ܩܠܗ

1 ܝܐܐ ܠܗ ܫܘܒܚܐ ܠܒܪܐ[1] ܕܐܠܦ ܘܫܘܬܐ
ܬܘܕܝ ܠܗ ܠܒܪܐ ܕܗܘܐ ܐܚܐ ܠܒ̈ܢܘܗܝ
ܝܐܐ ܗܕܪܐ ܠܡܫܝܚ ܡܢ ܟܠ
ܕܗܘܐ ܠܓܠܐ ܘܫܒܩ ܠܡܫ̈ܝܚܐ
ܒܥܘܬܐ: ܠܟ ܫܘܒܚܐ ܘܒܐܝܕܝܟ ܠܗܘ ܓܒܐ[2] ܫܠܘܚܟ

2 ܠܢܦܫܟ ܡܢ ܢܣܒܐ ܠܒܘܫܗ ܕܐܢܫܘܬܟ
ܠܦܓܪܟ ܡܢ ܢܣܒܐ ܠܒܘܫܗ ܕܐܠܗܘܬܟ
ܬܪ̈ܝܢ ܠܒ̈ܘܫܝܢ ܗܘܘ ܠܟ ܡܪܢ
ܢܣܒܬܐ ܘܦܓܪܐ ܘܠܢܦܫܐ ܠܒܫ ܚ̈ܝܐ

3 ܡܢܘ ܕܠܐ ܢܬܡܗ ܒܠܒܘܫܐ ܕܫܘܠܦܟ
ܗܐ ܦܓܪܐ ܒܟܘ ܢܘܪܟ ܒܢܝܐ ܕܢܦܠܐ
ܢܬܬܐ ܒܟܘܢ ܒܢܝܐ ܡܢܦܠܐ
ܠܡܟܐ ܒܟܘ ܢܘܪܐ ܕܫܪܝܐ ܒܗ

4 ܠܐ ܡܬܘܡ[3] ܒܪ ܟܝܢܗ ܬܚܒܝܢܬܐ ܕܡ̈ܫܘܬܐ
ܠܡܢܘ ܐܝܬ ܐܢܫܐ ܕܢܘܪܐ ܘܦܓܪܐ ܕܪܘܚܐ
ܕܢܗܘܫ ܠܗܘ ܕܐܠܦ ܬܒܝܢܬ ܒܐܡܬ ܦܓܪܐ ܗܝ
ܒܚ̈ܝܠ ܒܫܘܬܗ

5 ܠܐ ܬܘܒ ܡܘܡܬ ܠܗ ܕܒܬܐ ܟܠܝܬܐ[4]
ܠܗܘ ܫܘܫܐ ܕܠܓܘ ܡܢ ܟܠ ܘܠܒܪ ܡܢ ܟܠ
ܗܘܘ ܕܒܬܗ ܐܦ[5] ܕܕܒܬ
ܗܘܘ ܚ̈ܝܐ ܕܢܦܫܐ ܕܫܪܝܐ ܡܢ

6 ܡܢܘ ܕܠܐ ܢܬܡܗ ܕܒܪ ܟܠ * ܒܗ ܗܘ ܐܬܘܬܗ
ܒܝܬ ܟܠܗܘ ܠܐ ܡܬܘܡ ܡܫܘܗܝ * [6]ܒܪ ܒܗ ܐܝܘ

XIX. A 9 r° c, 18 – 9 v° a, 9 a. i.; B p. 128 b, 24 – 129 a, 24 — [1] B ܠܒܪܐ — [2] B ܐܒܐ — [3] B ܡܢ ܡܬܘܡ — [4] B ܕܟ̈ܠܝܬܐ — [5] B ܘܐܦ — [6] A

* 9 v° a

---
1 Deest in Mss — 2 A — 3 B ܡܬܟܡ — 4 Lege ܕܒܝܢܐܩ B — 5 B
ܓܝܢܐܪ — 6 B ܠܐܥ — 7 B ܝܚܝܕ

XX

ܒܪ ܩܘܡܗ

(Syriac text, verse 1)

[5 in margin]

* 9 v° b * (marginal note)

(Syriac text, verse 2)

[10 in margin]

(Syriac text, verse 3)

[15 in margin]

(Syriac text, verse 4)

(Syriac text, verse 5) [20 in margin]

(Syriac text, verse 6) [25 in margin]

XX. A 9 v° a, 9 a. i. – 9 v° c, 4 a. i.; B p. 129 a, 25–130 a, 16 — ¹ B ܘܐܟ —
² B om. ܘ — ³ B ܩܕܝܫܐ ܘܢܩܝܪ ܩܘܡܗ — ⁴ B ܘܐܟ — ⁵ B om. ܘ —
⁶ A — ⁷ B — ⁸ A — ⁹ Deest in Mss — ¹⁰ B ܘܐܟ — ¹¹ B ܟܐ — ¹² Lege
ܩܘܝܡ ܙܒܢ B

---

¹ B ܟܝܪܝܗ — ² Lege ܝܒ B — ³ Lege ܟܠܥ B — ⁴ Suppl. ex B — ⁵ B om.

ܘ — ⁶ B add. ܠܥܩ — ⁷ A — ⁸ Lege ܠܥܩ B — ⁹ Lege ܟܝܘܚ B — ¹⁰ A — ¹¹ B

13 ܚܕ. ܗܘ ܚܙܝܐ ܬܘܒ ܐܦ[1] ܘܒܗܐ ܕܒܒ̈ܬܐ
ܘܒܗ. ܐܝܬ ܦܘܪܫܐ[2] ܢܚܙܝܐ ܠܐ ܐܬܦܠܓ
ܐܦ[3] ܠܐ ܙܗܪܐ ܕܒܗܪܐ ܡܣܝܟܐ
ܐܝܟ ܕܠܚܝܢܢ ܚܙܝܐ ܡܢ ܫܡܫ

14 ܠܐ ܡܬܘܡ ܐܬܦܠܓ ܙ̈ܠܝܩܐ ܠܬܪ̈ܬܝܢ ܐܘ̈ܪܚܝܢ
ܦܠܓ ܠܒܐ ܕܒܬܪ̈ܝܢ ܥܢ̈ܦܝܢ ܙܕܩܐ ܐܚܝܕ.
ܒܬܪ̈ܬܝܢ ܐܘ̈ܪܚܝܢ ܕܫܒܒܐ ܘܕܢܘܗܪܐ[4]
ܡܡܠܠܐܝܬ ܙܕܩܐ ܒܚܐܪܘܬܗ

15 ܙ̈ܠܝܩܘܗܝ ܐܦ ܚ̈ܘܫܘܗܝ ܢܚܫܘܗܝ ܠܦܠܓܐ
ܐܘ ܠܒܐ ܬܘܪܐ ܠܐܚܐ[5] *[6] ܥܘܙܐ ܦܠܓܐ
ܠܬܪ̈ܝܢ ܚܝ̈ܝܢ ܦܠܓ ܢܦܫܗ
ܠܚܙܝܐ ܒܐܢܫܐ ܘܠܚܙܝܐ ܕܒܗܠܐ

16 ܠܐܒܘܪܐ ܠܦܠܓܐ ܐܫܬܒܩ. ܒܟܝܢܗ
ܘܒܚܙܝܐ ܡܫܝܐ ܢܓܕ. ܬܘܒܐ ܦܠܚ
ܘܫܠܦ ܢܦܠܐ ܒܩ̈ܒܐ ܙܪܒ
ܒܕ. ܙܒܢ ܠܗ ܒܗܦܟܗ ܕܫܠܛܢܐ

17 ܙ̈ܠܝܩܐ ܠܓܘ ܬܟܪܘܟ ܫܘܒܚܐ ܕܕܠܚܝܢ
ܬܟܪܘܟ ܬܘܒ ܡܗܝܡܢܘܬܐ ܙ̈ܒܢܐ ܕܠܒܪ
ܘܚܕ. ܒܪ ܐܢܫܐ ܕܗܘܐ ܐܬܦܠܓ
ܢܬܒܥ ܡܪܝ، ܘܢܘܗܪܐ ܚܕ. ܡܘܕܝܢܢ

XXI

ܒܪ ܡܠܗ

1 ܐܝܬ ܡܪܝ، ܘܡܪܝ ܒܗ ܒܒܪܝ، ܟܠ ܒܡܕ̈ܪܝܢ
* 10 r° *a* ܒܡ̈ܠܐ[1] ܕܢܬ̈ܠܝܢ[2] * ܢܗܪ ܠܓܒܪ̈ܘܬܐ

[1] B ܐܦܘ — [2] Lege ܦܪܘܫܐ B — [3] B ܕܐܦ — [4] B ܘܢܘܗܪܐ — [5] B om. — [6] A

XXI. A 9 v° c, 3 a. i. – 10 r° b, 17; B p. 130 a, 16 – 130 c, 9; D 65 v° b, 18 – 66 v°, 6 — [1] Lege ܒܡ̈ܠܐ BD — [2] D ܕܢܬ̈ܠܝܢ

¹ ܩܘܒܪ̈ܬܐ ܬܘܠܕܬܐ

ܘܟܣܝܬܐ ܢܚܘܬ ܠܐܝܩܪܐ

ܘܩܘܒܪ : ܐܝܟܐ ܐܝܕܐ ܘܢܚܬ ܒܪܢ ܫܘܒܩܐ ² ܘܠܒܟ ܐܘ ³ ܒܚܘܝܬܐ 2

ܐܬ ܥܒܘ ܒܪܟܐ ܕܐܝܟ ܗܘܠܐ ܟܠ ܒܪ̈ܝܟܐ 2

ܐܘ ܗܘܐ ܡܥܝ ܒܪܒܝܗ ܐܘܝܟ ܡܟܟܝܐ 5

ܡܢ ܐܠܐ ܘܐ⁴ ܡܬܟܝܟ 4

ܟܠ ܡܢ ܐܝܬܪܢ ܢܘܝ ܪ̈ܝ 5 ܕܒܩ ܡܝܐ 3

3 ܐܐ ܚܘ ܟܝܪ̈ܝܠ ܐܬܐܪ̈ܝ ܕܢܝ ܐܬܟ ܒܪܐ ܗܘ

ܕܐܠ ܐܬܟܝܡ ܘܗܠܡܢ ܝܢ ܠܟܠ

ܪ̈ܟܒܐ ܕܟܘ ܗܘ ܒܪ ܐܝܢܐ

ܕܠܐ ܡܚܒܡܗ, ⁶ ܐܝܟܐ ܗܘ ܐܝܟ ܕܐܝܪ̈ܝ

4 ܐܘ ܐܝܕܢ ܢܘܣܐ ⁷* ܕܠܬܠܗܬ ܗܘܐ ܢܘܣܐ

ܕܡܬܠܗܬܟ ⁸* ܠܒܘ ܕܐܝܟ ܡܟܘ.

ܕܟ ܚܒܡܗ ܗܟ ܗܘܐ ܒ,

ܥܡ ܐܘܪ̈ܢܝ ⁹* ܒܥܠ ܪܟܒܐ ¹⁰ ܗܘܐ

5 ܐܐ ܟ̂ ܗܘ ܕܐܝܢ ܚܒܝܬ ܡܚܒܬ ܕ ܘܐܝܪ

ܘܠܟ ܕܐܝܟ ܕܐܬܠܗܬܟ ܠܥ ܚܝܘ

ܘܩܘܒ ܕܒܝܪ ܕܒܪ̈ܝܚܐ

ܠܗ ܗܘ ܘܠܡ ܟܠܡܗ ܕܡܚܝ̈ܟ.

6 ܬܘܡ ܐܝ ܠܟ ܡܚܒܝܬܐ ¹²* ܫܘܒܚܗ ܕܐܝܪ̈ܡܟ

ܕܩܒܘܟܐ ¹³ ܕܒܟܐ ܗܘ ܣܘܡ ܕܠܡܒܘܝܬܐ

ܐܡܝ ¹⁴ ܕܡܥ ܐܘ ܐܝܪ̈ܢܢ.

ܘܐܒܐ ܕܣܘܒ ܕܝܪ ܡܗܐ ܕܬܒܟܐ.

7 ܐܝܟ ܠܟܠ ܝܪ ܢܚܝ ܚܝܢ ܕܐܝܪ ܢܘܝ ܕܠܐ ܠܝ. ¹⁵

ܐܘ ܚܒܘܪ ܕܒܗܠܡ ܒܩܐܬ ܠܝܪܒܙܕ ܠܗ

---

¹ B ܩܠܘܒܪ̈ܬܐ — ² D ܕܒܪܐܘ — ³ B ܒܚܘܝܬ — ⁴ B om. ܘ — ⁵ D ܠܟ —
⁶ Lege ,ܡܚܒܡܗ D — ⁷ D — ⁸ A — ⁹ D — ¹⁰ Lege ܪ̈ܟܒܐ BD — ¹¹ B
ܬܗܘܐ — ¹² D — ¹³ D ܟܘ ܕܩܒܘܟܐ. — ¹⁴ Lege ܐܡܝ BD — ¹⁵ D ܠܬܝ.

XXII

¹ D — ² BD ܐܢܬ — ³ BD ܘܓܝܙ. — ⁴ BD ܗܘܝܢ — ⁵ BD ܚܠܝܠ —
⁶ D — ⁷ BD ܘܐܟ — ⁸ D om. ܘ — ⁹ Suppl. ex B; D ܚܒܝܪܬܐ ܦܝܪ ܐܝܬ —
¹⁰ D (corr.) ܚܕܬܐ — ¹¹ B ܥܒܬ ܝܪܝ

XXII. A 10 r° b, 18 – 10 r° c, 6 a. i.; B p. 130 c, 10 – 131 b, 5

ܗܘ ܕܠܠܗܐ ܢܒܪܝܘܗܝ ܒܒܪܐ ܐܝܟ ܐܒܐ 8

ܐܒܐ ܗܘܐ ܣܒܝܘܗܝ ܐܝܟ ܘܠܕܐ

ܐܒܐ ܗܘܐ ܘܐܝܢ ܗܘ

ܐܘ ܒܪܐ ܐܠܐ ܕܒܪܢܝܐ

ܝܕܥ ܗܘ ܠܐܒܘܗܝ, ܐܝܟ ܕܝܠܝܕ 9   5

ܝܕܥ ܗܘ ܐܦ ܗܘ ܠܐܒܘܗܝ ܐܝܟ ܝܠܘܕܐ

ܗܘ ܝܕܥ ܗܝ, ܕܝܠܝܕܘܗܝ

ܒܝܠܝܕܘܬܗ ܗܘ ܡܥܠܐ ܘܐܝܬܘܗܝ

ܝܕܥܬܐ ܗܘ ܗܟܝܠ ܕܝܕܥ ܒܗ 10

ܟܕ ܓܠܐ ܠܗ, ܕܝܪܬ ܐܝܬܘܗܝ ܒܝܕܥܬܐ 10

ܘܐܦ ܝܕܥ ܕܐܝܟ ܗܘ ܕܐܝܬܘܗܝ

ܘܐܦ ܝܕܥ ܒܪܘܝܐ ܪܒܘܬܐ

ܐܝܟܐ ܕܒ, ܘܡܘܢܝܝܪ ܥܡ ܐܦ ܡܒܠܠ 11

ܠܗ ܕܝܕܬ ܘܗܢ ܡܢ ܐܠܐ ܡܥܐ ܘܒܠܝܐ

ܟܝܢ ܐܝܬܘܬ ܐܪܐ ܠܟܠ ܕܐܝܟ ܒܗ 15

ܡܬܒܥ ܦܩܥܬܗܘܢ ܒܝܕܥܬܐ ܒܫܪܝܪܐ

ܐܢܐ ܐܠܝ ܝܕܥ ܒܬܘܥܝܬܗ ܗܕܐ ܐܬܐ 12

ܐܝܟ ܝܪܘܐ ܕܥܩܒܬ ܐܦ ܗܘ ܐܦ ܒܝܬܘܬܗ,

ܘܠܐ ܥܩܒܗ ܒ,[2] ܘܠܐܝܟ ܣܒܪܗ

ܗܘ ܕܪܝܐ ܗܘ ܗܘ ܡܢ[3] [4*] ܥܠ ܘܣܒܥܝܐ 20

XXIII

ܒܪ ܩܠܗ

ܟܠܗܠܠ ܕܢܝܪܐ [1*] ܕܫܐܬܗ ܒܠܥ ܒܪܝܢ ܗܘ 1

ܟܠܗ ܡܢ ܚܒܝܒ ܡܢ ܕܚܒܝܐ ܠܬܒܠܗܬܐ

[1] B add. ,ܗ — [2] Lege ܟܘܬܠܝ B — [3] B ܡܢ ܕܐܪܝܐ ܘܗܢ — [4] A

XXIII. A 10 r° c, 5 a. i. - 10 v° b, 10 a. i.; B p. 131 b, 6 - 132 a, 11 a. i.;
D 66 v° a, 3 a. i. - 67 v° b, 13 — [1] B

---

[1] D — [2] Lege ܒܦܪܐܝܟܬ BD — [3] D ܐܪܝܢܘ — [4] A — [5] B ܒܝܘܣܡܐ,; D
ܒܝܘܣܝܡܐ, — [6] BD ܣܒܡܬ — [7] B add. ܗܘ — [8] B ܠܟ; D ܚܠܐ — [9] B ܬܘܒ —
[10] A — [11] BD om. ܘ — [12] B ܣܒܘܡܪܐ — [13] D — [14] A — [15] B ܘܐܘ

8 ܬܘܒ ܒܥܬ [ܢܦܫܟ][1] ܘܡܢ ܠܐ ܚܙܝܐ
ܡܕܘܡ ܡܫܬܟ ܘܡܢ ܠܝ ܠܐ ܡܫܬܥܝܬܐ
ܗܘ،[2] ܬܠܡܝܕܐ ܠܟܠ ܚܠܝ̈ܩܬܐ[3]
ܘܕܠܐ ܡܦܩܐ ܡܠܠ ܦܐܪ̈ܬܐ
9 ܬܘܟܠ ܗܟܝܠ ܩ̈ܠܐ ܩܠܐ ܕܠܐ ܡܬܒܕܠܝܢ
ܬܘܟܠ ܬܘܒ ܘܡܢ ܡܫܬܥܝܬܐ ܕܠܐ ܡܬܕܪܫܝܢ[4]
ܕܢܘܗܪܐ[5] ܘܡܢܟ ܒܪ،[6] ܒܘܣܡܐ
ܠܒ̈ܢܝ، ܡܢܟ ܘܡܢܟ ܦܪܚ ܠܟ * — * 10 vo b
10 ܠܐ ܗܟܝܠ ܬܘܡܪ ܚܘܫܒܐ ܠܐܢܫܘܬܐ
ܠܐ ܬܦܠܓ ܬܘܒ ܒܕܪܫܐ ܐܢ̈ܫܐ ܐܘ̈ܢܐ
ܠܐ ܬܫܦܘܛ ܚܘܒܐ ܕܗ، ܗ،[7] ܒܝܬܐ
ܒܝܬ ܡܫ̈ܒܚܐ ܕܗܝܡܢܘ ܫܦܝܐܝܬ
11 ܠܐ ܬܐܡܪ ܗܟܝܠ ܠܐܠܗܐ ܗܦܟܐܝܬ
ܚܠܦ ܫܘܒܚܐ *[8] ܕܠܡܐ ܬܦܠܓܐ ܘܬܐܡܪ ܒܟܠܐ
ܘܡܢ ܐܝܟ ܕܗܘܐ. ܠܒܪܗ ܕܕܗܘܐ.
ܘܦܪܘܩܗ، ܡܪܐ[9] ܘܒܪܐ ܐܝܟ ܕܗܘܐ.
12 ܠܐܠܗܐ ܐܦ[10] ܠܒܪܐ ܠܐ ܬܥܒܪ ܒܡ̈ܕܪܫܐ
ܠܐ ܗܟܝܠ ܬܐܡܪ ܠܐܠܗܐ ܚܣܝܪܐ ܕܒܪܗ
ܕܠܡܐ ܬܐܡܪ ܬܘܒ ܘܐܦ[11] ܠܒܪܐ *[12]
ܚܣܝܪܐ ܕܐܒܘܗ، *[13] ܕܠܘ ܠܡ ܝܠܘܕܐ ܗܘ
13 ܕܐܒܐ ܡܕܡܝܐ ܗܘ ܗܕܐ ܕܠܐ ܚܙܝܐ ܗ،
ܕܒܪܐ ܬܪܝܢܐ ܗܘ ܗܕܐ ܕܠܐ ܦܘܠܓܐ ܗ،
ܘܫܡܐ ܕܪܘܚܐ ܕܬܠܝܬܝܐ ܗܘ
ܕܠܡܐ ܬܦܪܘܫ ܠܒܣܡܐ ܕܫܡ̈ܗܐ
14 ܬܠܡܕ.[14] ܠܡ ܘܐܥܡܕ.[15] ܒܫܡ̈ܗܐ ܬ̈ܠܝܬܝܘܬܐ
ܒܫܡܐ ܠܡ ܕܐܒܐ ܘܕܒܪܐ ܘܪܘܚ[16] ܩܘܕܫܐ

[1] Suppl. ex BD — [2] D add. ܗܟܝܠ — [3] D ܠܚܠܝ̈ܩܬܐ — [4] Lege ܡܬܕܪ̈ܫܝܢ BD — [5] D ܘܢܘܗܪܐ (B ?) — [6] D ܒܪ — [7] D om. — [8] AD — [9] D ܡܪܝܐ — [10] B ܘܐܦ — [11] BD om. ܘ — [12] Deest in Mss — [13] BD — [14] Lege ܬܠܡܕܘ B — [15] Lege ܘܐܥܡܕܘ B — [16] Lege ܘܕܪܘܚ BD

ܫܡܗ ܒܪ ܕܒܪܐ ܠܐ ܡܫܟܚ ܦܪܫ *[1]
ܠܫܡܗ ܕܐܒܐ *[2] ܕܠܐ ܗܘܐ ܒܠܠܘܬܐ ܗܝ،

15 ܕܐܝܟ ܘܠܡܕܝܢܐ ܗܕܐ ܠܟܘ ܡܢ ܫܬܘܩܐ ܗܝ،
ܡܢܗ ܕܗܘ ܫܬܘܩܐ ܘܠܒܪ ܡܠܠ[3] ܫܘܒܚܐ
ܠܐ ܢܗܘܐ ܠܗ ܗܘ ܠܫܢܟ
ܒܫܪܐ ܕܩ̈ܠܐ *[4] ܕܡܥܒܪ ܟܠ ܬ̈ܚܘܡ

16 ܫܘܒܚܐ ܐܣܩ ܠܗ ܡܚܣܪܐ ܕܩ̈ܢܝܬܟ
ܒܦܐ ܕܬ̈ܠܐ ܦܪܒ ܠܗ *[5] ܡܢ ܡܫܒܚܬܟ
ܐܦ[6] ܗܘܠܠܐ ܒܒܪ ܘܐܣܩ
ܡܢ ܡܘܡܘܪ̈ܐ *[7] ܕܢܦܩ ܠܫܢܟ

XXIV

ܒܪ ܩܠܗ

1 ܒܪܝܫܗ ܕܐܬܓܠܝܬܐ ܚܙܒܐ ܙܒܐ ܡܪܝ
ܠܒܫ ܗܘܐ ܦܓܪܐ ܕܡܢ ܐܕܡ ܘܐܦ ܡܢ ܕܘܝܕ.
ܕܒܗܘ ܦܓܪܐ ܕܢܣܒ ܒܢܫܐ
ܒܗ ܢܬܦܠ ܕܢܒܥ ܒܐܘܪܗ

* ܒܢܝܫܘܬܐ: ܠܟ ܡܪܝ، ܬܫܒܘܚܬܐ ܡܢ ܒܢ̈ܝܢܫܐ ܕܗܝܡܢܘ ܒܟ * * 10 vo *c*

2 ܘܐܦ ܗܝ، ܠܒܪܘܬܟ ܙܒܐ ܗܝ، ܡܢ ܬ̈ܠܠܐ
ܡܢܘ ܒܪ ܢܬܚܫ ܦܘܡܗ ܒܠ ܙܐ ܒܠ
ܕܒܠ ܦܬܘܪܐ ܗܘ ܡܫܒܚܢܐ
ܡܬܪܒܐ ܗܘܐ ܕܢܗܘܦ ܘܕܡܪܝܡ

3 ܡܢ ܒܡܒܐ ܙܒܐ ܒܬܢܪܐ ܘܡܒܬܪ ܒܠ
ܒܡܒܐ ܡܫܒܢܐ ܕܡܪܝܡ ܡܬܪܒܐ ܗܘܝܬ
ܗܘܐ ܠܟ ܒܐܪܒܐ ܐܒܐ ܡܫܘܬܐ
ܒܕ ܐܢܬ ܐܬܝܬܟ ܚܝܐ ܘܡܚܝܐ ܒܠ

[1] B — [2] D — [3] D om. — [4] D — [5] AD — [6] BD ܘܐܦ — [7] A

XXIV. A 10 v° b, 9 a. i. – 11 r° a, 6; B p. 132 a, 10 a. i. – 132 c, 25

ܟ ـ [8]ܐܘܪܝܗ ܠܗܘܠ ܠܒܘܬܐܕܗܬ

---

¹ B — ² Lege ܟܒܝܠܒ B — ³ A — ⁴ AB — ⁵ B ܩܒܠܘ‎ ـ — ⁶ B — ⁷ B om. —
⁸ B ܣܘ — ⁹ B ܕܬܗܬܘܒ — ¹⁰ A — ¹¹ B ܐܘܒ

11 ܢܘܕܐ ܟܠ ܦܘ̈ܡܝܢ ܠܒܪܐ ܕܟܠ ܠܒ̈ܢܝܢ
ܒܡܟܐ ܢܫܡܥܐ *[1] ܘܒܡܟܐ ܢܘܕܐ *[1] ܠܗ̇ܘ ܒܪ ܚܝܐ
ܕܒܛܠ ܕܫܡܠ ܦܓܪܐ ܒܚܘܒܗ
ܫܒܩ ܙܩ̈ܘܦܐ ܘܦܫܪ ܒܢ̈ܝܐ

XXV

ܒܪ ܩܠܗ

1 ܡܢ ܕܝܢ ܝܗܒ ܗܘܐ ܠܝ ܡܠܠ ܗܘܦܟܐ ܕܪܘܚܐ
ܠܘ ܕܐܬܝܒܐ ܗܘܕܐ ܒܪ ܫܐܠܬ ܡܘܬܐ ܗܝ
ܐܠܐ ܕܐܫܦܩ ܐܒܪܙ ܫܘܒܚܗ
ܕܗ̇ܘ ܪܒ ܡܢ ܟܠ *[1] ܟܠܝܢ ܡܫܒܚܢܐ
ܒܘܢܬܐ : ܗܒ ܠܝ ܕܠܐ ܐܡܪܝܢ ܘܐܒܥܒ ܡܘܠܕܟ
2 ܕܠܐ ܒܪ ܡܗܡܢܘܬܗ ܕܠܗ ܕܗ̇ܝ ܙܒܘܬܐ
ܠܐ ܡܨܝܢ ܦܘ̈ܡܐ ܠܡܫܪܝܘ ܡܢ ܫܘ̈ܒܚܬܗ
ܒܐܘܠܝܕܗ ܗܘ ܒܪ ܡܬܦܬܚܝܢ *[2]
ܗܘܢ̣ ܒܪܝܟ ܘܡܕܡܬ ܒܪ̈ܝܗ
3 ܫܘܒܚܐ ܠܡܗܡܢܘܬܐ ܕܠܒܪܐ ܒܦܘܡ ܐܡܘܪ̈ܐ
ܕܒ ܠܐ ܟܠܝܐ ܚܐܪܘܬܗܘ̣ ܒܡܠܠܘܬܗ
ܡܢܐ ܦܘܡܐ ܬܬ̈ܝܢ ܒܚܕܐ
ܒܕܝܠܗ ܗܡܣ ܒܗ ܒܕܝܠܗ ܡܘܪܒ ܠܗ
4 ܕܠܐ ܬܘܒ ܡܗܡܢܘܬܐ ܕܡܠܬܐ ܠܐ ܡܨܝܐ ܦܘܡܐ
ܕܢܬܒܥܐ ܒܠܫܢ ܟܠ[3] ܡܠܬܐ ܕܐܝܟ ܘܒܡܟܐ ܗܝ
ܒܗ̇ ܗܘ ܒܡܠܬܐ ܐܦ[4] ܡܫܒܚ ܐܢܫ
ܕܠܫܢܗ̇ ܕܐܡܪ ܡܫܪܐ[5] ܢܫܒܚ ܗܝ
5 ܘܐܦ ܚܝܢܐ ܠܢܘܗܪܐ ܒܗ ܠܗ[6] ܡܨܝܐ ܕܬܚܘܝܘܗܝ
ܒܠܩܘ̈ܗܝ ܗܘ ܒܪ *[7] ܡܨܝܐ ܕܬܚܘܐ ܫܘܦܪ̈ܘܗܝ

[1] A

XXV. A 11 r° a, 7 – 11 r° c, 9 a. i.; B p. 132 c, 26 – p. 134 a, 6 — [1] A — [2] Deest in Mss — [3] B ܕ — [4] B ܘܐܦ — [5] B ܡܫܐܪܐ — [6] B ܠܐ — [7] A

* 11 ro b   ܒܘܡܝܐ ܗܝܐ * ܐܘ ⁵ ܟܕ ܟܐ ܒܘܗܝ ܟܒ ܪܒܐ

ܐܘ ܒܫܘܢܐ ܕܐܠܠ̈ܐ ö ܘܩܒܪ̈ܘܒܐ

ܘܚܩܝ̈ ܠܗ ܒܘܗ ܒܫܪܝ ܚܩܪ̈ܐ ö

---

¹ B ܒܘܗ * ܐܒܘܗ (sed cum signo inversionis) — ² B ܪܝܘܡܝ — ³ B ܘܒܩܐ —
⁴ B ܪ̈ܫܝ — ⁵ B ܘܒܩܐ — ⁶ B ܟܒܡܗܩ — ⁷ B ܡܘܗܡܘܬܗ — ⁸ B om. —
⁹ A — ¹⁰ B ܒܘܗ ܟܒܪ̈ܝ — ¹¹ B

12 ܬܟܠܝ[1] ܡܪܝ، ܒܟܠ ܠܘܬ ܪܘܚܟ ܡܗܝܡܢܘܬܟ
ܡܢ ܡܫܡܥܢܐ[2] ܕܢܒܝܐ[3] ܕܐܡܠܠܐ ܠܘܬܟ
ܐܢ ܒܪ̈ܝܬܐ[4] ܒܗܝܢ ܗܘ ܠܗܝܢ ܐܝܟ *[5]
ܡܫܡܥ ܡܠܠܐ *[6] ܡܢ ܠܝ ܡܪܝ، ܐܡܠܠܐ

13 ܬܦܫܘܩ ܬܫܘܝܬܗ ܕܕܒܪ *[7] ܕܐܬܬܣܝܡ ܗܘܐ
ܡܢ ܢܒܐ ܗܘܬ ܒܢܘܬܗ *[7] ܘܫܒܩܢ ܘܡܠܟܢ
ܗ̄، ܒܪܬ ܡܠܟܝܢ ܝܐܕܝܢ[8] *[9]
ܦܪܒܬܗ ܗܘܬ ܕܡܠܟܝܢ ܡܟܒܕ ܗܘܐ

14 ܬܬܐ ܕܠܐ ܦܐܪ̈ܐ ܦܐܪܐ ܬܫܒܘܚܬܐ ܝܗܒܬ
ܦܫܝܛܘܬܐ ܕܠܐ ܠܚܡܐ ܠܚܡܐ ܝܗܒܬ
ܬܬܐ ܕܦܫܝܛܘܬܐ ܒܢ ܦܐܪܗ *[9]
ܗܘ ܡܠܝܫܐ *[10] ܡܕܒܪܬ ܠܦܫܝܛܘ̈ܬܐ[11]

15 ܬܫܒܘܚܬܐ ܗܘ ܕܐܬܬܠܝܬ ܡܢ ܦܐܪܐ ܕܚܝܘܗܝ
ܘܠܚܝܬ ܗܘܬ ܦܐܪܐ ܐܚܪܢܐ ܕܠܐ ܒܚܝܘܗܝ
ܕܠܐ ܗܘܐ ܐܘܟܠܐ ܒܐܘܟܡܐ[12] ܐܚܪܢ
ܐܟܠܘܗܝ، ܒܢ̈ܝܐ *[13] * ܒܢܒܥ̈ܐ ܕܦܠܓ ܗܘܐ *11 ro c

16 ܬܦܪܝ[14] ܡܗܝܡܢܘܬܟ[15] ܐܦ[16] ܠܝ *[17] ܐܝܟ ܕܠܒܪ
ܕܠܐ[18] ܗܘܐ ܕܐܦܠܓ ܒܢܒܥ̈ܐ [ܒܕܡܘܬܗ ܡܪܝ،][19]
ܐܠܐ ܡܛܠ ܕܐܪܗܛ ܘܐܦܪܘܒ *[20]
ܬܘܒ ܐܦ[21] ܐܢܐ ܠܚܡܫܢ ܘܬܪܝܢ

17 ܘܐܦ ܗܕܐ ܕܢܗܒ ܠܝ ܡܪܝ ܗܘ ܒܫܦܘܥܗ ܠܬܠܡܝ̈ܕܐ
ܠܝ ܫܘܝ، ܕܕܠܐ ܡܠܐܘܗ[22] ܠܝܬ ܬܫܘܒܘܚܬܐ
ܐܡܒܢܐ ܬܘܒ ܕܐܦ ܠܐ ܒܠܒܕ
ܗ̄، ܡܗܝܡܢܘܬܗ ܥܒܝܕܬܐ[23] ܕܥܪ̈ܪܐ

[1] B ܬܘܟܠܝ — [2] B ܡܫܡܥܢ ܐܢܐ — [3] B ܢܒܝ ܐܢܐ — [4] B ܠܒܪ̈ܝܬܐ — [5] Deest in Mss — [6] B — [7] A — [8] B ܗ̇، ܒܪܬ ܡܠܟܐ ܕܡܠܟܝܢ ܝܐܕܢܗ̇ ; lege B sed ܝܐܕܝܢ — [9] Deest in Mss — [10] AB — [11] B om. ܠ — [12] B ܒܐܘܟܡܝܢ — [13] A — [14] B ܬܦܪܝܢ — [15] B ܠܡܗܝܡܢܘܬܟ — [16] B ܘܐܦ — [17] A — [18] B om. ܕ — [19] Suppl. ex B — [20] Deest in Mss — [21] B ܘܐܦ — [22] B ܡܠܐܘܗ̇ — [23] B ܥܒܝܕܬܐ —

XXVI

[1] B ܐܩܡ — [2] A — [3] B ܘܬܒ — [4] B ܝܢ.ܐ — [5] Lege ܢܬܟܫܐ B — [6] B ܡܟ̈ܘܡܗ — [7] Lege ܕܪܝܢ.ܐ B — [8] Deest in Mss — [9] Lege ܚܠ B — [10] B om. ܘ — [11] B ܚܠܝܘ̈ܬܗ — [12] A — [13] B om.

XXVI. A 11 r° c, 8 a. i. – 11 v° c, 6 a. i.; B p. 134 a, 7 – p. 135 b, 18

ܘܐܝܟ * ܪܒܪܐ ܕܠܐ ܡܬܥܠ　　* 11 vo a

[1] B — [2] A — [3] B om. — [4] B ܬܣܡܢ.ܠܐ — [5] B ܠܝ ܪܫ̈ — [6] B ܢܩܘ̈ —
[7] B — [8] B ܡܩܠ — [9] B add. ܗܡ

---

* 11 vo b

---

1 Lege ܢܘܡܐܝ B — 2 Suppl. ex B — 3 A — 4 B om. — 5 B — 6 B ܕܝ̈ܚܒܬܐ —
7 B ܕܚܬܢ̈ܣܝ — 8 AB

ܒܝܢ ܪܚܦܘܬܐ ܒܝܢ ܚܘܣܝܘܬܐ
ܒܝܢ ܕܚܝܠܘܬܐ ܒܝܢ ܒܗܝܠܘܬܐ *[1]
ܒܪ ܗܘ ܫܘܐ ܗܘ ܥܡ ܝܠܘܕܗ
ܒܩܢܘܡܗ [2] ܕܠܝܬ ܐܫܬܚܠܦ

ܗ 9 ܗܐ ܡܘܫܐ ܠܒܪܐ ܒܪ ܡܠܦ ܗܘܐ
ܒܕܒ̈ܘܬ ܡܠܠܗ̇ ܠܪܒܘܬܗ [3]
ܥܪܐ ܐܝܟ ܠܗܠܝܢ ܒܗ̇ ܕܐܡܪ
ܕܠܐ ܚܙܝܬܘܢ ܕܡܘܬܐ ܡܢ ܓܘ ܢܘܪܐ
ܠܐ ܓܝܪ ܠܟܘ ܒܥܝܐ ܕܡܘܬܐ ܒܓܠܘܦ ܦܣܝܠ
ܕܕܠܡܐ ܢܨܘܪܗ ܗܘܐ ܥܡܐ ܒܡܫܒ̈ܚܢܐ
ܡܢܐ ܕܠܡܐ ܘܦܪܘܫܐ
ܢܛܪ ܡܘܫܐ *[4] ܕܢܨܘܪܗ ܒܓܘ ܠܒܗ

ܘ 10 ܘܐܝܟܢܐ ܕܒܪ ܕܠܐ ܚܘܝ
ܦܪܨܘܦܐ ܘܨܠܡܐ ܒܓܠܘܦ ܦܣܝܠ
ܕܠܐ ܢܛܠ ܥܠܬܐ ܠܚܣܝܘܬܐ
ܕܬܨܘܪܘܗܝ ܒܓܠܝܢ ܠܒ̈ܢܝ ܐܢܫܐ
ܒܪ ܕܬܘܒ ܠܒܫ ܕܘܡܝܐ ܕܦܪܨܘܦܐ
ܕܫܘܦܪܗ ܚܙܘܐ ܠܝ ܘܢܪܓ ܒܡܐܢܘܬܗ
ܕܠܐ ܚܘܝ ܒܠܐ ܦܠܚܝ
ܘܕܚܘܝ ܒܥܘܕܪܢܐ ܡܫܟܚܐ ܗܘܐ

ܘ 11 ܘܕܚܘܝ ܗܘܘ ܩ̈ܒܠܐ ܥܒܕܝܢ ܘܪܒܘ
ܕܚܘܝܘܗܝ [5] ܠܥܡܗ̇ ܕܪܒܘܬܐ
ܥܪܗ̇ ܡܘܫܐ ܠܟܠܗ̇ ܫܒܝܪܘܬܐ
ܘܐܬܒܥܝ ܕܚܙܝܘܗܝ ܕܠܗܘ ܢܘܗܪ ܘܢܠܦ
ܕܠܐ ܚܙܐܘܗܝ ܩ̈ܒܠܐ ܕܥܒܕܘ ܕܚܘܝ
ܘܒܪ ܠܒ ܚܙܐ ܡܘܫܐ
ܝܕܥ [6] ܕܠܐ ܚܙܐ ܗܘܐ
ܠܐ ܠܒܝܬܗ * ܠܦܪܘܫܐ ܕܕܘ̈ܒܪܬܐ ܫܐܝܠܬܐ ܠܒܢ ܡܢܗ * 11 vo c

[1] Deest in Mss — [2] Lege ܒܩܢ̈ܘܡܐ B — [3] B ܠܪܒܘܬܐ — [4] B — [5] B ܕܚܙܐܘܗܝ — [6] B ܐܝܕܥ

ܝ 12 ܝܠܕܬ ܗܘܬ ܚܙܬܗ ܕܪܒ ܡܢ ܟܠ
ܝܗܒ ܦܐܪܐ ܘܓܒܠܗ[1] ܡܬܡܟ ܟܠ
ܕܐܝܟ ܕܪܒ ܘܓܒܠܗ ܠܒܪܝܬܐ
ܢܬܡܟܟܝܢ ܘܢܚܘܢ ܒܪܒܘܬܐ
ܘܐܦ ܒܗ̇ ܒܕ̈ܡܘܬܗ ܡܚܫܐ ܚܫܗ̇ ܘܕܚܠ
ܐܝܟ ܡܟܟܐ ܗܘܐ ܒܗ
ܠܒܘܫ ܘܕܡ ܒܗܘܪܐ ܚܬܝܬܐ ܕܐܝܬܘܬܗ
ܗܝ ܕܒܪܐ ܗܘ ܒܠܫܢܗ ܫܡܫ ܠܗ

ܟ 13 ܟܦܪ ܒܗ ܕܝܢ ܕܗܘ ܗܘܐ *[2] ܘܠܐ ܗܘ ܗܘܐ
ܕܚܬܝܬܐ ܕܒܪܝܬܐ ܡܟܠܦ ܗܘܐ
ܡܠܝܘܬܐ ܟܝܢܗ ܥܒܝܫܐ ܗܘܬ
ܘܗܘ[3] ܕܢܐ ܙܘܪܬ ܡܒܣܡ ܗܘܐ
ܠܐ ܓܝܪ ܡܫܘܫܐ ܗܘܬ ܕܡܘܬܐ[4] ܡܢ ܙܒܘܬܐ[5]
ܗܝ ܕܝܢ ܕܡܘܬܐ ܗܝ ܠܐ ܗܘܬ ܐܠܗܘܬܐ
ܬܫܒܘܚܬܐ ܗܘ ܚܒܪܬ ܠܗ
ܙܒܘܬܐ ܠܒܘ̈ܪܝܐ ܕܥܒܪܘܬܐ

ܠ 14 ܠܡ̈ܟܬܐ ܕܡ̈ܠܟܘܗܝ ܦܫܩ ܐ̈ܢܫ
ܕܠܐܢ̈ܫܐ ܕܩܕܡܐ ܢܒܗ̇ ܗܘܐ
ܕܡ̈ܘܬܐ ܕܐܦ̈ܘܗܝ ܬܡܝ̈ܗܘܗܝ ܐܢܫ
ܕܠܒ̈ܢܝܐ ܕܥܒܪܐ ܢܛܪ ܥܡܦܘܗ
ܘܒܗ ܗܘ ܥܡܐ ܗܘ ܒܗܠܗ *[6] ܠܐ ܓܝܪ ܐܟܪ ܐܟܪ ܘܢܟܪ
ܐܟܪ ܗܘ ܕܠܐ ܐܟܪ ܘܢܟܪ ܕܢܘܟܪ ܗܘܐ
ܡܬܚ ܡܠܠ ܥܡ ܟܠ ܐܢܫ
ܣܦܩ ܘܐܟܪ ܕܢܡܠܠ ܥܡ ܚܕ ܐܢܫ

ܝ 15 ܝܕܥܬܗ ܠܩܕܡܝܐ ܗܐ ܡܣܬܒܪܐ
ܕܒܗ̇ ܗܝ ܠܘܬܗ ܐܝܟ ܕܠܘܬ
ܗܘ ܠܗ ܓܝܪ ܐܝܬܘܗܝ ܕܠܐ ܫܘܚܡ
ܠܘܬ ܕܝܢ ܐܢܫ̈ܐ ܐܝܟ ܕܫܘܚܡܐ ܗܘ

[1] Corrige ܕܓܒܠܗ — [2] A — [3] B om. ܘ — [4] B ܙܘܪܬܐ — [5] B ܙܒܘܬܗ — [6] A

XXVII

---

¹ Lege ܠܥܡ B

XXVII. A 11 v° c, 5 a. i. - 12 r° b, 5 a. i. ; B p. 135 b, 19 - p. 136 a, 8 a. i. —
¹ Deest in Mss — ² B ܢܟܦܟܝ — ³ A — ⁴ B ܡܢ ܠܗ — ⁵ Lege ܡܫܒܚ B —
⁶ B ܕܠܐ — ⁷ B ܕܟܠܗ — ⁸ B ܬܠܝܝܪ

* 12 ro a

ܠܒܢܐ ܒܝ ܢܕܒܘܗܝ ܕܠܐ ܢܬܠܐ
ܘܗܒ ܠܝ ܒܡܫܘܚܬܐ ܡܕܡ ܕܐܫܒܚ
ܐܢ ܗܘ̈ ܕ[1] ܒܕܡܘܬܐ *[2] ܠܗ ܗܘ ܣܒܪܘ ܕܚܙܘ
ܫܪܝ ܠܒܘ ܘܐܬܠܒܘ
ܫܪܝ ܦܗܘ ܘܐܦܗܘ
ܦܐܪܐ ܓܝܪ ܕܒܝܬܗ *[3] ܗܘ ܒܠܚܘܕ. ܚܕ ܠܗ ܒܪܪܐ

4 ܐܘ ܠܒܢܫܐ ܒܗܢܐ ܕܒ̈ܢܝܢܫܐ
ܓܫܘ ܢܘܗܪܐ ܡܫܘ ܘܟܣܝ ܠܗ
ܡܫܘ ܕܗܒܐ ܕܒܝܬܗ ܠܢܘܗܪܐ
ܘܓܫܘ ܠܬ̈ܒܐ ܣܒܪܝܢ[4] ܕܓܫܘܢ ܢܘܗܪܐ ܗܘ
ܡܫܘܗܝ ܠܟܠܡܕܡ ܘܓܫܘܗܝ ܠܟܠܡܕܡ
ܘܗܐ ܣܒܪܝܢ ܣܟ̈ܠܐ ܕܓܫܘܗܝ ܠܢܘܗܪܐ
ܚܕ ܚܕ ܕܝܢ ܐܝܟ ܕܣܒܪܘ
ܫܩܠ ܓܪܗ ܒܪܝܫܗ ܠܢܘܗܪܐ

5 ܠܐ ܪܚܡ ܕܒܥܐ ܕܐܝܬ ܠܗܘܢ
ܚܕ ܪܓܫܐ ܐܚܝܕܗ ܕܢܘܗܪܐ
ܪ̈ܓܫܝܗܘܢ ܚܪ̈ܢܐ[5] ܓܠܝܢ ܐܢܘܢ
* 12 ro b — ܘܢܟܪ̈ܝܢ ܒܠܗܘܢ * ܡܢ ܢܘܗܪܐ
ܠܐ ܡܬܠܡܣ ܓܘܢܗ *[6] ܠܐ ܡܬܬܪܝܚ ܪܝܚܗ
ܠܐ ܡܫܬܡܥ ܩܠܗ *[7] ܠܐ ܡܬܡܫܫ ܢܘܗܪܗ
ܗܢܐ ܠܚܘܕ ܒܪ ܬܗܘܡܐ[8]
ܦܣܩ ܠܗ ܐܝܟ ܝܠܕܐ ܠܝܠܘܕܗ

6 ܫܪܐ ܢܘܗܪܐ ܒܦܘܡܐ ܘܠܐ ܪܓܫ[9]
ܕܢܚܬ ܘܫܪܐ ܒܐܕܢܐ ܘܠܐ ܫܡܥܐ[10]
ܫܪܐ ܒܐܝܕܐ ܘܐܝܟ ܕܠܐ ܓܫܬܗ
ܠܐ ܣܦܩ ܚܙܝܐ ܠܕܚܫܐ ܕܟܠܗܘܢ
ܐܦ ܡܕܥܐ ܘܠܒܐ ܡܠܟܐ ܘܪܒ ܚܝܠܗ
ܘܟܢܫܐ ܕܚܘ̈ܫܒܐ *[6] ܘܡܫܪܝܬܗܘܢ ܢܦܫܐ

[1] B ܕܝܢ — [2] AB — [3] B — [4] B ܘܣܒܪܝܢ — [5] B ܐܚܪ̈ܢܐ — [6] A — [7] AB — [8] B ܬܗܘܡܗ — [9] B ܪܓܫ — [10] B ܫܡܥ

XXVIII

ܚܢܝܗ ܘܠܚܒܕܠ ܘܚܒܪ.ܘ ܕܚܝ * ܐܘܐ   * 12 ro c

¹ Suppl. ex B (A add. in marg.) — ² A — ³ B ܪܒܟܝܐ — ⁴ Deest in Mss —
⁵ AB — ⁶ B — ⁷ B ,ܒܘܠܐܝܪܘ

XXVIII. A 12 r° b, 4 a. i. - 12 v° c, 18; B p. 136 a, 6 a. i. - p. 137 c, 21 —
¹ Deest in Mss

---

[1] B ܗ.ܒܝ — [2] B ܡܟܘ ܠܟ — [3] B ܟܬܒܘܟܠܬܐ — [4] Lege ܡܪܐ B — [5] B om. ܝ — [6] B ܘܐܟܪ — [7] B ܠ.ܒܝ — [8] B — [9] AB — [10] B add. ܕܝ — [11] Lege ܡܒܬܝܥܘܣܗ B — [12] Lege ܒܕܚܡܕܒ B — [13] B om. ܘ — [14] Lege ܝܟܡܘܝ B — [15] AB

ܡܢܘ ܡܨܐ ܒܕܠ ܠܗ
ܕܢܡܘܣܐ [1] ܘܚܐܪܘܬܐ ܦܠܓܘ ܠܗ

5 ܗܐ ܫܡܫܐ ܡܬܚܡ ܒܡܕܢܚܗ
ܘܐܦ ܣܗܪܐ ܡܦܠܓ ܒܡܥܪܒܗ
ܬܚܡ ܬܘܒ ܠܐܪܥܐ *[2]* ܐܦ ܠܫܡܝܐ * * 12 vo a
ܠܐܪܒܥܐ [3] ܬܚܡܗ ܒܫܢ̈ܝܐ ܕܟܠܗܘܢ
ܠܘ ܗܘ ܒܠܒܠ *[4]* ܐܠܐ ܐܚܝܢ [5] ܗܘ ܥܒܝܕܝܢ ܐܚܝܢ [5]
ܐܢ ܓܝܪ ܒܝܕ ܚܠܐ ܡܬܬܚܡܝܢ ܓܠ̈ܠܐ
ܚܘܪܘ ܒܗ ܒܡܪܢܝܐ
ܕܟܠܗܘܢ ܗܘ ܕܡܪܐ ܒܟܠ ܡܫܬܟܠܐ

6 ܗܐ ܡܟܝܠ ܡܢܗ ܘܒܗ ܐܬ̈ܝ
ܦܠܓܘܗ ܢܦܩܘ ܠܣܘ̈ܦܐ
ܟܠܗ ܓܝܪ ܒܕܘܟܐ ܡܬܚܡ ܗܘܐ
ܘܒܡܟܐ [6] ܕܬܟܝܠ ܐܦ [7] ܡܟܠܕܗ
ܗܐ ܬܚܡܗ ܟܠܝܐ ܗܐ ܬܚܡܗ ܠܕܐ
ܗܐ ܬܚܡܗ ܡܟܬܒܐ *[8] ܘܡܕܒܪܐ ܘܢܘܚܡܐ
ܗܐ ܒܗܠܝܢ ܐܬܬܚܡ
ܡܪܢܝܐ ܕܫܘܐ̈ܠܗܘܢ ܠܐ ܬܚܡ

7 ܗܐ ܢܦܫ ܘܢܚܡ ܒܠܠܘܬܗ
ܕܢ̈ܚܝܗ ܡܕܒܪ ܒܚܐܪܘܬܗ [9]
ܚܝܘܗ ܓܝܪ ܡܦܠܓ ܒܦܠܓܘܬܐ
ܕܢܬܒܕܩ ܚܝܠܐ ܡܢ ܚܐܪܘܬܐ
ܘܐܢ ܗܘ ܕܐܬܐ ܨ̈ܒܐ ܕܢܬܪܘܨ ܒܬܪ̈ܘܨܘܗܝ
ܫܒܩ ܠܬܪܘܨܘܗܝ ܘܪܚܡ ܠܡܕ̈ܒܪܘܗܝ
ܢܦܩ ܦܓܪܐ ܕܢ̈ܥܒܕܘܗܝ
ܥܪܐ ܘܡܕܒܪ ܦܓܪܐ ܕܕܘ̈ܒܪܘܗܝ

8 ܗܐ ܟܪܘܒܐ ܬܚܡܗ ܠܦܪܕܝܣܐ
ܘܦܓܪܐ ܕܢܫܐ ܠܦܓܪ ܫܢܝ

[1] Lege ܕܚܝܒܐ B — [2] A — [3] B ܠܐܪܒܥܐ — [4] A — [5] B ܚܝܢ — [6] B ܘܒܡܟܗ̇ — [7] B ܘܐܦ — [8] A — [9] B ܒܚܪܘܬܗ

ܐܬܟܠܟ ܟܥ ܚܒܟ ܪܒܗ ܠܗܕ ܚܟܟ ܕܒܪܝܙ ܟܝܩ ² ـ*

* 12 vo b　　　ܗܘܐ ܬܟܟܐ ܟܝܗܟܐ ܘܒܡܚܟܐ 10　　　15

ܕܐܢ ـ ܟܪܝܟ ܕܟܠܠܬ ܒܚܟܟܘܐ

ܐܝܟܐ ܟܕܡܐ ܘܡܒܪ ܗܘܐ ܕܟܝܘܪܝܩ ـ ܡܟܥ

ܠܗܝ ܡܚܟܐ ܟܚܟܐ ܟܝ ܚܪ ܕܐܠܐ ܟܝ ܣܟܡ ـ　　　20

ܟܢ ܟܚܕ ـ ܐܟ ـ ܒܟܚܝ ²*

ܐܢ ـ ܡܚܠ ܠܒܚܕܪ ܟܒܪܐ ܡܟܠ ܗܪܟܐ　　11

---

¹ B — ² Deest in Mss — ³ B om. ܘ — ⁴ B ܡܚܝܚܕ

15 ܘ̇ ܟܚ ܩܒܘܪܐ * ܐܬܟ,ܘܗ,ܛܘܒ ܒܚ̇ܪܒ ܠܒ   * 12 vo c

<hr/>

¹ B ܪܝ̈ܝ — ² Lege ܕܒܣ,ܘܡ B — ³ Lege ܕܚܒܫ B

XXIX   15

¹ B ܪܘܝܣܢ — ² B ܠܒ — ³ B ܠܣܗ — ⁴ B ܚܘܕܘܢ — ⁵ B
XXIX. A 12 v° c, 19 - 13 r° a, 10 a. i.; B p. 137 c, 22 - p. 138 b, 15 — ¹ Suppl.
ex B — ² B ܡܩܕܠܘܬ

ܦ 2 ܦܓܪܐ ܒܪ ܡܫܝܚܐ ܕܚܫܬ ܘܠܒܫ
ܠܗ ܕܡܢ ܫܘܒܚܗܘܗܝ ܘܫܘܒܪܗܘܗܝ
ܘܐܝܟܢܐ ܕܐܠܝܨܬ ܕܢܦܩ ܗܘܐ
ܗܟܢ ܬܘܒ ܐܠܝܨܬ ܘܐܦ[1] ܕܢܝܚܐ
ܘܐܝܟܢ ܕܗܘ ܒܦܢܝܐ ܟܠܗ ܕܦܓܪܐ ܗܘܐ
ܗܟܢ ܚܣܝܘܬܗ ܟܠܗ ܕܦܓܪܐ ܗܘܬ
ܠܐ ܬܬܡܗܘܢ ܒܫܡܗܐ
ܕܐܬܚܠܦ ܗܘ ܚܝܐ ܕܢܝܚܐ ܟܠ

ܪ 3 ܪܒܐ ܒܪ ܫܡܗܐ ܕܢܫܝܪܝܢ
ܒܪܘܫܡܬܗܘܢ ܠܒܫ ܗܘܐ *[2] ܡܛܠ ܦܓܪܐ
ܟܠ ܐܢܫܐ ܡܢܗܘܢ ܡܫܡܫܝܢ ܐܢܘܢ
ܕܗܘ ܫܪܪ ܘܢܨܪ *[2] ܘܐܦ[3] ܡܫܒܚ * * 13 rº *a*
ܫܪܪ ܫܡܗ ܕܐܒܐ *[4] ܡܗܝܡܢ ܫܡܗ ܕܒܪܐ
ܘܪܘܚܡ ܕܫܒܘܚܐ ܗܘ *[5] ܘܕܚܝܠ ܕܕܝܢܐ ܗܘ
ܕܒܪ ܐܢܫܐ ܗܘ ܐܫܬܡܥ
ܕܠܐ ܫܒܐ ܗܘ ܕܒܝܢܗ ܐܠܗܐ ܗܘ

? 4 ܘܡܠܟܐ ܡܫܝܚܐ ܕܐܡܪܢ[6] ܘܢܚܬ
ܕܢܦܫܗ ܠܡܠܐ ܒܟܠܐ ܗܘܐ
ܠܡܒܘܥܐ ܡܟܝܟ ܕܢܫܬܘܕܐ
ܕܐܝܟܢܐ ܚܠܨܝܢ ܘܐܝܟܢܐ ܡܛܠܝܢ
ܗܘ ܠܗ ܕܢܒܝܐ ܕܝܢ ܗܐ ܠܐ ܡܢܝܐ ܐܝܟ ܫܠܝܛܐ
ܐܠܦܐ ܕܡܢ ܐܢܫܐ ܕܒܬܐ ܫܠܝܬܗ ܗܘܬ
ܗ̇ܝ ܐܢܫܐ ܕܟܠܬܗ
ܘܫܡܥܬ ܠܗ ܡܫܬܥܝܬܐ ܕܫܦܠ ܐܢܫ

ܩ 5 ܩܒܠ ܚܝܐ ܠܒܘܪܐ[7] ܕܫܒܐ ܕܢܒܘܐ
ܗ̇ܘ ܒܘܪܐ ܕܪܘܚܐ ܒܫܘܐܠܗ[8]
ܡܪ̈ܝܐ ܡܛܠܝܢ ܒܒܘܒܗ
ܕܠܬ̈ܚܬܐ ܐܚܝܬ ܡܦܣܝܬܗ

[1] B om. ܘ — [2] A — [3] B om. ܘ — [4] AB — [5] A — [6] Omitte ܕ cum B — [7] B om. ܠ — [8] B ܒ̈ܘܐܠܐ

XXX

13 ro b   2 ܐ̈ܝ̈ܠ̈ܘ ܪ̈ܐܝ̈ܟ̈ * ܕ̈ܒܝ̈ܝ̈ܡ̈ ܟ̈ܡ̈ܚ̈ ܕܡ̈ܪ̈

---

1 B ܐ̈ܡܠ — 2 B ܪ̈ܡܐ — 3 Deest in Mss

XXX. A 13 r° a, 9 a. i. - 13 v° a, 17; B p. 138 b, 16 - p. 139 b, 15 — 1 Lege

ܪܠ̈ܐ B — 2 AB — 3 B ܡ̈ܬ̈ܠ̈ܚ̈ܡ̈ — 4 Lege ܝ̈ܒ̈ܪ̈ܘܝ̈ B — 5 B ܪܡ̈ܚ̈ܐ

ܘܩܨܐ ܗܘܐ ܗܡ * ܕܙܪ. ܠܐܬܬܟܐ   * 13 ro c

---

¹ Omitte ܕ cum B — ² B ܘܐܝܟܐܪ — ³ B, ܠܘܗ — ⁴ Lege ܐ _ ܘܪ B — ⁵ A — ⁶ B
ܬܬܠܐܪ — ⁷ AB — ⁸ B ܘܐ

[1] Lege ܠܒܣ B — [2] B ܢܗܘ — [3] B ܚܠܐܠܘ — [4] A — [5] B — [6] Deest in Mss

ܠܐ ܐܠܬ ܪܒܐ ܪܕܝܫ ܐܘܗ * ܒܕܐ   * 13 vo a

XXXI

[1] B ܡܗܠܘܚܣ — [2] Lege ܚܝ B — [3] Deest in Mss — [4] B ܗܡ

XXX. A 13 v° a, 18 - 13 v° c, 30; B p. 139 b, 16 - p. 140 b, 14; C (ab XXXI

9) 48 v°, 1 - 49 r°, 9

* 13 vo b   ܒܚܐܪ , ܗ , ܒܬܘܒܬܐ ⁴   * ܒܙܘܢ ⁴ܒܬܘܒܬܐ   10

¹ Lege ܒܘܛܠ B — ² B ܘܕܒ — ³ B ܒܬܘܒܬܗܐ — ⁴ B ܒܬܘܒܬ — ⁵ B

ܒ[ܕ]ܐܣ — ⁶ B om. — ⁷ Sic A ; B l. n. p. ; lege ܒܘܕܚܪܒ

ܠܟܗܠ * ܪܢܒܠܢ ܐܬܗܘܣܐ ܡܘܚ ܠܝܢ   * 13 ro c
---

[1] B ܠܟܗܠ — [2] B ܣܡ̣ ܝܘ — [3] B ܪܪܝܒ — [4] BC ܝܪܒ — [5] BC ܘܪܒܚܣܘ —
[6] B om. — [7] B ܪܝܒ — [8] B ܝܚܚ ܣܡܗ — [9] BC ܘܠܟ — [10] B ܟܣܒܟ —
[11] B om. ܪ (C ?)

ܡܢ ܪܚܡ ܠܢܚܘܬ ܐܝܟ ܕܠܗܘܢ

ܠܗ ܐܦ ܠܘܬ ܗܘ ܠܥܘܒܗܐ ¹ܠܡ ܠܐ ܗܘ ܢܦܩ ܚܒܝܪܝܢ

ܝܘܒܩܐ ܕܐܝܟܢܐ ܢܗܘܐ ܠܗ ܥܒܪܘ̈ܬܗܐܘܢ,

XXXII

ܕܟܠ ܘܠܐ ܕܐܝܬܘ ܐܘܟܝܬ ܕܢܥܒܕ ܡܘ   5

ܐ 1 ܐܝܣܪ ܠܥܠܥܠܝܢ ܪܒܘܬܐ ܕܐܘܡܪܐ ܠ

ܘܒܝܬ ܚܘܝܬ ܠ ܕܠܐ¹ ܥܝܠܐ ܗܘܘ ܥܘܒܐ

ܐܠܐ ܚܡܣܝܢ ܥܘܒܐ ܠܥܠܝܢܟ

ܥܒܘܬܐ : ܕܡܚܣܡ ܠܥܠܟܝ

ܒ 2 ܠܟܘ ܡܢ ܪܒܐ ܕܢܥܡܪܗ ܡܢ ܐܠܐ ܟܪܒ ܒܕܩܝܢ   10

ܘܐܝܟܐ ܕܢܥܡܪܗ ܡܢ ܒܥܘ ܐܒܐ ܕܪܢܝ ܒܕܩܝܢ

* 14 ro a   * ܥܘܒܐ ܥܒܘܬܐ ܕܡܥܡܪ ܠܥܒܕܘܩܝܢ

ܠ 3 ܚܝܝ̈ܢ² ܪܒܝ,³ ܚܒܣܝܢܟ ܐܠܝܐ ܕܠܐ ܥܡܗ ܐܠ

ܘܩܣܡܐ ܒܕ ܐܠܝܟ ܐܠܝܐ ܕܢܚܝܐ ܐܠ

ܗܒ ܐܘ⁴ ܠܟܝܬܪܗ ܕܐܝܟ ܥܒܘܬܐ   15

ܕ 4 ܕܐܣܬ ܡܢ ܠܥܠܝܟ ܥܘܒܝ ܟܪܝܬܐ ܠ

ܘܐܠܐܗܐ ܕܢܥܒܕܘܢ ܥܘܒܝ ܡܫܒܚ ܠ

ܐܣܬ ܐܦ ܕܢܐ ܘܕܐܠܐ ܐܝܟ ܕܟܝ̈ܬܘܢܗܡ

ܕ 5 ܚܠܒ ܕܪܚ̈ܝ ܡܢ ܝܪܒܬ ⁵ܩܒܠ ܕܐܘܪ̈ܒܘܬܝ

ܘܗܕܐ ܐܝܬ ܠܐ ܕܝ ܒܕ ܗܘ ܡܦܠ ܒܕ ܪܒ ܡܢ   20

ܐܝܟ ܕܢܒܪܝ ܠܟ ܥܘܒܐ ܪܒܘܬܝ

ܗ 6 ܡܣܡܟ ܘܒܠܝܟ ܠܐ ܗܘܐ ܡܘܥܝܬܝ

ܘܬܚܘܬ ܦܘܬ ܩܒܠ ܠܐ ܗܘܐ ⁶ܕܐܒܪܟܬܝ

ܗܘ ܡܢ ܒܪܝܐ ܘܦܠܝܟ ܥܘܒܐ ܠܡܥܒܕܘܬܝ

---

¹ B om.

XXXII. A 13 v° c, 31 - 14 r° b, 25; B p. 140 b, 15 - p. 141 a, 27; C 49 r°, 9 -
51 r°, 5; D 69 v° b, 4 - 70 v° a, 6 a. i. — ¹ D ܟܠܐ — ² D ܪܝܟ — ³ BCD om. —
⁴ BCD add. ܗܘ — ⁵ B ܝܪܒܐ — ⁶ D ܕܐܒܪܟܬܝ

* ܕܐܩܘܒܪܗ̈ ܐܢ ܕܝܪܐܘܝܗ̈ 4 ܘܕܪ̈ܡܩܗ̈ ܐܠܐ ܝܪܩܐܒܩ̈   * 14 ro b
---

¹ BCD ܡܩ̈ܛܒ — ² D ܝܩܠܩܠ̈ — ³ BCD ܡܛܩ̈ܠܗ̈ܝ — ⁴ B ܕܝܪܐܘܝܗ̈ —
⁵ BD ܩܡܪܩ — ⁶ D ܪܠ ܪܩ̈ — ⁷ BC ܪܩܐܠܩ — ⁸ D ܒܝܩܩܐ — ⁹ B
ܒܝܩܩܐ — ¹⁰ D (B ?) ܒܝܩܩܐ — ¹¹ BD ܕܒܩ — ¹² CD ܕ̈ܩܩܡܗ̈

XXXIII

5

10

15

* 14 ro c

20

XXXIII. A 14 r° b, 26 - 14 v° a, 8; B p. 141 a, 27 - p. 141 c, 20; C 51 r°, 5 - 52 v°, 11 — [1] C ܚܘܕܝܚ — [2] BC ܟܕܝܘܪ

ܗܘܐ ܚܕܡܝܗܐ، ܡܗܝܡ ܢܝܠܝ ܘܚܐ ܩܒܪܐ

܂ܐܘܢܐ ܚܡܝܬܐ ܗܡܐܡܕ ܗܐܠܝܝܠܬܟܗܡ܂

8 ܐܠܡܝ ܗܕܡܚܐ ܝܢܠ ܝܪܝ ܢܡ ܪܐ ܪܥܐ

܂ܐܘ ܠܟ ܚܝ ܂ܕܚܐܪܐ ܚܐܡ ܐܠܡܝܗܐܬ

5   ܡܢܠܝܐ̣ ܢ ܕܐܠܐܪ ܐܪܝܢܕ ܗܡ ܘܝܪܝܢܡ ܂ܐܘܪܝܢ

9 ܘܐܡܝ ܕܡܡܚܝܟܝ ܐܠܟ ܠܟ ܢܝܥܝ ܡܠܐ ܗܠܟ

ܗܡ ܐܦ ܗܟܒܩܚ ܐܠ ܡܣܩ ܡܣܩܗ ܠܝܪ ܐܪܝ

܂ܐܘܪܝ ܗܠܗ ܥܝ.ܕ ܢܡ ܚܒ.ܕ ܐܟ ܝܠܥ

10 ܐܢܠܐ ܢܡ ܝܢܝ ܐܪܝ ܐܝܢ ܐܕܥܝ ܚܣܗ ܐܢܐ ܕ

10   ܂ܐܘܐܫܕ ܐܚܠܒ ܗܘܐ ܐܠ ܝܢܠܐ ܕܝܢ ܗܣܩܐ ܡܗܐܝܢ،

ܠܟ ܝܢܝ، ܐܪܐ̈ܪ ܘܐܠܐ ܝܢܝ، ܢܫܝ ܗܘܢܫܐ

11 ܐܒܕܐ ܐܠ ܡܝܥ ܡܗܘ ܢܠܝ ܗܘܡ ܗܝܢܠܝܐܘܝܢ، ܥ̈ܡܫܕ ܐܪܐܚܡ

ܗܠܗ ܐܣܗ ܐܘܐܢܐ ܐܠܝܡܕ̄ ܐܕܝܪ ܕܢܝܐ ܢܚܠܕܝܩܢ ¹

ܐܪܝܐ ܗܟܝܕܝܪܐ، ܐ.ܕܝܢ، ܠܬ̈ܪܝ.ܕܝܢ ܝܢܗܐܬܪ̈ܟܝܢ

15   12 ܟ ܪ ܝ.ܗܣ ² ܝܢ.ܗ ³ ܐܕܝ ܩ̈ܘܣܝ ܐܪ.ܡ ܐ ܟܘܐܬܗܐ

ܠܟ ܕܐ.ܬ̈ܫܝܪ ܥ ܠܠܠ ܕܐܡܚ ܐ ܟܠܥ ܐܪܥܫܡܝ ܪܐܝܢ

ܪܩܝ.ܒ̈ܝ، ܘܐܩܘܡ، ܪܝ ܐܡܝ̈ܠܠܩܪܡ ܐܪ̈ܟܝܕ

13 ܗܣ ܐܢܗ ܝܢܝ ܗ̇ܝ ⁴ ܝܗ̈ܩܝ ܠܡܚܐ ܠܥ ܕܝܒ ܢܝܚ ܐ ܟܘܐܬܗܐܪ

܂ܐܘ.ܡܝܕ. ܗ ܒܕ.ܫܒ ܐ ܟܝܐܝ ܝܒܢܐ ܠܬܝ ܐܪ ܐ ܟܘܒܐ ܕ ܐܠܐ

20   ܐܠ ܗܠ ܐܘܐ ܐ ܟܝܘܢ ܐܟܘܠܪܪ ܐ ܟ.ܡܡܐܕ ܐܦ.ܟ̈ܬܝܒܕ

14 ܐ ܟܘܐܝܢ ܝܢܠ ܝܢ ܗܡܡܚܝܟܝ ܐܪ ܝܢ.ܡ̈ܚܝ ܐܠܠܒܐ ܠܡܢ.ܕ ܐܗܠ ܪ.ܬ̈ܝ.ܕ   * 14 vo a

ܐܠ ܚܝܣܚ ܐܠ ܠܪܝܢܐ ܐܪ.ܕܗܡܒ ܝܢ ܐ̈ܝ ܐܘܪܝܢ ܐ ܟܘܐܪ

ܗܡ ܠ̈ܠܥܐ ܟܪ ܐ ܟ.ܒ.ܕ.ܘܢ ܂ܐܡܚ ܘܗ

15 ܐ ܟ ܝܐ ܡܐ ܗܡ ܪ.ܡ، ܐܘܪܝ ܂ܐܪܝܢ ܐ ܟ ܝܐܬ̈ܫܝ ⁵

25   ܐ.ܬܝܠ ܝܐ ܩܘܪ ܢܝܚ ܐ ܝܪ. ܠܬ̈ܝܡܝܩܣܩ ܐܠ

ܠ ܟ ܢܡ ܘܐܡܚ ܐܘܡ ܝܚܠܘܘܢ܂ ܐܕ.ܠ ܟ ܠܡ ܗܡ ܐܘܐ ܟ.ܒ.ܕ ܐ

---

¹ C ܝܢ.ܗ ܕܠ ܕ.ܬ̈ܝ ܢ.ܕ — ² C ܝܢ ܝ — ³ C ܩ̈ܘܣܗ — ⁴ C ܝܗ̈ܩܝ.ܕ — ⁵ B
ܐ ܟܝ.ܗ̈ܘܣܡ

XXXIV

XXXIV. A 14 v° a, 9 - 14 v° b, 24; B p. 141 c, 21 - p. 142 b, 10; C 52 v°,
11 - 54 r°, 12 — ¹ B add. ܟܒܣ ܐܟܣܘܡܝ — ² A — ³ B ܚܝܘܬܗ, — ⁴ Lege ܕܚܙܬܐ
B (C corr.) — ⁵ Deest in Mss — ⁶ A — ⁷ C (B ?) ܚܣܝ

ܐܘ ܓܒܪܐ ܚܟܝܡܐ
ܠܝ ܗܘ ܡܠܦܘܢܟ ܡܟܝ

4 ܕܢܚܬܐ ܐܪܙ ܘܒܪܐ ܗܘ
ܕܢܚܘ ܘܗܒܘ ܐܪ ܘܢܚܐ ܗܘ
ܘܢܚܐ ܐܘܡܪܗܝ ܠܐ ܚܙܘܢ
ܠܚܠ ܕܚܝܐܘ ܕܒܝܬܐ

ܕܒܪܐܝ ܗܘܐ ܠܐ ܠܗ ܗܘ ܐܟ ܐܝܟ ܘܪܒܐ
ܠܐ ܐܘܡܪ ܢܚܘܢ ܘܗܒܘ * ܚܝܐ ܐܬܘ ܒܗ
ܚܝܘܬܐ ܡܢ ܚܝܘܬܐ   * 14 vo b
10 ܠܥܠ ܡܢ ܟܠ ܕܒܚܝܐ ܢܚܘܢ[1]

5 ܕܒܚܘܬܐ[2] ܕܒܢܘܕܐ ܢܚܐ ܕܒܘܝ ܗܘ ܒܪ ܐܕܝ
ܘܠܐ ܗܘܐ[3] ܡܦܩ ܐܝܟ ܕܐܕܘܟ
ܘܐܝܟ ܚܝܐܬ ܟܢܐ ܠܐ ܢܘܗܝ
ܢܗܒܘ ܘܢܚܐܘ ܠܐ ܢܘܝ
15 ܘܐܠܐ[4] ܚܘܒܬ ܗܒܘ ܕܢܚܘܪܐ
ܘܐܕܒܘܬܗ ܒܢܘܪܐ ܠܟܝܢܗ ܠܐ ܢܚܘ
ܘܐܝܟ ܕܢܠܚ ܠܐ ܢܚܒܘ[5] ܘܕ܆ ܚܝܘܬܗ
ܘܐܝܟ ܣܗܒܘ ܘܐܝܟ ܘܒܪܚܝܘ ܠܐ ܠܟ ܠܐ ܬܚܒܘܢ ܕܠܐ
ܢܚܘܒ

20 6 ܕܠܚܐ ܗܝ ܒܪܘܡ ܠܘܐܘܪܝܘ
ܕܟܝ܆ ܗܘܐ ܢܘܝ ܗܘܐ ܕܒ ܠܒܙ[6]
ܚܝܘܬܗ ܥܠ ܒܢܝܐܘ
ܘܐܒܕܘܬܗ ܥܠܟ ܠܢܝܐ
ܟܘܠܐ ܗܘܐ ܐܢܬܕܝ ܪܐܬ ,ܗ ܕܪܗܝ ,ܗ ܕܚܬܗ ,ܗ
25 ܘܟܠܬܐ ܚܒܘܐ ܣܠܘܬ ܬܝܢܚܘܡ[7]
ܚܒܝܐ ܚܒܘܐ ܕܢܠܐ
ܘܠܟ ܗܘܐ ܠܢܚܝܐ ܢܚܝܐ
8[ܬܚܠ]

---

[1] B ܗܬܝ — [2] Lege ܕܒܚܘܬܐ BC — [3] Sic AC; in B corr.; lege ܘܐܘ —
[4] B ܠܐ ܘܪܐ — [5] B ܢܚܘܝ — [6] BC om. ܒ — [7] BC ܬܝܢܚܘܡ — [8] Suppl. ex B

XXXV

ܒܪ ܩܠܗ

1 ܕܡܝܐ ܚܝܠܐ ܠܡܠܟܐ *[1]
ܘܕܡܝܢ ܓܘܢܐ ܠܒܪܝܐ
ܒܫܘܐܠܝܗܘܢ ܬܘܟܣܝܗܘܢ
ܘܒܦܘܫܩܝܗܘܢ ܫܘܦܪܝܗܘܢ
ܒܚܝܠܐ ܚܙܘ ܒܪܝܐ ܘܐܫܬܘܕܥܘ
ܒܡܠܟܐ ܚܙܘ[2] ܓܘܢܐ ܘܐܬܕܘܕܘ
ܗܒ ܠܝ ܡܪܝ ܕܒܠܝܗܘܢ
ܐܣܦܩ ܕܐܦܝܣ[3] ܐܝܟ ܒܢ̈ܝܟ
ܒܘܝܢܐ : ܒܪܝܟ ܗܘ ܕܐܦ ܠܐ ܡܢ ܥ̈ܘܠܐ ܠܐ ܟܠܐ ܒܣܘܦܐ[4]
ܠܡܬܬܓܪܘ

2 ܕܡܝܐ ܒܪܫܝܬ ܠܒܪܫܝܬ
ܘܕܡܝܐ ܠܡܘܫܐ ܘܐܦ[5] ܘܢܘܚ
ܕܒܪܝܫ ܫܦܝܪܝܗܘܢ ܐܒܗܘ *[6]
ܠܫܦܝܪܐ ܕܕܪܫܘ ܒܫܐܝܠܬ
ܕܚܙܐ ܡܒܪܝ ܠܐܠܗܐ ܕܐܬܐ ܠܚܫܐ
ܘܐܦ ܡܘܫܐ ܠܚܝܠܐ ܕܐܬܐ ܠܡ̈ܠܟܐ
ܕܠܐ ܢܬܒܪܝܗܘܢ ܫܘܒ̈ܚܐ
* 14 vº *c* ܒܪܫ ܫܦܝܪܝܗܘܢ * ܒܬܪܗ ܫܘܦܪܝܗܘܢ ❖[7]
ܒܪܝܟ ܗܘ ܫܦܝܐ ܕܒܫ̈ܦܝܐ
ܦܘܩ ܡܒܘ̈ܥܐ ܫ̈ܦܝܐ ܦܬܚ ܠܝ

3 ܡܢ ܩ̈ܠܐ ܓܒܪ ܕܒܬܪܝܢ
ܒܠ ܡܒܒܒܗ ܕܒܪ ܒܪܘܟܐ
ܣܒܪܘ ܕܪ̈ܘܫܐ ܕܒܬܪܐ ܗܘ
ܘܐܦ ܗܢܘܢ ܕܠܫܘܗ ܠܡܚܝܢܐ

XXXV. A 14 vº b, 25 - 15 rº b, 5 ; B p. 142 b, 11 - p. 143 b, 6 a. i. ; C 54 rº, 12 - 57 rº, 4 — [1] Deest in Mss — [2] B ܚܙܘ — [3] C ܘܐܦܝܣ — [4] BC ܒܣܘܦܗ — [5] BC om. ܘ — [6] Deest in Mss — [7] Signum finis strophae in B ; AC solummodo interpunctio

---

¹ C om. — ² BC ܡܒܪ

ܠܘܬ ܡܘ̈ܗܒܐ ܚܘܣ ܠܟ
ܡܢ ܦܘܫ̈ܩܝܗܘܢ ܠܟܠܗܘܢ ܦ̈ܘܫܩܝܗܘܢ
ܕܠܐ ܐܕܡ ܫܦܝܐ ܗܘ[1] ܟܝܢܐ ܡܢ ܣܘ̈ܟܠܐ
ܘܡܫܝܚܐ ܕܠܐ ܦܘܪܫܐ ܡܢ ܫܘܬ̈ܪܢܐ
ܟܝܢܐ ܒܪ ܡܛܠ ܐܕܡ
* 15 ro *a* ܘܡܫܝܚܐ * ܥܒܪ ܡܛܠ ܦܘܪܫܐ ܀
ܒܪܝܟ ܐܢܬ ܡܪܗ ܕܟܝܢܐ
ܕܪܒܝ ܘܪܒ[2] ܘܚܠܦܟ ܐܟܪܙ
7 ܡܘܣܝ ܕܗܘ ܠܟܠܗܘܢ ܠܘܬܗ *[3]
ܡܘܗܒܐ *[4] ܘܡܕܡ ܫ̈ܬܝܬܐ
ܠܟܠܡ ܘܬܗܪ *[4] ܘܡܗܒܐ ܘܐܟܪܙ
ܕܐܠܗܐ ܗܘ ܕܠܘܬ ܐܠܗܐ
ܘܐܦ ܡܘܫܐ ܕܟܝܢܐ[5] ܟܬܒ ܩܕܡܝܬ[6]
ܟܬܒ ܕܚܙܐ ܐܠܗܐ ܠܟܠ ܘܫܦܪ ܠܗ
ܫܦܝܐ ܟܝܢܐ ܘܫܦܝܐ ܟܬܒܐ
ܫܘܘ ܕܘܠܚ̈ܐ ܡܢ ܚܪܝܢܐ ܀
ܒܐܝ ܒܗ ܡܪܢ[7] ܒܚܪܝܢܐ *[3]
ܕܠܡܘ̈ܗܒܐ ܫ̈ܦܝܐ ܕܠܝ
8 ܠܐ ܒܙܘ ܠܗܘܢ ܕܘ̈ܪܫܐ *[3]
ܕܠܡܘ̈ܗܒܐ ܫ̈ܦܝܐ ܕܠܝܬܘܢ
ܫܠܗܘܢ ܕܠܝܬܗ ܠܟܝܢܐ
ܘܕܪܫ ܥܨܝܗ ܠܟܬܒܐ
ܘܡܪܒܝܬܐ ܫܦܝܬܐ ܕܐܬܬ ܠܡܫܬܐ
ܐܬܕܠܚܬ ܕܐܫܡܥܘܗ ܩ̈ܠܐ ܕܘܠܚ̈ܐ
ܐܬܬ ܠܟܝܢܐ ܘܫܚܠܦܗ[8]
ܘܐܬܬ ܠܟܬܒܐ ܕܕܘܢܝܗ ܀
ܫܦܝܐ ܡܪܝ ܕܪ̈ܐ ܕܕܠܚܘ *[3]
ܕܘ̈ܪܫܐ ܕܗܘܘ ܕܘܠܚ̈ܐ

[1] Lege ܗܘܐ BC — [2] BC ܘܐܪܒ — [3] Deest in Mss — [4] A — [5] C ܕܠܟܝܢܐ — [6] B ܩܕܡܐܝܬ — [7] BC ܡܪܝ — [8] BC om. ܘ

ܘܐܟ ܗܘ ܕܒܚܐ * ܩܣܘܒܝܬܐ * ܀   * 15 ro b
[1] BC ܕܝܪ.ܫ — [2] B ܐܚܪܟܐ — [3] Lege ܣܒܪܝܢ BC — [4] Deest in Mss —
[5] B corr. ܚܘܢܐ — [6] Suppl. ex B

XXXVI

XXXVI. A 15 r° b, 6 - 15 v° a, 18; B p. 143 b, 5 a. i. - p. 144 b, 4 a. i.; C 57 r°, 12 - 59 v°, 3 — ¹ B ܚ̈ܝ — ² Lege ܘܪ̈ܕܒܗ BC — ³ A — ⁴ B ܘܟܐ — ⁵ C — ⁶ BC ܕܒܪ — ⁷ BC ܫܝ

ܠܐ ܟܝ ܠܠܡܐ *, ² ܕܚܘܩܚܡ, ܕܐܝܙܪܐ ܦܡܟ ܩܡ ܒܪ̈ܚܐ   * 15 ro c

---

¹ C add. ܗܡ — ² Lege ܡܚܘܚܕܬ, C (B l. n. p.) — ³ B ܢ̈ܝܪܐ — ⁴ C — ⁵ C add.
ܐܝܟ — ⁶ BC, ܢܟܠܠܗ — ⁷ B ܚܝܢ — ⁸ Lege ܢܪ̈ܐܗ BC

15   ܘܟܐ ـ ܗܘ ܘܪܘܬܝܝ ܕܠܠ, ܗܘ. * [3]

17   ܐܦ ܦܪܝ ـ ܐܘܪ ܐܝܐ ܦܪ̈ܝܐ

* 15 vo a

<hr/>

[1] B ܚܕܒܪܝ — [2] C ܘܐܦ — [3] Deest in Mss — [4] BC add. ܗܘ — [5] C ܘܐܦ — [6] C — [7] BC ܚܒܝ

XXXVII

[1] C om.

XXXVII. A 15 v° a, 19 - 15 v° c, 8 a. i.; B p. 144 b, 3 a. i. - p. 145 c, 10 a. i.;
C 59 v°, 3 - 62 v°, 14 — [1] Suppl. ex BC — [2] B ܪܐܠܗܘܬ — [3] B ܐܬܪܗܘܝܡܕ —
[4] BC ܕܝܣܘ — [5] BC ܘܐܪܩܢ — [6] Omitte ܪ (B addit supra lineam) — [7] Deest in
Mss — [8] B ܘܐܪܪܝܢ — [9] B om.

---

[1] C — [2] C corr. ܐܢܬܝܪ ܐܝܟ ܡܪܚ̈ܡܐ — [3] BC ܡܘܒ ܗܘܐ ܠܗܒ — [4] Lege
ܗܒ܂ BC — [5] C ܐܪܝܟ — [6] B ܕܢ.ܪܐ; lege ܕܢ.ܪܐ — [7] Lege ܘܒܚܒ BC —
[8] C ܐܚܝܪ — [9] Lege ܗܘ BC — [10] B ܫܬܘܗܩ

ܗܘܐ 18 * ܡܫܟܚܐ [ܠܐܝܪܐ]¹
ܣܠܝܠ ܐܘ ܐܟܡܠܒܬ ܕܠܠܐ
ܡܕܚ ܠܠܟ ܕܠܒܬ ܕܐܪܡܘ ܣܐܒܩ
ܡܕܬܘ ܕܪܒܐ ܗܡܐܘ ܐܡܘܗ ܗܘܐ ܐܥܪܟܠܢ

ܐܒܬܗܐ ܐܝܟ ܐܒܬܗܐ 19   5
ܐܠ ܐܬܝܕܚܣ ²* ܐܠܐ ܐܬܝܕܚܣ
ܐܬܐܪܐ ܐܬܬܠܐ ܐܬܐܪܐ ܕܐܡܐ
ܐܝܟ ܠܠܐܠ ܐܪܐܪ ܬܗܡܗܩ ܠܒ ܕܒܪܗܡܥ

ܐܥܪܐ ܐܡ ܕܝ ܐܟܕܪܒܐܘ 20
ܟܠ ܐܪܘܐ ܒܕܚ ܡܒܐ ܐܒܪܐܪ³   10
ܐܘܡܚܝ⁴ ܐܕܡܠ⁴ ²* ܟ ܐܝܪܚ ܟܐ ܒܐ
ܕܚ. ܠܐ ܟܐܪ ܟܐ ²* ܗܘܐ ܕܓܝ ܟܐܐܬܟ ܐܪܒܡܐܣܐܪ

ܡܘܝܐ ²¹ ܗܘܝܐ⁵ ܓܠܠܝ ܐܡܐ
ܐܒܐ ܓܠܠܝ ܐܥܪܒܐܩ⁶
ܕܢܘܒܕ ܕܐܡܐ ܠܐܝܟ ܐܒܐܪ   15
ܐܬܪܘܝܟ ܡܝ. ܐܒܪܐ ܡܗܒܪ ܕܚ. ܠܐ ܢܕܝ

ܐܠ 22 ܬܘܐܒܪ ܒܓ ܓܠܒܡܠܟ
ܐܕܪܐܪ ܐܒܕܝ. ܡܠܠܐ
ܐܡܝܐ ܐܬܪܝܐܡ, ܐܥܪܚ
ܐܡ ܕ. ܟܐ ܠܐܟ ܐܪܐܬ ܕܐܒܘܐܪ ܢܓ ܒܥܟ   20

ܐܪܓ 23 ܐܪܐܒܐܪ ܕܐܒܡܘܒܡ
ܓܠܐܪ ܡܗ ܐܒܝܟ ܐܠ ܬܬܐܚܣܘ
ܬܗܬܐ ܒܕܚ ܐܠܒܟ ܡܗ ܐܥܟܪܐܒ
ܐܥܪܐ ܐܪܝܐܪ ܓܠ ܐܬܒܘܣܝ ܐܒܪܐ ܗܬܐܩ

ܐܒܪܐ ܐܪ ܐܝܐ, ܪܒ. ܬܘܐܡܥܬ 24   25
ܗܒܘܡܝ ܕܪ ܐܠ ܐܪ ܐܪ ܒܟܡܒ
ܡܥܝܕ ܐܪܐܟܝܣ ܘܣܒܐܘ ܐܪܐܟܢ
ܡܘܐܘ ܢܐܘ ܢܐܘܐ, ܥܝܐܡܘ, ܐܒܪܐ ܕܐܠܐ ܐܬܒܡܗܣܥ

¹ Suppl. ex BC — ² A — ³ C ܐܒܘܐܪ — ⁴ B ܐܡܘܪ — ⁵ BC ܗܘܝܐ — ⁶ C corr. ܐܥܒܐܪ

XXXVIII

ܩܘܒܚ : ܠܝ ܬܫܒܘܚܬܐ ܠܟܠܐ ܠܐ *   * 16 ro a

XXXVIII. A 15 v° c, 7 a. i. - 16 r° c, 2; B p. 145 c, 9 a. i. - p. 146 c, 8 a. i.;
C 62 v°, 14 - 65 r°, 16 — ¹ B ܚܘܝܐ — ² Lege ܫܡܝܐ C (B l. n. p.)

[1] BC ܪܘܐ — [2] B ܝܒ — [3] Deest in Mss — [4] BC ܘܐܪܟ — [5] B ܝܒܝܪܕ —
[6] Lege ܝܚܩ C (B l. n. p.) — [7] C add. in marg. ܬܘܒ — [8] Lege ܝܪܚܝܣ vel

11 ܠܡܠܬ ܘܡܫܬܐ ܢܗܐ ܦܠܚ̈ܐ
ܘܐܝܟ ܕܒܐܪܥܐ ܬܘ ܢܦܠܚ ܒܗ * * 16 ro *b*
ܢܙܪܘܥ ܚܘܒܐ ܘܢܚܨܘܕ ܫܝܢܐ
ܒܦܐ ܬܗܘܐ ܡܢ ܬܪܒܘܬܐ ܠܒܪܐ ܫܝܢܐ

12 ܗܐ ܢܒܥܐ ܕܪܘܚܐ ܕܩܘܕܫܐ
ܒܢ̈ ܪܘܫܡܗ ܒܪܝܐ ܡܕܒܪܐ
ܬܒܥܐ ܕܪܐ *¹ ܒܘܪܐ ܡܒܕܪ
ܫܠܝܐ ܒܢܫ *¹ ܠܐܘܪܚ ܣܢ̈ܐ ܕܠܐ ܐܦܪܢܐ

13 ܒܪܝܟ ܛܒܐ ܕܝܗܒ ܠܢ ܡܛܠܠܐ
ܘܒܪܝܟ ܒܐܢܐ ܕܐܘܣܦ ܫܬܝܐ
ܝܗܒ ܠܢ ܓܒ̈ܐ ܕܒܗܘܢ ܢܢܘܚ
ܘܡܠܐ ܐܣܝ̈ܐ ܕܒܗܘܢ ܢܬܐܣܘܢ ܐܝܟ ܡܠܟ ܟܠ

14 ܘܠܐ ܠܐܪܒܥܐ² ܒܠܚܘܕ ܝܗܒ ܠܢ *³
ܠܡܗܠܟܘ *⁴ ܐܠܐ ܒܒܠܐ
ܘܐܦ⁵ ܠܐ ܝܡܐ ܕܢܕܪܐ ܒܟܠܗ
ܘܐܦ⁵ ܠܐ ܥܡܥܡܐ ܕܬܫܬܠܛ ܬܘܒ ܚܝܐ ܒܟܠܗ

15 ܘܐܡܢ ܒܢ ܗܝ ܪܒܘܬܐ *⁶
ܕܠܐ ܡܬܕܪܒܐ *⁴ ܒܟܠܗ ܓ̈ܒܐ *⁶
ܗܘ ܪܚܡܐ ܠܡܫܬܠܛܘ
ܕܒܘܪܟܐ ܗܝ ܒܢ ܡܢ ܒܝܬܐ ܗܘ ܡܬܚܫܒ

16 ܘܐܢ ܐܠܨ ܕܢܗܢܝ ܠܢ *⁶
ܠܘ ܡܠܐܟܬ ܢܗܢܝ ܠܢ
ܐܝܢ ܢܒܥܐ ܠܕܐ ܒܦܫܐ
ܕܡܬܚܫܒ ܗܘ ܒܠܝܗܘܢ ܐܢܫ ܐܝܟ ܛܘܪ ܚܫܘ

17 ܘܢܗܐ ܓܒܐ ܠܡܐܪܬ ܐܕܡ
ܘܗܘܐ ܠܗ ܗܘ ܢܘܪܬ ܐܪܒܥܐ
ܓܒܐ ܒܘܢܐ ܕܢܗܘܫ ܗܘܐ ܠܗ ܐܦ ܒܗܘܢܬܐ
ܘܐܬܬܘܫܦ ܠܗ ܓܪܒܐ ܢܕܝܢܐ

[1] C — [2] B ܐܪܒܥܐ — [3] B — [4] AC — [5] B om. ܘ — [6] Deest in Mss

* 16 ro c

XXXIX

[1] B ܐܟܐ — [2] A — [3] BC om. ܘ — [4] BC ܣܢ — [5] Suppl. ex B

XXXIX. A 16 ro c, 3-16 vo a, 23; B p. 146 c, 7 a. i. - p. 147 b, 11 a. i.; C 65 ro, 16-66 vo ult. — [1] BC add. ܗܘ

i   3 ܡ̈ܫܝܪ ܡܪ̈ܒܐ ܕܐܝܢ ܡܒ̈ܝܢܘ ܘܡܒ̈ܝܢ ܘܡܣܗܘܢ

* 16 vo a   ܘܒ̈ܪܐ ܗ̈ܡ ܐ̈ܪ̈ܒ̈ܝ̈ܡ ܕ̈ܟ̈ܝ̈ܪ̈ܒ * ܨ̈ܪ ܕ̈ܛ̈ܒ̈ܡ̈ܡܗ

---

¹ C ܚ̈ܒܬ (B corr.) — ² B ܪܐܡ loco ܘ — ³ C ܘܣܒܡ̈ — ⁴ B ܐܘܪܩ — ⁵ B
ܚ̈ܒ̈ܣ̈ܒ̈ — ⁶ B ܚ̈ܒܒ̈ܬ — ⁷ B ܐ̈ܪ̈ܡ (C corr.) — ⁸ BC om. ܝ — ⁹ In C corr. ex

7 ܠܘ ܓܝܪ ܒܚܕ ܓܒܐ ܬܡܝܗܐ ܐܠܗܘܬܐ
ܐܠܐ ܗܝ ܒܟܠ ܓܒ̈ܝܢ ܡܢܘ ܣܦܩ ܣܦܝܢ
ܦܐܪ̈ܐ ܘܢܘܨܪ̈ܬܐ ܘܒܣ̈ܡܐ ܕܟܘܠ ܥܣ̈ܒܝܢ
ܬܗܪܐ ܗܘ[1] ܓܝܪ ܟܠܗ ܒܟܠܗܝܢ
ܐܢ ܠ ܒܡܠܬܢ ܠܐ ܡܬܕܪܟܢ ܘܡܢܗ[2]
ܡܢܘ ܕܡܕܪܟܢ ܠܗ ܒܠܥܕ ܕܒܪ ܒܥܘܒܗ
[ܫܠܡ][3]

XL

ܒܪ ܡܠܗ

1 ܫܡܫܐ ܫܪܝܪ ܗܘ ܘܠܐ ܐܝܬ ܕܫܡܫ ܠܗ
ܚܕ ܒܡܟܐ ܠܒܪܢܫܐ ܘܢܗܪ ܠܥܠܡܐ
ܕܢܝܚܗ ܕܫܡܫܐ ܒܪ ܠܐ ܗܘܐ ܠܓܠܐ ܡܢܗ
ܘܠܐ ܐܝܬ ܠܗ ܕܒܢܐ ܕܠܝܬ ܗܘ
ܢܘܗܪܗ ܬܪܝܢܐ ܘܚܘܡܗ ܬܠܝܬܝܐ
ܠܐ[1] ܦܫܝܢ ܡܢܗ ܘܠܐ ܡܫܬܘܡ ܒܡܢܗ
ܒܚܫܬܐ : ܡܢ ܟܠ ܕܗܘܝܒܘ[2] ܟܝܢ ܫܘܒܚܐ ܠܫܠܘܚܝܢ

2 ܠܫܡܫܐ ܚܙܝ ܒܪܘܡܐ ܕܚܙܝ ܡܣܬܒܪ ܕܐܝܬܘܗܝ
ܐܪܥ ܘܣܘܪ ܘܣܝ ܠܕܢܚܗ ܬܪܝܢܐ
ܢܫܐ ܘܓܫܫ ܘܒܗܝ ܠܚܘܡܗ ܬܠܝܬܝܐ
ܕܡܢ ܘܠܐ ܕܡܢ ܚܕ ܠܚܕ
ܗܟܢ ܒܗ ܬܪܝܢܗ ܒܗ ܠܒ ܦܘܪܫ ܡܢܗ
ܘܫܠܝܛ ܬܠܝܬܝܐ ܡܦܪܫ ܘܡܚܝܟ[3] ܘܫܠܝܛ

* 16 v° b

3 ܢܘܪܐ ܘܐܦ[4] *ܫܡܫܐ ܒܢ̈ܝܐ ܚܝܪ̈ܝܐ
ܬܠܬܐ ܗܘܢ ܒܗܘܢ ܥܣ̈ܒܝܢ ܡܕܡܝܢ ܬܠܝܬܝܘܬܐ
ܘܫܡܫܐ ܐܦ[5] ܚܘܡܐ ܘܢܘܗܪܐ ܬܠܝܬܝܐ

[1] BC ܗܝ — [2] Lege ܒܪܗ B — [3] Suppl. ex B

XL. A 16 v° a, 24 - 16 v° c, 6 a. i.; B p. 147 b, 10 a. i. - p. 148 b ult.; C 67 r°, 1 - 69 v°, 4 — [1] B ܕܠܐ — [2] C ܕܗܘܝܢ — [3] BC om. ܘ — [4] B om. ܘ — [5] B ܘܐܦ

ܚܕ. ܒܚܕ. ܫܪܝܢ ܘܐܘܦ ܕܠܐ ܚܘܫܒ
ܫܠܝܛܝܢ ܘܠܐ ܒܠܝܠܝܢ ܡܙܝܓܝܢ[1] ܘܠܐ ܐܣܝܪܝܢ
ܚܒܝܫܝܢ ܘܠܐ ܐܠܝܨܝܢ ܐܦ[2] ܫܪܝܢ ܘܠܐ ܦܫܝܢ
4 ܢܫܬܬܘܢ ܗܟܝܠ ܦܘܪ̈ܫܢܐ[3] ܕܝܠܝ̈ܬܐ
ܕܗܐ ܚܕ. ܬܠܬܐ ܐܢܘܢ ܬܠܬܐ ܕܚܕ. ܐܢܘܢ
ܡܙܝܓܝܢ ܘܠܐ ܡܒܚܒܝܢ ܦܪ̈ܝܫܝܢ ܘܠܐ ܦܣܝܩܝܢ
ܬܗܪܐ ܗܘ[4] ܡܫܬܡܥ ܠܝ ܒܟܠܗܝܢ
ܕܗܟܢ[5] ܡܚܝܕ ܐܢܫܐ ܘܐܦ[6] ܗܘ ܬܠܝܬܐܝܬ
ܘܩܐܡ ܒܢܘܚܡܐ ܒܪ. ܫܠܡ ܓܡܝܪܐܝܬ
5 ܫܡܫܐ ܕܒܪ. ܚܕ. ܗܘ ܒܢܟܐ ܚܣܝܕܐ
ܬܠܬܐ ܡܙܝܓܝܢ ܒܗ ܦܪ̈ܝܫܐ ܕܠܐ ܦܠܝܓܝܢ
ܘܚܕ. ܚܕ. ܫܠܡ ܒܠܗ ܒܚܕ. ܒܠܗܘܢ ܫܠܡܝܢ
ܘܚܕܐ ܗܝ ܬܫܡܫܬܐ[7] ܘܠܐ ܚܕܐ ܗܝ
ܒܢܟܐ ܗܘ ܕܬܕܒܘܪܬܐ ܕܒܘܠ. ܚܣܝܕܐܝܬ
ܘܦܫܛ ܒܢܟܐܝܬ ܘܦܪܣ ܬܠܝܬܐܝܬ
6 ܐܢ ܕܝܢ ܐܢܫ ܡܒܪܝܫ ܘܣܒܪ ܕܐܦ ܢܘܪܐ
ܠܬܠܝܬܘܬܗ ܬܠܝܬܐܝܬ ܚܙܘ ܕܢܦܠܐ ܒܗ
ܘܢܣܒ ܠܡܒܠܘܬܗ ܘܢܫܠܡ ܠܦܠܓܘܬܗ
ܘܢܦܠܘܓ ܬܠ̈ܬܝܬܐ ܕܡܬܚܙܝܢ
ܕܒܪ. ܫܡܝܢ ܦܪ̈ܝܫܝܢ ܐܢܘܢ ܘܗܘ ܚܕ. ܫܡܝܫ ܘܕܚܝܠ
ܐܝܟܢܐ ܒܫܡܐ ܘܒܝܢ ܘܐܝܟܢ ܦܪ̈ܝܫ ܘܒܗܝܠ
7 ܗܘ ܕܝܢ ܡܕܒܪܢܐ[8] ܒܟܠܗ ܒܢܝ[9] ܐܕܪ̈ܘܗܝ
ܘܕܒܪܗ ܐܝܟܢܐ ܕܐܬܐ ܠܒܢܝܗ
ܗ̇ܘ ܕܝܢ ܬܠܝܬܝܐ ܡܫܬܡܥ[10] ܫܡܝܫܐܝܬ
ܫܠܐ ܗܘ[11] ܒܗ ܢܘܪܐ ܡܫܬܠܛܐ
ܕܒܪ. ܠܐ ܦܫܪܘ ܐܦܠܐ[12] ܐܬܦܫܪܘ. ܚܕ. ܡܢ ܚܕ.[13]
ܗܢܘܢ ܠܗܘܢ ܓ̈ܠܝܢ ܒܢܘܗܪܐ ܕܦܠܓܘܬܐ[14] * * 16 vo c

[1] B ܡܬܡܙܓܝܢ — [2] B ܘܐܦ — [3] Lege ܦܘܪ̈ܫܢܐ BC — [4] B om. — [5] B om. ܕ — [6] B om. ܘ — [7] Lege ܬܫܡܫܘܬܐ BC — [8] C ܡܕܒܪܢܝܐ — [9] BC ܒܢܝ — [10] BC ܡܫܬܡܥܝܢ — [11] BC om. — [12] C ܘܐܦܠܐ — [13] B ܡܫܬܠܛܐ — [14] BC ܘ loco ܕ

8 ܫܡ̈ܗܐ ܬܠܬܐ ܓܝܪ ܡܬܚܝܢ ܒܗ ܢܘܪܐ
ܘܚܕ ܚܕ ܒܫܘܠܛܢܗ ܩܐܡ ܝܚܝܕܐܝܬ
ܘܚܕ ܚܕ ܒܫܘܡܪܢܗ ܡܬܚܙܐ ܦܫܝܛܐܝܬ[1]
ܚܝܠܐ ܚܕ̈ܢܝܐ ܕܐܬܡܙܓܘ
ܢܘܪܐ ܬܡܗܐܝܬ ܘܫܡܫܐ ܦܪܝܫܐܝܬ
ܘܢܘܗܪܐ ܡܫܡܫܐܝܬ ܚܕ ܒܚܕ ܥܪܝܢ ܘܩܝܡܝܢ

9 ܐܦ ܕܝܢ ܗܝ ܢܘܪܐ ܚܙܘܗ ܕܬܕܡܘܪܬܐ ܗܘ
ܕܡܠܐ ܘܠܐ ܚܣܪ ܘܫܦܝܐ ܘܠܐ ܥܟܪ
ܘܟܕ ܡܬܦܪܫ ܚܘܡܗ ܠܐ ܡܬܦܣܩ ܡܢܗ
ܕܢܗܪ ܒܟܠ ܡܕܡ ܕܠܐ ܚܣܡ
ܕܦܪܫ ܒܗ ܠܚܫܟܐ ܘܡܬܡܙܓ ܒܗ ܟܝ̈ܢܐ
ܘܥܒܪܐ ܒܟܠ ܡܕܡ ܟܕ ܒܗ ܥܒܪܐ ܟܠܗ

10 ܐܪܙܐ[2] ܕܪܘܚܐ ܒܗ̇ ܘܦܫܝܛܘܬܗ̇[3] ܕܪܘܚ ܩܘܕܫܐ
ܕܡܬܚܠܛܐ ܒܟ̈ܠܐ ܕܢܚܘܘܢ ܠܚܘܫܒܐ
ܘܡܬܡܙܓܐ ܒܚܫܟܐ ܕܢܚܘܐ ܠܢܘܗܪܐ
ܘܟܕ ܕܟܝܐ ܟܠܗ ܒܟܠܗܝܢ
ܣܘܓܐܐ ܗܘ ܪܚܡܐ ܕܠܐ ܡܬܦܠܓܐ ܕܬܬܓܙܪ
ܐܪ̈ܙܐ ܬܠܬܝ̈ܬܐ ܕܠܐ ܐܬܓܠܝܘ[4] ܡܬܬܚܡܝܢ

11 ܐܦ ܕܝܢ ܗܝ ܢܘܪܐ ܒܓܘܬܗ ܡܓܠܦܐ ܠܗ
ܕܐܝܟ ܚܕܐ ܐܝܬܝܗ̇ ܘܐܝܟ ܬܠܬܐ ܗܝ ܬܘܒ
ܘܐܝܟ ܬܠܬܝ̈ܬܐ ܗܘܝ ܒܗܘܢ ܥܒܪ
ܘܐܝܟ ܦܪܫ ܚܘܡܗ ܘܠܐ ܦܣܩ
ܒܢܝܐ ܗܘ ܕܡܠܝܗܝ ܒܫܘܒܐ ܬܠܝܬܐܝܬ
ܘܠܐ ܐܝܬ ܠܗ ܒܓܘܗ ܕܪܥܐ ܦܠܝܓܐܝܬ

12 ܟܡܐ ܒܗܬ ܙܕܩ ܠܝ ܕܗܘܝ ܬܠܬܝ̈ܬܐ
ܢܡܠ ܦܫܝܛܐܝܬ ܒܫܘܒܐ ܕܠܐ ܒܘܡܒ
ܘܠܘ[5] ܒܬܪ ܢܐܬܐ ܒܝܢܘܗܝ ܕܢܕܡܐ ܠܝ
ܕܗܘܝ ܠܗܘܢ ܕܝܢ ܒܟܠܗܝܢ

[1] Lege ܦܪܝܫܐܝܬ BC — [2] BC ܪܙܗ — [3] B ܘܦܫܝܛܘܬܐ — [4] BC ܐܬܬܓܠܝܘ — [5] B ܘܠܐ

XLI

* 17 rᵒ a

---

¹ Suppl. ex B

XLI. A 16 v° c, 5 a. i. - 17 r° b, 6 a. i.; B p. 148 c, 1 - p. 149 b, 5 a. i.; C 69 v°, 4 - 71 v°, 19 — ¹ Lege ܡܬܒܪܟ B (C ܡ ܡܬܒܪ) — ² C ܣܚܝ. — ³ C ܐܟܝܪ (B l. n. p.) — ⁴ C ܘܝܐܒܪ — ⁵ C ܠܗܘ

---

¹ BC ܘܟܐ — ² BC ܚܝܚܬܪܐ — ³ BC ܩܠܝܪ — ⁴ B ܚܕ — ⁵ BC ܚܝܣܚܪ —
⁶ C ܚܣܝ — ⁷ B ܚܣܚܬܟܐܘ — ⁸ C om. ܘ — ⁹ Lege ܟܐܪܝܚ BC

XLII

¹ BC ܚܝܕܗ̈ܝܟ — ² Lege ܕܐ.ܬܝܠܒ, BC — ³ Lege ܚܒܝܪܠ BC — ⁴ B ܬܪ̈ܫܬܝ; C ܬܫܬܪ̈ܝ — ⁵ Lege ܚܘܣܘܡ BC — ⁶ B ܢ ܕܪ̈ܝ — ⁷ Suppl. ex B

XLII. A 17 r° b, 5 a. i. - 17 v° b, 13; B p. 149 b, 4 a. i. - p. 150 c, 19; C 71 v°, 19 - 74 v°, 11

* 17 ro c

---

¹ C ܠܩܘܗܝ — ² B ܕܒܘܝܬܐ — ³ BC ܠܒܘܡ — ⁴ B ܠܐ — ⁵ B ܚܠܐ (?) —
⁶ B ܘܟܐ — ⁷ C ܘܒܚ — ⁸ Lege ܕܒܝܬܐ BC — ⁹ Lege ܠܗ B — ¹⁰ C ܗܘܢܐ —
¹¹ C ܘܟܐ

* 17 vo a

¹ BC ܡܢܐ — ² C ܩܕܡ — ³ B ܚܣܡܐ — ⁴ Lege ܘܚܣܡܐ BC — ⁵ B ܚܝܣܘ ܘܩܘܪ — ⁶ Lege ܕܐܚܝܡ BC — ⁷ Omitte ܒ cum BC — ⁸ Lege ܘܠܐ B

ܘܐܝܟ ܗܿܘ ܕܐܙܕܒܢܬ ܕܡܘܬܐ ܒܚܪܝܢܐ
ܐܢܬ ܕܝܢ ܫܠܡܐܝܬ ܫܘܪ ܒܗ
ܕܡܫܚܐ ܒܐܕܪ ܦܐܪܐ ܗܘ ܘܦܐܪܐ ܒܐܕܪ ܗܘܢܐ
ܒܐܕܪ ܫܒܠܐ ܢܦܫܐ ܦܠܐܬܐ ܗܿܝ ܡܫܒܚܬܐ

11 ܚܙܝ ܓܒܪ ܕܟܠ ܡܬܠܐ ܕܐܬܪܥܡ ܘܐܬܪܒܒ
ܐܠܘ ܗܘܐ ܓܒܪܗ̇ ܠܟܠܗ ܓܒܝܪܘܬܐ
ܡܬܒܥܐ ܗܘܐ ܕܢܗܘܐ ܗܘ ܐܠܐ ܕܢܬܚܙܐ ܗܘ
ܙܕܩ ܠܛܠܠܐ ܕܢܥܒܪܘܢ
ܒܡܕܝܢ̈ܬܐ ܕܙܒܢܐ ܘܦܪܕܬܐ[1] ܕܡܥܠܐ
ܡܬܠܗ ܠܡܠܟܘܬܐ ܦܘܩ[2] ܠܡܘܕܝܢ

12 ܫܘܪܐ ܕܦܠܐ̈ܬܐ[3] ܡܫܝܠܝܢ ܘܠܐ ܡܘܦܩ
ܬ̈ܚܝܢܐ ܘܕܡܘ̈ܬܐ[4] ܒ̈ܢܝܗܝܢ ܘܠܐ ܡܬܠܦܝܢ[5]
ܒܪܘܡܐ ܗܘ ܡܒܥܝܢܐ * ܡܥܝܢ ܠܡܒܥܝܘ
ܠܐܢܫܐ ܕܡܫܬܐܠܐ ܘܡܬܬܪܝܡ[6]
ܕܐܢ ܓܒܪ ܠܐ ܗܘܐ ܕܢܦܠܐ ܠܕܡܘ̈ܬܐ
ܐܝܟ ܥܢܢܐ ܘܣܒܩ ܒܪܘܡܗ[7] ܕܕܒܘܪܬܐ

* 17 v° b

13 ܪܡܐ ܗܿܝ ܚܝܠܐ ܕܝܢ ܡܟܝܟ ܕܒܪܦܠܐ
ܥܡܝܩܐ ܡܢ ܬܗ̈ܘܡܝܢ ܘܥܡܝܩ ܥܡܝܩܐ ܬܘܒ
ܪܡܝܢ ܘܡܟܝܟܝܢ ܦܘܪ̈ܫܐ ܕܒܪ̈ܝܬܐ
ܪ̈ܡܝܢ ܠܚܘܪ̈ܝܐ ܕܡܢ ܠܬܚܬ
ܘܡܢ ܐܦ ܕܡܘ̈ܬܐ ܒܡܐ ܕܢܐܪܝܢ ܠܝ ܗܘ
ܐܘܬܒ ܕܘܪܝܢ ܕܒܝ[8] ܡܒܒܒܢ ܫܘܒ
[ܫܠܡ][9]

XLIII

ܒܪ ܩܠܗ

1 ܒܪܒܘܬܐ ܒܪܬܐ ܒܫܘܪܝܗ̇ ܠܡܒܪܢܐ
ܕܒܫܢܐ ܬܠܝܬܝܬ ܢܘܪܬܐ ܟܒܘ ܬܫ̈ܥܐ

[1] C (corr. supra l.) ܘܦܪܕܕܬܐ — [2] = ܦܘܩܘ; cfr. CH, 21/10, 4 — [3] BC ܘܦܠܐ̈ܬܐ — [4] Lege ܕܕܡܘ̈ܬܐ B — [5] Lege ܬ̈ܠܦܝܢ C (B ?) — [6] BC ܘܡܬܪܝܡ — [7] C ܠܪܘܡܗ (B l. n. p.) — [8] Omitte ܕ cum BC — [9] Suppl. ex B

XLIII. A 17 v° b, 14 - 18 r° a, 8 ; B p. 150 c, 20 - p. 151 c, 12 ; C 74 v°, 11 - 76 v°, 10

ܘܐܝܟܢܐ ܕܝ ܪܥܝܐ ܘܪ̈ܓܠܐ ܘܐܦ ܓ̈ܦܐ
ܗܠܝܢ ܬܠܬ ܫܐܠ ܕܢܘܗܪܟ
ܘܐܢ ܕܝܢ ܟܠܗ ܒܢ̈ܬܐ ܐܬܚܙܝܘ ܒܗܘܒܗ
ܒܗܢܐ ܕܝ ܓܒܪ ܕܐܬܪܓܝ ܕܢܗܪܐ ܢܗܘܫ ܪܥܝܐ
ܒܘܢܝܬܐ : ܪܟܝܟ ܗܘ ܕܒܡܫܪ̈ܬܐ ܦܠܗܕܗ ܠܗܘܫܒܢ [1]

2 ܗܐ ܣܓܬܐ ܥܢܝܢܐ ܗܝ ܒܕ ܐܦܠܗ̇ ܒܗ̇ ܗܝ
ܡܒܪܢܗ̇ ܥܢܝܢܐܝܬ ܚܝܢܗ̇ ܥܒܝܢܐܝܬ
ܥܠܕܐ ܗܝ ܡܥܬܩܬܐ ܕܪܚܝܫܬ ܟܠܗ ܒܦܪܐ [2]
ܬܗܪܐ ܗܝ [3] ܕܗܝ ܠܗ̇ ܒܗ̇ ܡܓܢܐ
ܘܠܐ ܡܬܕܪܟ ܒܪܗ̇ ܕܐܬܟܠܒ ܒܬܫܒܘܚܬܐ
ܘܗܘܬ ܠܗ ܒܠܗ̇ ܒܠܬܐ ܡܒܠܠܬܐ

3 ܒܕ ܒܢܪ ܟܠܗ ܒܗܒܠܐ ܣܓܬܐ ܦܚܪܐ ܒܗ
ܡܦܗܢܐ ܠܒܒ̈ܢܐ [4] ܡܬܗܪܐ [5] ܠܚܪ̈ܢܐ
ܕܠܐ ܢܕܒܡ ܐܢܒܐ ܢܗܡܫܘܢ ܘܢܒܗܘܢ
ܓܠܝܐ ܘܡܬܚܙܝܐ ܘܠܝܬ ܗܝ
ܒܐܪܬ ܠܒܝ̈ܢܐ ܘܗܘܐ ܡܢܝܐ ܒܥܬܗ
ܒܗܬܘ ܠܡ ܓܠܝ̈ܬܐ ܥ̈ܪܝܫ ܒܗܩ̈ܝܬܐ

4 ܘܐܦ ܡܫܒܚܬܐ ܒܗܢܐ ܒܗܝ ܢܓܒܬܐ ܓܠܝܬܐ
ܬܠܬܐ ܒܫܡ ܬܡܢ ܘܠܐ ܡܬܒܢܝܢ ܬܡܢ
ܬܠܬܐ ܕܚܕ ܐܢܘܢ ܘܒܕ ܚܕ ܬܠܬܐ ܐܢܘܢ * * 17 vo c
ܡܢܘ ܓܪܐ ܒܗ̇ ܕܢܓܒܬܐ
ܕܐܝܟܢ ܒܦܪܐ ܘܦܐܪܐ ܬܪܝܢܐ
ܘܦܪܐ ܬܠܝܬܝܐ ܕܚܕ ܒܚܕ ܡܒܝܢ ܐܢܘܢ

5 ܕܠܐ ܒܢܝܬ ܬܗܘܐ ܠܗ̇ ܒܕܬܗ ܕܥܢܝܪܐ
ܕܪܐ ܕܚܪܝܢܐ ܘܣܕܘܢܐ ܕܦܠܓܐ
ܗܘ ܓܪ ܚܘܝ ܠܗ̇ ܢܦܫܗ ܕܐܝܟ ܗܘ
ܕܗܘܝܘ ܒܠܗܝ ܫܦܝ ܕܢܘܗܪ
ܕܠܗ ܗܘ ܠܢܘܗܪ ܓܠܝܐ ܒܢܬܗ ܕܐܝܟ ܗܘ

[1] B ܠܟ ܬܫܒܘܚܢ ܡܢ ܒܗܠ ܡܪܐ ܕܒܗܠ ܡܕܡ; C = A excepto ܕܒܫܪ̈ܬܐ loco ܕܒܡܫܪ̈ܬܐ — [2] BC ܒܦܪܗ̇ — [3] C om. — [4] B ܠܒܒܢܐ — [5] C ܘܡܬܗܪܐ

* 18 ro a   ܦܣܐ ܐܝܬ ܚܟܦܐ ܘܒܐܪ̈ܝܟ ܐܠܐ ܚܝܪ ܒܝܢ [*]   25

[1] B ܩܣܝ ܗ̄ — [2] B ܟܐܢܬ — [3] B ܪܚܣ̈ܝ — [4] B ܦܬܟܣ̄

ܐܠܗܝ̈ܢ ܡܬܒܚܫ̈ܢ ܕܠܐ ܚܝ̈ܠ
ܐܝܟ ܘܐܒܐ ܗܘ ܘܐܒܐ ܒܪܗ ܡܢܗ
ܘܐܝܟ ܕܪܒܐ ܝܡܐ ܠܟ ܕܚܬܝ̈ܬܐ ܓܒܝܠܬܗ,
¹[ܫܠܡ]

XLIV

ܒܪ ܩܠܗ

1 ܫܒܚܘܗܝ, ܠܚܟܝܡܐ, ܐܝܟ ܕܐܒܝ̈ ܗܘ ܡܢ ܐܚܝ̈ܘܗܝ,
ܘܬ ܐܠܦ̈ ܕܐܠܬ̈ܐ ܗܘ ܐܚܝܢ ܕܒܪ̈ܝܐ ܗܘ
ܘܡܢ ܐܪܝ ܠܟ ܗܘ ܐܪܝ ܒܪ̈ܐ ܐܝܟ ܗܘ
10 ܐܠܐ ܬܕܥ ܐܫܒܚܗ ܘܐܬܕܡܪ,
ܕܐܬܐ ܗܘܐ ܡܢܐ ܡܢܐ ܐܠܐ ܥܒܪ
ܟܡ ܕܗܘ ܓܥ ܚܢܢ, ܘܪ̈ܚܡܘܗܝ, ܫܒܚܘ̈ܗܝ, ܘܣܒܪ̈ܘܗܝ,
ܦܘܫ̈ܬܐ : ܐܝܟ ܬܒܥ̈ܐ ܡܢ ܟܠ ܕ̈ܓܝ̈ܢ¹ ܬܒܥ̈ܘܗ̈ܝ¹

2 ܐܝܬ ܠܗ ܐܒܐ ܓܝܪ ܠܘܬ ܟܝ̈ܢܐ ܟܝ̈ܢܬܐ
15 ܐܝܬ ܠܗ ܐܒܐ ܟܠ ܗܘ ܐܡܝܢ̈ܐ ܘܟܣ̈ܝܐ
ܘܣܘܡ ܠܒܐ ܐܝܟ ܒܪ ܘܣܘܡ ܥܠܝ ܐܝܟ
ܐܒܐ ܕܐܝܬܗ̈ܘ, ܘܟܠܐ ܘܐܬܕܪܝܙ
ܐܒܐ ܘܒܪ ܕܐܬܝ̈ܪܬ, ܘܕܗܒܝ̈ܐ ܗܘ ܐܒܐ² ܠܒܐ
ܘܡܟܢ ܒܪ̈ܝܐ ܗܘ ܐܥܒܪ ܒܓܘ ܗܘ
20 ܠܟ̈ܢܝܐ ܓܝ̈ܪܐ, ܫܒܚܘ̈ܗܝ³ ܐܬܪܝܘ̈ܘ 3

ܟܕ. ܥܠ ܪ ܐ ܬܒܝܢ ܩܒܠܐ ܘܡܠܟܘ
ܘܬ. ܫܕ.⁴ ܐܡܝܪ ܐܝܟ ܐܝܟ ܘܟܠܐ ܕܥܟܝ̈ܢ ܐܝܟ
ܒܕܟ̈ܠܐ, ܫܒܚ̈ܘܗܝ, ܕܐܠܟܐ
ܟܢ̈ܐ ܐܝܢ ܘܐܦܘܐ ܕܫ. ܘܗܝ ܡܢܗܘ̈ܢ ܐ ܝܘܬ
25 ܐܝܟ ܗܘ ܕܙܝ̈ܠ ܠܗ ܒܪ̈ܬܐ ܕܙܟ̈ܠ ܠܗ

---

¹ Suppl. ex B

XLIV. A 18 r° a, 9-18 r° c, 26; B p. 151 c, 13-p. 152 c, 4 a. i.; C 76 v°, 10-79 r°, 16 — ¹ B ܕܒܝ̈ܢܐ ܕܠܐ ܥܒܘܕ — ² B ܘܐܦ — ³ Lege ܐܝܪܘܗܝ C — ⁴ Lege ܫܘ. C

* 18 ro b

---

[1] BC om. ܪ — [2] C ܐܬܒܣܩ (corr.) — [3] BC ܣܟܒ — [4] B add. ܗܘ —
[5] Lege ܐܘܝܗ C — [6] C ܘܟܪܘܬܐ

* 18 rˣ c

---

¹ BC ܘܫܝܗ — ² C ܟܒܪ ܐܒܪ — ³ B ܒܪܗܝ — ⁴ C ܐܠܐ, — ⁵ C ܠܗ —
⁶ BC ܗܘ ܝܠܘܐ — ⁷ Suppl. ex B

XLV

ܒܪ ܟܠܗ

1

   5

2   10

* 18 vo a

   15

3

   20

4

   25

XLV. A 18 r° c, 27–18 v° b, 16; B p. 152 c, 3 a. i. – p. 153 c. 4 a. i.; C 79 r°, 16–81 r°, 15 — [1] C ܢܝܚ — [2] BC add. ܗܘ — [3] B ܘܐܦ — [4] C ܕܬܪܬܝܗ

ܕܒ ܕܠ ܫܝܪܐ ܗܘ ܗܘ ܐܠܠܗ ܗܘ ⁕ ܠܬܣܒܘܗ ⁕   9   ⁕ 18 vo b

---

¹ Suppl. ex BC; A false anticipat : ܡܫܠܐ ܘܡܩܒ — ² BC om. ܕ — ³ B
ܐܠܐ ܘܐܠܐ — ⁴ BC ܣܩܘ — ⁵ BC ܕܬܪܝܢ — ⁶ BC ܐܝܢ — ⁷ C ܘܗܒ.

XLVI

ܒܪ ܟܠܝܗ

----

[1] Suppl. ex B

XLVI. A 18 v° b, 17–19 r° a, 25; B p. 153 c, 3 a. i.–p. 155 a, 20; C 81 r°, 15–83 v°, 13 — [1] BC ܟܪܝܢ — [2] B ܪ ܠܚܒܕ

ܘܟܐ ܐܝܢ ܗܘ * ܕܐܠ ܒܟܐܝ ܣܘܡܒܠܐ ܗܘܐ ܠܡܐܡܪ   * 18 vo c

---

¹ C ܚܠ — ² Lege ܣܘܡܒܝܪ B — ³ BC add. ܗܡ — ⁴ B om. ܠ

* 19 ro a   ܠܐ ܗܝ ܐܬܚܕ ܠܗ * ܪܒܬܐ ܕܠܬܪܝܬܐ

---

[1] Omitte ܢ cum BC — [2] Lege ܕܝܢ BC — [3] BC ܡ ܟܡܬܘ — [4] BC om. ܢ — [5] BC ܕܢܘܝ — [6] Lege ܕܠܝ BC — [7] C ܢܠܥܡ, — [8] B ܕܢܝܪ — [9] B (?) C ܕܢܝܐ — [10] BC (corr?) ܚܕܘܝ

5

XLVII

* 19 ro b

---

¹ Suppl. ex B

XLVII. A 19 r° a, 26 – 19 r° c, 6 a. i.; B p. 155 a, 21 – p. 156 b, 9; C 83 v°, 13 – 86 r°, 7 — ¹ B om. ܘ — ²B ܟܠܝ ܐܘܪ, ܗܡ ܟܒܐܪ — ³ B ܗܕܝܠ — ⁴ BC, ܗܡܐܪ

---

[1] C ܩܘܡ؟ — [2] C ܥܪ — [3] B ܐܦܟܘܝ — [4] B ܗܡ — [5] C ܒܒܕ ܩܕ ܩܕܝ (ܕ.؟ add. supra lineam) — [6] BC ܘܐܟܪ — [7] BC ܘܠܣܒܐ — [8] B ܘܩܝܢ؟؟ — [9] Lege ܢܣܚܡ B, vel ܢܣܚܡ C — [10] B ܐܝܪܢܩ

---

¹ C ܚܙܝ — ² C ܚܡ̈ܫܬܗ (B l. n. p.) — ³ C ܘܘܒܕܟ — ⁴ Sic BC; A hap-logr.: ܕܝܕܥ ܟܘܠ ܡܚ̈ܒܠܬ — ⁵ Sic BC; in A corr. ex ܐܡܘܪ̈ܝܡ — ⁶ BC ܐܣܚ — ⁷ BC ܗܘܐ

XLVIII

---

¹ B ܠܬ — ² Suppl. ex B

XLVIII. A 19 r° c, 5 a. i.–19 v° b, 34; B p. 156 b, 10–p. 157 b, 11; C 86
r°, 6–88 r°, 11 — ¹ B ܚܡܚܝ — ² B ܚܡܠܛ — ³ B ܚܡ ܩܒܬܚܟܪ — ⁴ C — ⁵ B ܚܕܗ —
⁶ BC ܪܬܚܝ

* 19 vo a

7   ¹ܚܘܝܝ * ܘܒܘܗܗ⁴ ܠܗ ܘܗܟܘ ܘܘܒܬܗ   * 19 vo b
---

¹ BC ܚܘܘ — ² B ܠܟܠ — ³ B ܠܗ — ⁴ B ܘܒܘܘ ܘܒܕ

XLIX   20

---

[1] C om ܕ — [2] C ܐܣܕ — [3] BC add. ܐܡ — [4] B ܐܘܣܚܒ (in C corr.) — [5] Suppl. ex B
XLIX. A 19 v° b, 35 – 19 v° c, 11 a. i.; B p. 157 b, 12 – p. 158 a, 6; C 88 r°,
12 – 89 v°, 4 — [1] BC add. ܐܘܡ — [2] BC ܐܪܒܡܬܪܒ — [3] B ܐܪܒܚܘܒܪ

ܩܪܝܐ * ܗܝܢ ܛܥܘܩܡܐ   ܡܘܪ ܠܘܗ ܐܘܕ ܪܒܙܘܪ   * 19 vo c

ܟܥܘܗܟܠ   ܘܡܘܚܡܘ ܘܡܘܚܡ ⁴ܘܥܘܠܟܐⁱ

---

¹ B ܐܬܟܪܝܐܬ — ² B ܗܘܣ — ³ B ܟܚ — ⁴ BC ܕ.ܚ̈ܠܘ — ⁵ BC ܠܥܠ —
⁶ In BC sine punctis pluralis — ⁷ C ܚܕܒܝ̈ܬܚ

¹ [L]

---

¹ Suppl. ex B

¹ Textus hymn. L-LII sumitur ex C, quia in A folium deest et textus in B non-
nullis locis extinctus est. L. C 89 vº, 5-91 rº, 8; B p. 158 a, 8-p. 158 c, 18 —
² Suppl. ex B. In A et C inter Hym. 49, 6 et 50, 1 solummodo puncta dividentia
strophas — ³ B om. ܠ — ⁴ Hic incipit lacuna in A

* 90 vo

---

[1] B ܟܒܟܐ — [2] B om. — [3] B ܣܒܩܣ ܣܒܝܪ ܣܝܣܐ ܟܣܐܝܐ ܠܘܬܐ, ܠܐܠܦܝܢ, ܟܣܐܒ̈ܬܗ, ܟܢ ܚܕ ܠ — [4] B om. ܘ

* 91 rᵒ

ܡ 8 ܡܚܕܠ ܪܗ̇ܝ، ܘܒܪ ܠܐ ܕܝܪ̈ܝܐ * ܒܐܝܟܐ

LI

ܠܥܠܠ ܠܐ ܣܦ ܘܐܝܬ * ܘܥܠܝܗ

* 91 vᵒ (at left of line for ܠܥܠܠ ... * ...)

¹ B ܐܪ̈ܝ — ² Suppl. ex B

LI. C 91 rᵒ, 8–93 vᵒ ult.; B p. 158 c, 19–p. 160 a, 11 — ¹ Suppl. ex B —

² Lege ܘܐܝܟܪܗ B — ³ B ܘܩܒܝܠ — ⁴ B ܒܕܪ — ⁵ B ܘܗܐ

ܕܦܓܪܐ ܘܐܦ[1] ܢܦܫܐ ܐܣܝܪܐ ܠܟܘ ܘܣܒܪܘ
ܕܒܫܒܝܐ ܗܘ ܫܒܝܢܐ ܬܫ̈ܒܘܚܢ ܠܡܘܠܕܟ

ܡ 4 ܡܪܢ ܣܬܘܡ ܦܘܡܝ ܕܐܢ ܗ̇ܘ ܕܐܠܗܘܬܟ
ܐܦܣܬ ܠܡܫ̈ܬܐܠܐ ܠܐ ܓܝܪ ܣܦܩܘ ܣܝܟܘ
ܠܒܟ ܕܟܡ ܡܢܝܢ ܕܦܠܓܘܗܝ ܠܡܘܠܕܟ
ܫܦܝ̈ܪܐ ܒܣܪܝܢܐ ܘܐܢ ܗ̇ܘ ܕܐܢܫܘܬܟ
ܠܐ ܐܬܪܒܘܗ̇ ܐܢܫܐ ܟܕ ܒܗ ܡܢܐ ܫܦܘܡ * * 92 r°
ܠܠܒܟ ܐܠܗܐ ܬܫ̈ܒܘܚܢ ܠܝܠܘܕܟ

ܡ 5 ܡܕܡ ܕܡܦܣ ܡܪܝ ܢܡܪ ܒܒܪܢ
ܠܐ ܡܪܝ ܢܡܠܠ ܒܗ ܡܕܡ ܕܠܐ ܫܠܝܛ
ܕܒܪܝ ܡܫܠܡܘܬܐ ܗܘ ܘܠܐ ܣܦܩܝܢ ܩ̈ܠܘܗܝ
ܕܢܚܘܘܢ ܠܒܟ ܐܦ ܠܐ ܒܒܪ̈ܝܐ
ܪ̈ܘܒܐ ܘܪ̈ܘܚܢܐ ܕܒܪ̈ܝܐ ܕܠܒܝܫ[2]
ܡܢܐ ܡܬܕܪܝܢ ܠܒܟ ܬܫ̈ܒܘܚܢ ܠܟܣܝܘܬܟ

ܡ 6 ܡܪܢ ܢܗܐ ܠܥܠ ܡܢܟ ܠܬܫܡܫܬܟ
ܘܡܠܟܐ ܕܠܥܒܕܘܬܟ ܬܪܫܘܡ ܘܬܬܟܬܒ ܒܗ
ܡܐܡܪܐ ܕܒܕܪ̈ܝܐ ܠܐ ܡܪܝ ܡܢܐ ܡܢܟ
ܕܠܒܝ[3] ܐܣܘܪܗ ܢܟܬܘܒ[4] ܡܢ ܟܝܢܗ
ܠܐ ܢܫܬܪܥ ܠܥܠ ܕܐܡܪ[5] ܠܒܪ ܡܢܟ
ܡܕܡ ܕܠܐ ܚܙܐ ܬܫ̈ܒܘܚܢ ܠܡܠܦܢܟ

ܡ 7 ܡܪܫܘܬܐ ܗܝ ܕܢܦܪܟ ܒܫܡܟܐ ܕܢܒܪ ܗ̇ܘ
ܠܗ̇ܘ ܕܒܗ ܦܪܟ ܐܟܘܬܟ * ܕܒܪ ܗܘ ܦܪܟ ܟܠܢܫ. * 92 v°
ܥܠ ܡܘܕܝܢ ܢܗܪܐ ܘܐܟܝܐ ܕܫܡܫܐ ܐܦ ܐܢܬ
ܐܪ̈ܙܐ ܗܘ ܬܠܬܝܬܐ ܐܟܘܬܗ̇ ܠܐܢܫܘܬܟ
ܕܐܒܐ ܒܗ̣ ܩܠܗ ܘܒܪܐ ܒܗ̣ ܣܠܩܗ
ܘܪܘܚܐ ܒܪܘܚܦܗ ܬܫ̈ܒܘܚܢ ܠܪܘܚܦܟ

ܡ 8 ܡܢܗ ܡܢܐ ܡܕܒܪ ܫܡ̈ܗܐ ܬܠܝ̈ܬܝܐ
ܕܪܘܫܡܗܘܢ ܠܡܘܕ ܥܠ ܡܘܕܝܢ ܫܡܫ

[1] B om. ܘ — [2] B ܕܠܐܒܝܫ — [3] B om. ܕ — [4] B ܕܢܟܬܘܒ — [5] Corr. ex ܕܢܐܡܪ; B ܕܐܡܪ (?)

ܐܪܙܐ ܗܘ ܪܒܐ ܕܒܓܘܗܘܢ ܢܛܝܪܝܢ

ܐܡ ܕܒܗܝ ܦܠܓܘܬܐ   ܕܟܠ ܡܫܚ̈ܢܐ

ܫܘܕܥܘܗܝ܊ ܕܥܠ ܕܐܪܥܐ ܠܒܟܐ ܘܒܡܐ ¹ ܐܘܢܐ

ܐܪܥܐܝܬ ܡܥܒܕ ܠܫܘܒܚܟ

ܡ 9   ܪܒܢ ܡܬܝ ܠܐ ܐܫܬܘܝ ܠܝ ܕܐܢ̈ܝ ܐܝܟ

ܐܦ ܣܗܪܐ ܟܠܝܐ   ܟܕ ܥܠ ܐܪܥܐ ܕܢܚܐ ܗܘܐ

ܢܗܝܪܐ ܘܡܢܗ ܕܠܐ ܐܢܝ ܢܗܘܐ

* 93 ro   ܐܦ * ܐܪܥܐ ܕܚܛܠܐ   ܕܐܠܐ ܐܢܐ ܐܙܠܝ

ܐܬܪܝܢܘܗܝ܊ ܥܡ ܗܕܐ ² ܐܣܐ ܠܐܪܥܐ ܒܝܫܐ

ܕܒܗܘܢ܊ ܠܦܬܓ̈ܡܐ   ܫܒܥܐ ܠܗܕ ܟܠܡ   10

ܡ 10   ܪܒܢ ܚܝܐ ܐܡܪܝ   ܘܡ̈ܝܬܐ ܢܚܝܘܐ

ܚܝܝܬ ܠܗ̈ܢ܊ ܐܝܢܐ   ܢܝܘܗܪܐ ܒܪܗ̈ܢܝܐ

ܘܐܝܟ ܢܘܗܪܐ ܗܘ ܕܚܠ ܒܡ ܚܝܐ ܢܘܪ̈ܝ ܡܢܟܠ ܐܪܙ

ܘܠܐ ܡܚܣܕ ܘܒܗܢܘܢܐ ܫܒܥ ܠܐܠܗܐ

ܘܒܪܡ ܕܠܐ ܢܩܘܒ   ܠܠܘܝ ܪܒܝܗ ܕܚܙܡܐ   15

ܕܒܗ̈ܢܐ ܗܘ ܠܗ ܕܚܢ ܡܫܒܚ ܠܗܪܝܢ܊

ܡ 11   ܪܒܢ ܚ̈ܢܝ   ܥܠܡ ܘܒܥܐ ܟܒܪ܊ ܕܐܝ̈ܕܐ ܒܗܘ ܣܡܝܐ

ܘܐܬܒܝܬ ܕܠܐ ܐܡܪ ܬܘܠܬܐ ܕܡܩܒܠܬܝ܊

ܐܪܙܝܢ ܩܒܝ ܦܪܝܗܝ܊   ܠܬܗܪ̈ܬܐ ܦܪ̈ܫ ܗܘ

* 93 vo   ܘܠܬܗ̈ܬܐ ܗܘ * ܗܘܐ ܦܪܩܐ ܟܠܝܐ ܘܒܩܘܡ   20

ܡܪܢ ܦܠܓ ܘܒܩܡܠܐ   ܚܣܟ̈ܐ ܕܢܣܒܐ

ܪܒܝܢ܊ ܚ̈ܢܝ ܕܠܐ ܢܟܠ   ܠܫ̈ܒܚ ܟܠ ܢܚܣܕ ܠܟ

ܡ 12   ܚܒܘܣ܊ ܢܒܫܘܬܐ ܗܘܬ ܠܗܘܢ ܕܘܕ ܢܒܩ ܠܝ

ܣܠܡ ܘܒܩܘܗܐ ܡܝ̈ܕܝ ܦܩ̈ܘܗܘܢ܊

ܘܒܕ̈ܒܚܐ ܕܒܚܪ ܡܝܡ   ܐܦ ³ ܚܠ ܚܕ ܡܢܕ ܕܗ̈ܒܝ ܐܪܝܐ   25

ܐܠܐ ܗܘܐ ܪܒܐ ܗܘ ܟܠ ܘܒܩ ܦܪ ܒܪ ܘܩܝܐ

ܘܠܐ ܡܢ ܚܛܝܐ ܗܘ ܣܠܝ̈ܘܗܝ ܫܒܝ̈ܘܗܘܢ܊

ܕܗ̈ܘܝ܊ ܕܠܐ ܢܝܪ ܫܝܪ ܠܫ̈ܒܚ ܠܘܩܒܠܟ

¹ C add. supr. l. ܒ (ܒܡܐ) — ² B ܠܝ — ³ B ܘܒܩ

* ܘܐܟܠܐ ܐܟܡܐ ܚܡܟ̈ܗ ܠܬܠܬܘܟ̈ܝ *   * 94 rᵒ

LII

* ܠܝܪ̈ܝܐ ܚܡܟ̈ܗ ܘܩܠܘ. ܐ̇ܪ * ܐ̈ܡܠܝ   * 94 vᵒ

---

¹ Suppl. ex B

LII. C 94 rᵒ, 1 – 97 rᵒ ult. ; B p. 160 a, 12 – p. 161 b, 25 ; A (ab stropha 14, 4)
20 rᵒ a, 1 – 20 rᵒ a, 11 — ¹ Suppl. ex B — ² B ܘܠܬܚ̈ܡܕ — ³ B add. ܐܪܟܐ
ܗܡ — ⁴ B ܝܠܝ̈ܗܢܘ̇ — ⁵ B om. ܘ

---

¹ B ܟܠܬܗ — ² B ܣܟܠܝ̈ܘ — ³ B ܐܪܝܠ. — ⁴ Abhinc usque ad str. 8, 5 B l. n. p.

ܩ 9 ܒܓܘ ܠܘܩܒܠ ܫܢܝܠܝܬ ܪܐܠܬܐ

ܡܠܠܝܢ ܓܒܝ̈ ܚܡܘܬܐ ⌃* ܟܠܝܟ. ܣܒܐ ܪܒܝ ܐܬ   * 96 ro

ܩ 10 ܒܓܘ ܕܐܠܐ ܣܡܒ ܕܐܝܟ. ܐܬܝܗ ܕܢܬܩܡ ⌃²

ܩ 11 ܒܓܘ ܕܐܠܐ ܢܒܚܕ. ܢܒܣܡ ܠܪܝܘܬܗ،

ܐܪ ܗܘ ܕܚܒܪ ܝܘܝ ܚܠ ܒܓܘ ܣܒܐ ܚܢܠܝܐ ⌃*³   * 96 vo

ܩ 12 ܒܓܘ ܦܘܣܡ ܗܘ ܒܚܒܠ ܪܒܚ ܕܐܬܝܠܕ ܚܪܝ

---

¹ B ܟܝܢ (= C : ¡ puncta delendi?) — ² B ܪܒܢܩܫ. — ³ B l. n. p.; lege :

* 97 ro   ܐܘܟܗ ܡܗܡ ܘܢܝ ܐܟ ܝܢܐ ܠܒܠܪܐ ܡܚܒܕܕ   5

* A 20 ro a   ܠܟܠ ܗܘܡܣ[1] ܫܢܝ ܐܟܘܚܕ ܐܘܡܕܟ   10

LIII   20

[ܗ]1 ܒܪ ܩܠܗ

---

[1] A 20 r° a; B in str. 14 et 15 maxima ex parte l. n. p. — [2] A ܐܚܪ̈ܚܝܝ —
[3] Suppl. ex B

   LIII. A 20 r° a, 12–20 r° c, 22; B p. 161 b, 26–p. 162 c, 8; C 97 r° ult.–100
r°, 12 — [1] Suppl. ex B

ܘܕܝܪܝ ܪܒܝܪܐ ܐܘܪܝܪ ܐܝܪܐ ܕܐܠܐ * ܝܛܘܫ   * 20 ro b

---

[1] BC ܠܠܒ.ܪ — [2] B ܐܪܝܢܗ — [3] B ܐܠܘܐܪܠ — [4] B ܐܟ — [5] C ܒܪܐ —
[6] Lege ܐܝܪܐܝܪ BC — [7] B ܒܪܝܪܐ — [8] BC om. ܘ — [9] C om. ܪ — [10] B add. ܗܘ

---

[1] Lege ܘܐܣܠܝܘ BC — [2] BC om. ܘ — [3] BC ܒܝܪܘܬܐ — [4] B ܘܐܟ

ܘܚܠܦܢ ܫܠܡܗ ܗܘ ܕܝܢ ܥܡ ܗܘ ܠܡܥܒܕ ܪܒܐ
ܘܗܠܝܢ ܩܘܠܥܐ ܠܗܘܢ܀

ܝܐ 11   ܡܢܗ ܕܕܝܢ̇ܗ ܝܗ̣ܒܘܠܟ, ܘܡܢܗ ܠܗ ܕܪܘܚܬܐ
ܠܗܠܝܢ ܕܢܘܪܐ ܗܝ ܪܒܬܐ ܗܝܡ ܕܐܘܚܕܬܗ
ܐܠܐ ܡܠܝܟ ܗܘ ܕܐܘܚܕܬܗ ܐܠܝܢ ܕܢܘܪܝܗ ܩܕܝܡܘܗܝ
ܐܠܐ ܗܘ ܡܢ ܕܚܒܝܬ ܐܢܬ ܟܪܝܟ ܠܗܝܡܘܬܗ ܕܐܘܚܕܬܗ
ܘܠܟ ܗܘ ܩܥܝܢܗ ܕܩܥܝܢ ܐܘܚܕܬܐ ܠܗ ܗܘ ܡܠܟ
ܠܗ ܗܘ ܝܠܕ ܕܠܡܗ܀

ܝܒ 12   ܠܚܕ ܦܪ ܝܝܢ ܐܪܥܟ̇, ܘܕܡܟ̇ܬܗ ܕܪܘܚܬܐ
ܘܩ̈ܝܐ ܟܥܐ ܕܪܘܚܢܝܬܗ ܠܡܥܒܕ *ܡܠܐ ܫܘܦ
ܬܚ̈ܝܐ ܕܪܘܚܢܝܗ ܗܘܐ ܗܘ ܣܘܝ ܗܘ ܝܒ ܡܢ ܒܪܐ
ܣܘܝ ܝܒ ܡܢ ܒܪܐ ܕܟܟ̇ܬܗ, ܘܒܘܚܢܗ, ܕܕ.ܗܝܪܐ܀
ܟܠ ܠܠܠܠܗܝ ܕܐܪܟ ܐܪܐ ܗ̣ܘܐ ܡܢ ܥ ܠ ܠ
ܟܝܪܐ ܥ ܡܢ ܠܝܚ ܠ܀

ܝܓ 13   ܠܚܪ ܕܝܢ ܒܟܠ ܠ ܝܥܢܐ ܐܬܝܗܒ, ܘܪܘܚ ܠܩܝܒܪ
ܗܘܡ ܝܥܢ ܘܕܗܘ̈ܬܐ ܐܬܝܗܒ, ܒܪܘܚܐ ܠܬܘܥ
ܘܪܐ ܕܐܬܚܫ̈ܚ ܘܠܐ ܠܡܥ̈ܬܗ ܪܐ̈ܓܘܫܝܐ
ܣܡܝܢ ܩܠܘܬܐ ܕܪܒܢܐ ܕܒܗ ܗܘ ܚܠܝܬܗ
ܘܠܝ̈ܗܝܐ ܕܢܟ̇ ܠܟܠ ܕܕ. ܫܡܐ ܕܝܢ. ܕܚܕܐܣ ܟܘܪܐ
ܬܪ̈ܝܢ ܠܠܠ ܕܝܒ ܠܟ܀

ܝܕ 14   ܡܢܝ ܘܩܫ̈ܝܫܐ ܕܒܝܬ. ܠܥܣܪ ܕܥܒ̈ܕܬ ܠܗܠܗܝ
ܗ̣ܘ ܪܥ ܗܘ ܘܟܠܗܝܢ ܫܡܥ ܘܠܐ ܐܫܟܚܘܡ
ܕܐܟܐ ܠܟܠ ܕܪܗ̈ܬܗ ܕܗܝܡ ܒܩܬ ܠܟܠ ܬܗܘ̈ܡܘܬ
ܥ̈ܝܢܗܐ ܠܟܠ ܩܠܝ ܘܣ̈ܡܝܐ ܠܟܠ ܝܚܬܝ.
ܪܝܐ ܐܝܬ̈ܝܗܘܢ, ܐܚܕ. ܚܕܘ ܕܠܐ ܢܫܡܥ
ܘܦܘܩܕܢ ܩܢܝ̈ܚ܀

¹[ܫܐܠ]

---

¹ Suppl. ex B

LIV

[ܘ][1] ܒܪ ܩܠܗ

ܡ 1 ܡܠܟܐ ܡܫܝܚܐ ܕܒ. ܒܪܗ ܢܣܬ ܠܐܒܪܟܐ
ܒܟܐ ܕܠܐ ܝܕܥ[2] ܡܢ ܩܠܗܘܢ ܝܕܥ[3]
ܕܐܒܐ ܗܘܐ. ܠܒܪܐ ܘܒܪܐ ܩܪܐ ܠܐܒܐ
ܐܦ[4] ܒܗ ܒܡܘܠܕܗ ܐܬܕܪܟ ܕܒܪܐ ܗܘܐ
ܕܡܢ ܟܠ ܡܬܘܡ ܗܘܐ ܕܒܟܐ ܗܘܐ ܐܒܘܗܝ
ܘܐܬܪ ܠܡܪܒܝܬܗ
ܒܥܘܬܐ : ܬܫ̈ܒܚ ܠܫܘܠܛܢܟ

ܡ 2 ܡܢܘ ܕܬܫܡܫܬܗ ܐܠܦ[5] ܕܒܪ ܡܢܘ
ܕܒ. ܗܘ ܒܡܘܒܒܐ ܗܘ ܒܪ̈ܝܐ ܢܣܬܘ ܫܡܫܘ
ܠܒܪ ܡܪܗܘܢ ܙܡܝܢ ܘܐܝܟܢ ܗܘ ܕܠܐܡܗ̈ܬܗ
ܦܫ. ܗܘܐ ܠܒܪ̈ܬܐ[6] ܘܡܠܟܐ ܒܐܪܙ ܒܒܕܐ
ܒܪܡܐ ܡܕܒܪ ܗܘܐ ܒܠܦܘܣܐ ܕܠܘܕܗ
ܕܫܬܘܗ ܡܕܒܪ ܟܠ

ܡ 3 ܡܛܠ ܕܡܪܐ ܗܘ ܒܪ ܙܡܝܢ ܩ̈ܢܝ ܒܫܬܗ
ܘܫܛܠ ܢܦܫܗܘܢ ܩ̈ܠܐ ܘܢܩܠܘ ܘܐܬܦܠܠܘ
ܢܫܬ ܬܘܒ ܘܕܠ ܐܝܘ ܡܢܗ ܕܦܘܠܠܐ
ܠܘܒܫ ܠܒܬ ܕܢܣܬ ܙܘܦ ܠܘܬ ܢܫ̈ܬܘܗܝ،
ܝܕܬܐ ܝܕܥ ܒܠܫܘܐ ܕܢܙܒ ܠܦܘܠܠܐ
ܕܢܣܬܐ ܠܫܘܠܠܐ *

ܡ 4 ܡܢ ܗܘ ܫܩܠ ܠܒܫܗ ܡܬܕܪܟ ܕܒܪ ܡܠܟܐ ܗܘ
ܕܐܝܟ ܝܬܐ ܠܒܫܐ ܣܦ ܕܒܫܬ ܐܒܘܗܝ،
ܒܒܕܐ[7] ܣܝܐ ܕܐܪܡܐ[8] ܐܘܫܦܗ ܒܫܘܠܡܐ
ܣܝܐ ܠܐܡܗܬܐ[9] ܕܐܪܡܝܐ[10] ܒܐܐ ܒܗ̇ ܒܐܫܬܗ̇

* 20 vº *a*

LIV. A 20 r° c, 23 – 20 v° b, 26; B p. 162 c, 9 – p. 163 c, 23; C 100 r°, 12 – 103 r°, 7 — [1] Suppl. ex B — [2] B ܐܝܕܥ; C ܝܕ̇ܥ — [3] B ܐܝܕܥ; C ܝܕܥ — [4] BC ܘܐܦ — [5] BC ܝܠܦ — [6] BC ܠܒܪ̈ܬܗ — [7] C ܒܒܕܗ — [8] BC ܕܪܡܐ — [9] C ܠܐܡܗܬܗ — [10] BC ܕܪܡܝܐ

---

[1] BC ܡܗܒ — [2] B om. ܘ — [3] BC ܐܘܟܐ — [4] C ܢܘܝܪܝܟܠ — [5] B ܐܘܟܐ —
[6] C ܟܒܘܣ ܟܚܐ — [7] B ܟܠܐܟܐ — [8] BC ܘܕܝܟܘܗܝ ܐܘܟܐ

قلܠܐ ܗܘ ܒܚܠܝܐ ܚܒܝܫ [1] ܠܩܕ̈ܡܝܗ,
[1] B ܚܒܫܝ — [2] B ܣܝܓܘ — [3] B ܠܐܘܢܬܐ (corr. ex ܠܐܘܢܐ) — [4] BC ܐܟܐ —
[5] B ܚܒܘܣܝ — [6] B ܘܐܟܬ — [7] B om. ܘ — [8] Suppl. ex B

LV

ܣܝ ܩܕܡ ܠܬܫܘܒܚܬܐ   ܐܝܢܐ ܕܢ ܚܒ ܕܫܟܬܐ * ܠܘܗ   3   * 20 vo c

LV. A 20 v° b, 27 – 21 r° a, 11 a. i.; B p. 163 c, 24 – p. 164 c ult.; C 103 r°,
8 – 105 v° 19 — ¹ Suppl. ex B — ² C om. — ³ C ܘܡܟܠ (B l. n. p.)

* 21 ro a   ܠܚܕܪܕ܂ ܕܐܠܐ ܐܝܟܘܗ܂, * ܡܢ ܚܣܡ ܘܟܠܗܠ܂

---

1 Lege ܒܝܘܗ BC — 2 C ܚܣܬܟܘܗ — 3 Suppl. ex BC — 4 B om. — 5 Sic BC;
A false ܚܒܬܝܪܐ — 6 C ܣܚܣܕ; B sine punctis pluralis — 7 C ܡܥܣܟ — 8 B ܡܚܒܝ

ܫܡܪ. ܠܗ̇ܘ ܕܐܝܬܘܗܝ، ܒܡܕܪܐ ܕܒܘܣܡܗ
ܠܐ ܡܬܡܨܐ[1] ܠܡܣܪ

ܡ 10 ܡܢܗ ܘܒܗ ܢܐܠܦ ܕܐܝܟܢ ܕܦܫܝܐ ܗܘ ܠܗ
ܟܠ ܡܢܐ[2] ܕܢܣܪ ܒܗ ܒܗ̇ܘ ܐܝܬܝܗ[3] ܘܡܢܐ
ܕܒܪ. ܠܝܬ ܗܘܐ ܡܕܡ ܗܘ ܐܫܬܒܚ ܐܝܬܘܗܝ،
ܘܠܐ ܐܝܬ ܦܫܩ ܕܐܝܟܢ ܦܫܝܐ ܗܘ ܐܝܢܐ ܬܘܒ
ܟܠ ܒܡܢܐ ܕܢܐܙܠ ܒܗ ܘܕܐܝܟܢ ܠܗ.[4] ܡܫܬܘܡ[5]
ܠܐ ܡܬܕܪܟ ܡܫܬܘܡ

ܡ 11 ܡܢܗ ܟܠܗ، ܢܐܡܪ ܕܐܝܟܢ ܕܐܘܠܨܢܐ ܗܘ
ܕܬܘܕܝܬܐ ܒܐܝܬܘܬܗ[6] ܡܬܒܥܐ ܕܠܐ[7] ܦܘܫܐ
ܕܡܢ ܟܠ ܦܫܩ ܙܒܢܐ ܗ̇ܝ، ܗܡܢ ܡܬܒܥܐ ܗܘ ܬܘܒ
ܕܬܘܪܒ ܐܝܬܘܬܗ ܕܠܐ ܕܪܫ ܘܠܐ ܒܘܨܒ
ܕܡܢ ܟܠ ܕܪܫ ܙܒܢܐ ܗ̇ܝ، ܕܬܒܥܐ ܐܝܬܘܬܗ
ܒܝܬܗ ܠܐܝܬܘܬܗ

ܡ 12 ܡܢܗ ܕܠܐ ܢܣܒ ܒܫܘܝܐ ܠܬ̈ܠܝܬܝܗܝܢ
ܕܡܢ ܟܠ ܚܢܢ ܐܝܟ ܘܐܟܚܕ. ܡܬܝܠܝܢ ܐܝܟ
ܘܐܦ ܕܪܫ ܐܟܚܕ. ܘܐܦ ܕܟܝܢ ܐܟܚܕ.
ܕܠܒܢܐ ܗ̇ܝ، ܐܝܬܘܬܗ ܕܚܝܠܐ ܗ̇ܝ، ܐܝܬܘܬܗ
ܒܠܦܘܫܐ ܕܐܪ̈ܙܐ ܡܬܪ̈ܐ ܚܕܐ ܠܚܕܐ
ܕܒܠܒܠܗܝܢ ܚܕ. ܗܘ

ܡ 13 ܡܢܗ ܒܡ̈ܠܠܐ ܕܦܣܩܬ ܡܠܠܘܬܗ
ܘܡܠܠ ܒܟܠ ܦ̈ܘܡܝܢ ܠܒܪܝܐ ܕܟܠ ܦ̈ܘܡܝܢ
ܕܠܐ[8] ܡܠܠܗ̇، ܡܫܬܘܡ ܡܕܡ ܕܡܫܬܚܠܦ ܒܢܝ
ܟܠܗ ܕܢܬܡܠܠ ܐܦ[9] ܗܘ ܐܝܟܢ ܗܘ
ܒܢܝܗ ܒܢܝܬ ܗܘ ܚܕ. ܗܘ ܕܠܘ ܒܒܪܐ[10]
ܕܡܠܠ ܐܒܘܗܝ، ܡܪܐ ܗܘ
ܫܠܡ[11]

[1] B ܡܬܬܡܨܪ — [2] B ܒܡܢܐ — [3] Lege ܐܝܬܝܐ BC — [4] BC ܐܝܟܢ. — [5] C ܡܢ ܡܫܬܘܡ — [6] B ܒܐܝܬܘܬܐ — [7] C (corr ?) ܘܠܐ — [8] B om. ܕ — [9] B ܘܐܦ — [10] BC add. ܗܘ — [11] C om.

LVI

LVI. A 21 rᵒ a, 10 a. i. – 21 rᵒ c, 11 a. i.; B p. 165 a, 1 – 165 c, 7 a. i.; C 105 vᵒ, 19 – 108 rᵒ, ult. — ¹ Suppl. ex B — ² C ܗ ܕܐܒܪܝ — ³ BC ܣܘܐܪ — ⁴ Lege ܡܠܐܪܐ BC

ܕܢܡܪܚ ܕܢܥܩܒ[1] ܥܠ ܒܪܗ ܕܐܠܗܐ
ܕܒܗ ܐܬܦܪܣ ܐܢܫܘܬܐ

ܩ 5 ܡܛܠ ܕܠܐ ܬܬܒܥܐ ܘܬܬܒܨܐ ܕܐܒܘܗܝ
ܠܗ ܡܢ ܡ̈ܠܠܐ ܗܘ[2] ܬܬܒܥܐ ܕܡܠܠܐ ܗܘ
ܘܬܕܪܟ ܕܕܪܘܫܐ ܗܘ ܕܐܝܟ ܥܠ ܡܫܘܚܬܐ
ܠܐ ܢܒܥ ܕܢܣܝܒ ܗܘܐ ܕܡܢ ܣܡܟܝܢ ܠܚܣܪܐ
ܐܟܪܙܗ ܠܕܐܝܟ ܥܠ ܕܡܠܠܗ[3] ܕܒܕܪܝܐ ܗܘ[4]
ܘܫܬܩܗ ܕܢܣܒܝܐ

ܩ 6 ܡܛܠ ܕܒܕܪ ܗܘܐ ܘܫܬܩ[5] ܕܥܡܝܩ ܗܘܐ
[ܘܢܛܪ][6] ܒܦܘܪܫܢܐ[7] ܦܘܐ[8] ܕܒܕܪܝܐ
ܘܡܛܠ ܕܠܐ ܬܬܒܨܐ ܕܐܦ ܡܢ ܡܫܝܠܢܐ ܗܘܐ
ܒܕܠܐ ܬܒܥ ܢܦܫܗ ܣܒܗ ܐܘܪܚܐ ܡ̈ܠܝܢ
ܘܐܙܠ ܦܘܡ ܐܢܘ̈ ܒܪ ܐܢܫܘܗܝ، ܣܛܦ[9] ܡܢܗ
ܘܫܒܩ ܕܢܬܒܥ

ܩ 7 ܡܢ ܗ̇ܘ ܕܢܬܥܐ ܒܬܘܬܐ ܢܐܠܦ
ܕܫܡܥܘܗ ܫ̈ܬܝ ܘܡܫܬܐ ܒܫܘܒܐ ܕܦܘܪܫܢܐ
ܘܗܘܢ[10] ܠܫܘܒܗ̇ ܘܐܙܪܘ ܠܬܘܒܗ̇
ܕܠܗܘܢ ܠܒܕܪܝܐ ܘܫܡܥܘܗ ܫ̈ܬܝ ܛܠܒܝܢ
ܒܐܕܢܐ ܕܚܪܝܢܐ ܘܦܘ̈ܡܐ ܕܡܘܡܐ
ܐܬܦܠܓܘ ܕܒܝܫ ܒܗ

ܩ 8 ܡܥܠ ܕܬ̈ܠܘܥ ܬ̈ܪܬܝܢ ܡܦܩܢ ܠܝ
ܕܡܗܝ̈ܡܢܐ ܡܡܬܘܡ ܠܐ * ܕܪܡܙܘ ܘܠܐ ܒܩܠܐ * 21 rº c
ܕܗܝܡܢܘ ܠܐܠܗܐ ܘܫܦܪܐ ܘܕܪܘܫܐ
ܒܩܠܩܠܐ ܕܠܐ ܥܠܝܢ ܬ̈ܠܬܐ ܡܠܝܢ ܥܝܢܐ
ܘܗܘܢ[11] ܡܠܝܢ ܘܪܘܚܢܐ ܕܢܫܪܘܢ ܒܗܘܢ ܡܒܬܠ
ܫܘܬܦܗܘܢ ܠܗܘܢ ܡܒܡ

[1] BC ܘܕܢܥܩܒ — [2] BC ܗܘܐ — [3] BC om. ܕ — [4] C om. — [5] A ante ܘܫܬܩ contra rythmum ܘܢܛܪ — [6] Suppl. ex C (B l. n. p.) — [7] C ܕܦܘܪܫܢܐ — [8] Sic AB (cfr. LXIII, 5, 2 !); C ܘܦܢܪ — [9] Lege ܣܛܦܘ C (B l. n. p.) — [10] Lege ܘܗܘܢܝܗ BC — [11] B om. ܘ

[1] Lege ܘܐܣܝ݂ܐ BC — [2] Suppl. ex B

LVII

[ܩ][1] ܒܪ ܩܠܗ

ܡ 1 ܡܢܘ ܒܨܐ ܢܦܫܗ ܘܡܫܟܚ ܡܬܘܡ ܐܝܟܢܗ
ܕܐܝܟܢ ܘܐܝܟܢܐ ܗܝ ܣܟܠ ܘܩܐܡ ܠܗ[2]
ܐܝܟܢܐ ܕܝܘܠܦܢܐ ܡܦܫܩ ܒܬܚܫܢܐ
ܦܓܪ̈ܐ ܓܘܗ ܠܒܗ ܒܢܫ ܒܒܘܗܕܢܐ
ܦܓܐ ܒܗܓܝܢܐ ܘܐܪ ܒܓܠܝܢܐ
ܕܒܒܠܗܘܢ ܬܗܪܐ ܗܘ

ܒܘܢܬܐ : ܬܫ̈ܒܚܢ ܠܡܠܦܢܘܬܟ * — * 21 v° *a*

ܡ 2 ܡܢܘ ܡܨܐ ܕܢܟܝܠ ܗܘ ܠܗ ܘܢܬܒܥܝ
ܕܐܬܪܐ ܗܘ ܦܣܘܩܐ ܗܝ ܐܝܬ ܒܗ ܠܝܘܠܦܢܐ
ܘܫܬܪܐ ܗܝ ܢܦܫܐ ܘܐܦ ܗܘ ܕܒܗܕܢܐ
ܡܩܒܠܐ ܦܓܪ ܬܗܪܐ ܗܘ ܕܢܦܩ ܘܠܐ ܡܠܐ
ܘܗܘܒ ܘܠܐ ܚܣܪ ܒܠܒܐ ܗܘ ܒܠܒܕܡ
ܒܕ ܠܝܬ ܒܗ ܡܕܡ

ܡ 3 ܡܢܘ ܡܨܐ ܕܢܪܕ ܒܘܩܗ ܕܒܗܕܢܐ
ܕܝܠܦܐ ܗܘ ܕܒܪܘܗ ܕܠܐ ܡܬܕܪܟ ܕܡܢܘ[3]
ܘܐܝܟ ܕܠܐ ܒܡܠܐ ܥܡ̈ܩܐ ܕܒܪܝܬܐ
ܘܒܕ ܠܝܬ ܒܗ ܐܬܪܐ ܠܟܠ ܐܝܬ ܒܗ ܐܬܪܐ
ܘܐܝܟ ܗ̇ܘ ܕܒܥܡ̈ܩܐ ܒܗܘ[4] ܗܘ ܬܠܐ ܟܠܐ
ܒܕ ܠܐ ܠܐܐ ܣܠܩܗ

ܡ 4 ܡܢܘ ܡܨܐ ܕܢܒܘܠ ܠܓܘܗ ܕܒܗܕܢܐ
ܘܢܓܘܫ ܕܐܝܟܢܐ ܐܝܟ ܥܡ̈ܩܐ ܕܒܪܝܬܐ
ܕܠܐ ܗܘ ܘܠܐ ܗܝܟ ܐܬܓܫܘ ܒܪܚܝܢܐ
ܘܒܐܬܝܬܐ ܥܪܐ ܒܠܐ ܗܝܟ ܐܝܟܐ ܕܘܡܫܬܐ

LVII. A 21 r° c, 10 a. i. – 21 v° b, 29; B p. 165 c, 6 a. i. – p. 166 c, 28; C 108 v°, 1 – 110 v°, 8 — [1] Suppl. ex B — [2] B ܒܗ̇ ; C ܒܗ — [3] BC om. ܕ — [4] Lege ܒܗ BC

ܒܗ ܗܘ ܒܪܐ ܕܡܫܬܚܐ ܘܠܐ ܗܘ ܘܠܐ ܗܢܘܢ
ܐܬܡܫܚܘ[1] ܐܝܟܢܐ[2] ܐܢܘܢ

ܩ 5 ܡܢܘ ܕܠܐ ܢܕܥ ܕܠܐ ܢܫܟܚ ܢܦܫܐ
ܘܐܢ ܢܫܟܚ ܦܓܪܐ ܡܐܬ ܒܥܘܕܪܗ̇
ܘܡܟܝܠ ܒܗܘܕܢܐ ܦܪܫ ܠܟܠ ܦܬܓ̈ܡ
ܘܠܐ ܐܝܬ ܠܗ ܐܬܪܐ ܕܬܐܡܪ ܕܗܐ ܗܪܟܐ ܗܘ
ܘܟܕ ܗܘ ܒܓܘ ܦܓܪܐ[3] ܒܪܝܬܐ ܕܒܘܪܐ[4] ܠܗ
ܕܟܠܗ̇ ܒܟܘܠ ܐܝܬܘܗܝ

ܩ 6 ܡܢܘ ܒܥܐ ܠܕܡܟܐ ܕܐܦ ܟܕ ܕܡܟ ܪܗܛ
ܘܐܢ ܕܝܢ ܗܝ ܢܦܫܐ ܦܘܡܐ ܒܓܘ ܫܠܝܐ
ܠܒܢܝܐ ܦܘܡܐ ܒܒܗ ܡܕܒܪܐ ܕܗܘܐ ܒܢܝܐ ܗܘ
ܡܢܘ ܕܕܡܟ ܘܚܙܐ ܡܢ ܐܬܬܒܝܪ[5] ܘܒܕܘܕ.
ܘܐܝܟ ܚܙܐ ܕܡܟܐ ܘܐܝܟ ܠܥܝܐ ܒܢܝܐ
ܕܗܐ ܒܟܠܗܝܢ ܬܡܗܐ ܗܘ

ܩ 7 ܡܢܘ ܘܒܗ ܠܡܟܝܠܗ̇ ܕܢܦܫܐ ܕܠܐ ܗܘܢܐ
ܐܝܟ ܚܙܬ ܫܠܝܐ ܘܐܢ ܕܝܢ ܚܙܬ ܒܗܘܕܢ[6]
ܠܐ ܐܪܓܫܬ ܕܚܙܬ ܘܟܐܢܐ ܒܗ̇ ܒܗܘܕܢ
* 21 vo b ܢܛܪܬܗ ܠܟܠ ܕܚܙܬ ܟܕ ܡܬܬܒܝܪ[7] ܦܠܓܗ̇ *
ܐܦ[8] ܗܘ̇ [ܕܡܟܘܕ][9] ܠܗ ܐܝܟ ܡܢܐ ܡܟܘܕ.
ܕܒܡܢ̇ ܡܠܒܒ ܗܘܐ

ܩ 8 ܡܢܘ ܕܠܐ ܢܬܗܪ ܒܡܫܟܚܐ ܕܠܐ ܪ̈ܓܠܐ
ܕܐܘܪܚܗ ܠܟܠ ܡܢܘ ܘܐܝܟ ܡܗܠܟ ܒܗ̇
ܪ̈ܓܠܐ ܘܠܝܬ ܐܝܟ ܘܓ̈ܦܐ[10] ܘܠܝܬ ܐܢܘܢ
ܘܟܢܐ ܘܠܐ ܕܐܙܠ ܠܐ ܗܘܐ ܡܢ ܗ̈ܠܟܐ ܗܘ
ܘܠܐ[11] ܡܢ ܦܘ̈ܪܚܐ ܗܘ ܘܐܦܠܐ ܡܢ ܗܫ̈ܝܢܐ ܗܘ
ܗܐ ܒܟܠܗܝܢ ܬܗܪܐ ܗܘ

[1] B ܐܬܬܡܫܚܘ — [2] BC ܕܐܝܟܢܐ — [3] B add. ܗܘ — [4] Lege ܕܒܘܪܝܐ BC; B add. ܗܝ — [5] C ܐܬܒܝܪ — [6] Lege ܐܝܟܢ BC — [7] C ܡܬܒܝܪ — [8] B ܘܐܦ — [9] Ex BC: A false ܕܡܟܘܗ — [10] C om. ܘ — [11] BC add. ܗܘܐ

LVIII

ܘܗܕܩܘ ܕܠܐ ܘ̈ܐܢ ܘ ܠܐܝܕܐ * ܕܐܒ̈ܚܘܕ ܐܝ [3]   * 21 vo c

[1] C ܠܒ — [2] B ܠ — [3] C , ܒܝܚ — [4] B ܘܝ. — [5] C ܒܩ — [6] C ܡܫܒܚ
LVIII. A 21 v° b, 30 – 22 r° b, 1 ; B p. 166 c, 29 – p. 167 c, 4 a. i. ; C 110 v°,
8 – 113 r°, 12 — [1] Suppl. ex B — [2] B ܢܝܝܬܠ — [3] BC , ܡܐܠܘ̈ܐ

<hr>

[1] BC ܢܒܝ̈ܪܐ — [2] Lege ܐܠ̈ܝ BC — [3] B ܗܘܡ — [4] B ܢܒܪ̈ܟܘ (C corr.) —
[5] BC ܡܟܒܬܗ — [6] B om. ܘ — [7] B ܗܠܠ

܄ܟ 8

           * 22 ro *a*

܄ܟ 9

܄ܟ 10

܄ܟ 11

¹ Lege ܟܬ̈ܒܐ BC — ² B ܐܟܐ — ³ B ܢܫܝ — ⁴ B ܫܕܝܬܪ : C ܫܕܝܬܪ —
⁵ Stropha in B l. n. p.

LIX

---

[1] Adde ܠ BC — [2] A add. in marg. — [3] C ܐܟܪ. — [4] C om. ܢ — [5] B ܢܩܗܡ —
[6] Suppl. ex B

LIX. A 22 r° b, 2–22 v° a, 6; B p. 167 c, 3 a. i. – p. 168 c ult.; C 113 r°, 12 –
113 v° ult. (stropha 4, 2): dein lacuna usque ad hymn. LXVII 2, 2 — [1] Suppl. ex
B — [2] B om. ܘ

ܥܡܠܐ ܡܫܡܫܢܘܬܟ ܡܢܘ ܕܠܐ ܡܒܗܪ[1]
ܕܠܐ ܬܫܡܫܢܟ ܐܢܫܗ ܕܗܘ ܒܡܢܐ ܦܠܓܐ
ܘܗܘܘ ܠܗܘܢ ܡܟܝܠ ܬ̈ܒܥܐ ܕܫܪܝܢܐ
ܠܒ̈ܢܝܐ ܕܫܪܝܢܐ

ܩ 3 ܡܢܘ ܕܪܘܫ ܕܡܘܕܥܐ[2] ܕܠܐ[3] ܡܟܠܬ ܦܓܪܐ
ܐܦ ܠܐ ܒܪܘܟ ܐܟܠܘ ܢ̈ܫܒܐ ܡܫܠܡܘܬܗ
ܓ̈ܠܝܢܐ ܦܘܫܩܘܬܗ ܐܬܘܬܐ ܘܡܥܒܕܢܘܬܐ
ܒܪ̈ܬܐ ܘܡܬܦܢܝܢܘܬܐ ܠܐ ܐܒܕܘܗ ܡܚܬܘܡ
ܐܝܟ ܕܐܒܕܘܗܝ ܠܒܪܐ ܕܐܡܐ ܗܝ ܡܢ ܦܓܪܐ
ܡܢ ܟܠܗܘܢ ܪܡܐ ܗܝ

ܩ 4 ܡܢܘܗ̇ ܘܒܘܗ̇ ܢܪܘܫ ܐܝܟ ܒܪ ܒ̈ܢܝܫܘܗܝ
ܕܐܒܐ ܘܒܪܐ ܘܪܘܚܐ ܐܠܝܨܬ ܕܢܬܚܘܒ ܠܝ[4]
ܘܟܠܐ ܠܒ ܒܡܘܕܥܐ ܕܟܕ ܠܐ ܒܥܝܢ ܒܥܐ
ܘܐܝܟ ܕܐܡܪܝܢ ܐܟܬܒ ܘܐܦ ܠܒ ܒܪܐ ܕܒܪܝܐ ܗܘ
ܡܢܘ ܕܠܐ ܟܠܐ ܠܝ ܠܒ ܗܘ ܬܠܝܬܝܘܬܐ
ܒܫܡܗ ܕܐܝܟ ܗܘ

ܩ 5 ܡܢܘ ܕܠܐ ܢܕܒ ܕܗܙܪ ܫܥܒ ܐܢܘܢ
ܘܦܫܛ ܡܢܐ ܐܢܘܢ ܫܡ̈ܗܐ ܬܠܝܬܝܐ
ܕܐܒܐ ܘܒܪܐ ܘܪܘܚܐ ܘܙܕܩ ܕܐܡܢܐ
ܕܫܥܒ ܫܡ̈ܗܝܗܘܢ ܕܢܟܠܐ ܒܫܡ̈ܗܝܗܘܢ
ܐܢ ܕܝܢ ܒܬܪܒ ܢܦܘܫܢ ܘܐܠܐ ܒܬܪܒ * ܢܕܘܢ * 22 rº *c*
ܕܒܫܡܗܘܢ ܒܫܡܐ ܗܘ

ܩ 6 ܡܛܠ ܕܠܐ ܟܠܐ ܠܝ ܠܒ ܗܘ ܬܠܝܬܝܘܬܐ
ܢܫܘ ܦܫܝܛܐܝܬ ܕܠܐ ܗܘܐ ܒܫܡ̈ܗܝܗܘܢ
ܕܐܒܐ ܘܒܪܐ ܘܪܘܚܐ ܐܠܝܨܬ ܕܢܒܥܐ ܗܘܐ
ܐܠܐ ܒܦܠܓܘܬܗ ܗܕܐ ܗܝ ܕܗܘ ܦܠܓܐ
ܕܐܝܟ ܒܟܘܠ ܦܘܪ̈ܫܝܢ ܘܐܝܟ ܒܟܠ ܟ̈ܠܠ
ܢܫܘ ܒ̈ܠܝ ܐܢܫܐ

[1] C add. et delet ܡܣܗܕ — [2] Dele ܕ cum BC — [3] C om. ܕ (add. supra lineam) — [4] Hic incipit lacuna in C

ܡ 7 ܡܟܝܠ ܕܠܐ ܚܙܝܢ   ܘܡܢ ܕܟܠ ܡܕܡ
ܕܐܬܟܬܒ ܘܐܬܡܠܠ   ܫܡܗ̈ܐ ܘܟܢ̈ܘܝܐ
ܡܠܘܐܐ ܓܒܐ ܕܢܕܥܐ   ܠܫܡ̈ܝܗ ܕܫܡܥܬܐ[1]
ܠܐ ܗܘܐ ܠܒܘܢܗ[2]   ܐܦ[3] ܠܐ ܠܣܘܟܠܐ
ܕܟܝܢܗ ܢܒܓܐ   ܐܠܐ ܕܢܣܬܟܠ
ܫܘܒܚܗ ܒܟܐ ܗܘܐ

ܡ 8 ܡܛܠ ܕܪܘܚ ܡܘܕܥܢܐ   ܠܐ ܡܟܠܬ ܦܪܝܐ
ܙܟܐ ܗܘ̣ ܡܢ ܩ̈ܠܐ   ܘܐܦ ܡܢ ܟ̈ܠܬ ܩ̈ܠܐ
ܗܘܝܘ ܕܐܬܡܠܠ   ܡܛܠ ܐܠܗܘܬܗ
ܕܟܪ ܘܫܘܬܗ[4]   ܕܦܩܪ̈ܐ ܒܣܝܒܪܐ
ܠܗܠܝܢ ܟ̈ܠܬ ܩ̈ܠܐ   ܕܗܘܘ ܫܒܘ ܐܝܟ
ܒܐ̈ܕܢܐ ܕܐܢܫܘܬܐ

ܡ 9 ܡܛܠ ܕܠܐ ܢܕܒ[5]   ܒܝܢܬܝܢ ܡܒܘ[6]
ܚܕ ܚܕ ܒܣܝܒܪܐ   ܦܪܐ ܐܝܟ ܠܒܝܢܬܗ
ܒܕܢܐ ܠܒܫ ܐܝܟ   ܕܪܫܐ ܒܒܕ ܐܝܟ
ܐܢܐ ܠܬܒܘܫܐ   ܘܦܟܪܐ ܠܣܝܒܪܐ
ܘܗܐ ܢܝܚ ܩ̈ܠܐ   ܕܫܒܢܐ ܒܕܪ̈ܘܫܐ
ܕܒܫܢܬܢ ܠܐ ܫܒܘ

ܡ 10 ܡܠܬܗ ܡܫܝܚܬܐ   ܕܟܪ ܡܫܡܢ ܟܠ
ܦܪܟܐ ܒܒܕܝܢ ܒܗ̇   ܦܪܣܐ[7] ܫܠܝܢ ܒܗ̇
ܫܘܒܐ ܗܢܝܢ ܒܗ̇   ܫܘܒܚܐ ܪܫܡܝܢ ܒܗ̇
ܫܝܢܐ ܕܫܡܝܢ ܒܗ̇   ܫܠܡܐ ܪܕܦܝܢ ܒܗ̇
ܢܦܫ ܡܛܠܝܢ ܒܗ̇   ܚܕ ܠܚܕ ܚܙܝܢ ܒܗ̇
ܕܚܕ ܠܚܕ ܗܢܝܢ[8] ܒܗ̇

ܡ 11 ܡܫܝܚܐ ܕܫܦܝܘܬܐ   ܕܕܪܬ ܡܢ ܫܦܝܐ
ܕܠܐ ܡܬܕܠܚ ܡܫܬܘܡ   ܫܝܫܘܗ ܕܪ̈ܫܝܗܘܢ
ܘܒܢܐ ܡܫܝܚܬܐ   ܐܫܬܬ ܕܠܚܘܫܬܐ
ܘܐܬܕܠܚܬ ܐܦ ܗ̇ܝ   ܕܒܠܬ[9] ܬܦܢܘܪܬܐ

[1] B ܕܐܝܫܘܥܬܐ — [2] B ܠܒܘܢܗ — [3] B ܘܐܦ — [4] B ܘܐܫܘܬܗ — [5] B ܐܬܕܒܘ — [6] B ܗܘ ܡܒܘ — [7] B ܘܦܪܣܐ — [8] B ܗܢܝܢ ܚܝ — [9] Lege ܘܒܠܬ B

מ 12   ܕܒܪܝܐ ܐܬܪܘܕ ܩܘܡ ܘܩܒܠܘ

ܣܘܡܐ * ܒܪܝ ܘܒܪ, ܘܒܪܕܘܒܪ, * ܘܡܬܟܒܫܬܐ   * 22 vo a

LX

מ 1   ܡܗܘ ܥܒܕ ܕܒܪܝܐ ܘܒܗܘ ܕܒܪ ܕܠܗ ܪܘܚܐ

מ 2   ܡܗܘ ܐܠܟ ܠܗܝ ܒ, ܕܒ ܗܘ ܗܘ ܐܠܟ ܕܒܩܘܒܬܐ

25   מ 3   ܡܗܘ ܘܡܣܡ ܡܗܘ ܒܪܝܝ ܕܠ ܐܪܐ ܗܘ ܒܠܗ ܥܒܬ

---

¹ Lege ܘܐܬܬܠܡܕ B (?) — ² Delendum ܙ? — ³ Lege ܩܦܩ B (?) — ⁴ Suppl. ex B
LX. A 22 v° a, 7—22 v° c, 13 ; B p. 169 a, 1—p. 170 a, 18 — ¹ Suppl. ex B —
² B ܕܝܠܗ

ܡܛܠ[1] ܕܡܫܒܚܬܐ ܗ̄ܝ   ܗܕܐ ܡܫܡܠܝܬܐ
ܕܡܢ ܟܠ ܚܝܢ ܒܚܝܫܐ   ܡܢ ܒܗ̇ ܦܫܐ ܡܢܗ
ܕܦܪܣ ܟܠܐ ܐܪܙܗ   ܒܕܡܐ ܕܐܦ ܫܒ̈ܪܐ
ܒܥܘܡܩܐ ܡܬܝܠܝܢ ܠܗ

ܩ 4 ܡܛܠ ܣܠܩ ܟܒܐ   ܗܘ ܬܘܒ ܕܡܪ̈ܝܢܐ
ܕܠܐ ܠܡ ܒܥܡ ܢܦܫܗ   ܕܢܐܡܪ ܕܠܘ ܒܪܐ ܗܘ
ܘܟܠ ܡܢ ܡܬܬܠܝܢ   ܟ̈ܠܡܐ ܒܡܘܠܕܗ
ܕܒܪܐ ܕܠܐ ܙܪܥ   ܕܒܪ ܗܘ ܒܢܬ ܗܘ
ܐܬܟܠܝ ܕܒܪܗ ܗܘ   ܐܦ[2] ܗܘ ܐܒܐ ܫܐܠܐ
ܐܫܟܚ ܕܫܪܝܪܐ ܗܘ

ܩ 5 ܡܛܠ ܕܡܪ̈ܝܢܐ   ܡܕܪܝܢ ܕܠܘ ܒܪܐ ܗܘ
ܗܕܐ ܕܒ̈ܢܝܢܐ   ܐܬܝܗ ܘܟ̈ܠܝܢܐ
ܐܢܘܢ ܕܡܪ̈ܝܢܐ   ܐܫܬܟܚܘ ܕܫܪܝܪܝܢ
ܢܒ̈ܝܐ ܠܟܘ ܡܕܝܢ   ܘܐܢ ܗܘ ܕܫܪܝܪܝܢ
ܫܠܝܚܘܗܝ ܕܫܪܝܪܐ   ܢܒܣܘܪ ܠܡܪ̈ܝܢܐ
ܕܗܢܘܢ ܠܟܘ ܘܐܠܟܘܢ

ܩ 6 ܡܢܘ ܟܠܐ ܗܘܐ ܟܢܪ   ܗܕܐ ܕܡܪ̈ܝܢܐ
ܡܕܪܝܢ ܒܟܠ ܦܘ̈ܡܝܢ   ܒܪ ܠܐ ܫܘܝܢ * ܐܟܚܕ.
ܗܘ[3] ܢܕܪܘܗ ܗܘܐ ܠܝ   ܒܦܘܡܐ ܕܫܪ̈ܝܪܐ
ܕܠܒܝܬ ܒܗܘ ܪܘܚܐ   ܘܫܘܝܢ ܒܬܒ̈ܝܢܘܗܝ
ܘܐܘܝܢ ܒܩ̈ܠܝܗܘܢ   ܫܬܘܘ ܟܢܪ ܕܫܪܝܪܝܢ
ܘܦܘܡܘ ܕܡܪ̈ܝܢ

ܩ 7 ܡܢܘ ܕܠܐ ܢܥܒܕ   ܕܠܝܫܐ ܐܦ ܪܘܫܠ
ܫܦܪ ܗܘܘ ܠܐܠܗܐ   ܫܘ̈ܒܚܐ ܕܫܒܚܗ ܗܘܝ
ܗܘ ܟܠ ܟ̈ܝܢ ܐܘܣܡ   ܘܐܡܪ ܘܐܦ[4] ܠܕ.
ܠܕܐ ܗܘ ܕܡܢ ܒܗܢ   ܠܐ ܢܬܠܚܡ ܣܘܟܗ
ܢܦܩ ܟܠ ܒܪܗ ܒܗܠ   ܕܠܕܐ ܗܘ ܕܡܢ ܒܗܟܗ
ܘܦܐܪܐ[5] ܕܒܫܘܬܗ

* 22 vo b

[1] B ܘܡܛܠ — [2] B ܘܐܦ — [3] Lege ܕܗܘ B — [4] Lege ܕܐܦ B — [5] B add. ܗܘ

* 22 vo c * ܟܪܐܠܐ ܕܘܚ ܣܐܟ ܒܠܒܠ ܪܟܘ ܐܪ ܝܒ ܝܘܪ ܕܪ ܚܒ ܗܒܘ ܚܩܘ 8 *

---

1 B ܘܝܗܒ — 2 B ܐܠܚ — 3 B om. ܘ — 4 Lege ܒܩܠ B — 5 B ܒܠܩ —
6 B ܐܪܝܒܠܟܕ — 7 B ܐܠܚ — 8 Lege ܚܒܘ B

LXI   10

¹ Suppl. ex B

LXI. A 22 v° c, 14 – 23 r° b, 30; B p. 170 a, 19 – p. 171 b, 9 — ¹ Suppl. ex
B — ² B ܗ, — ³ B add. ܗ, — ⁴ B ܐܦܐ

ܐܚܝܢܐ ܗܘ ܕܒܪ̈ܝܬܐ ܘܐܦ ܫܡܫܐ ܕܒܪ̈ܝܬܐ
ܚܝܢܐ [1] ܗܘ ܕܒܪܘܝܐ ܘܐܢ ܫܡܫܐ ܕܒܪ̈ܝܬܐ
ܢܘܗܪ, ܠܒܪܘܝܐ ܗܘ ܡܢܗܪ, ܘܬܘܒ
ܠܒܪܗ ܕܒܪܘܝܐ

ܩ 4 ܡܕܡ ܕܠܚܝܢܐ ܕܝܠܕ [2] ܕܠܝܠܕܐ
ܗܘܝܘ ܡܢܟ ܕܝܠܕ ܠܝܠܕܗ ܕܝܠܕܐ
ܢܗܪ ܠܫܡܫܐ ܕܢܗܪ ܠܝܠܕܗ
ܘܠܐ ܡܬܦܫܩ ܡܛܠ ܕܕܡܐ ܗܘ ܠܒܪܗ
ܘܠܐ ܡܬܚܫܒ ܡܛܠ ܕܐܣܝܪ ܒܒܘܚܢܗ
ܠܗ ܗܘ ܒܒܘܠ ܕܕܡܐ

ܩ 5 ܡܢ ܐܒܐ ܠܦ ܠܒܪܐ ܕܐܢ ܗܘ ܕܝܠܕܐ
ܚܝܢܐ * ܗܘ ܕܒܪ̈ܝܬܐ ܡܫܬܟܚ ܕܐܦ ܝܠܕܗ * 23 rº *a*
ܒܢܬܐ ܗܘ ܕܒܪ̈ܝܬܐ ܘܐܢ ܕܝܢ ܐܒܐ ܢܘܗܪ,
ܦܐܪܗ ܡܚܝܢ ܒܗ ܐܘ ܢܒܥܘܗ ܡܢܗ
ܘܢܐܡܪ ܕܠܘ ܒܪ, ܗܘ ܘܐܢ ܕܝܢ ܡܢܐ ܕܒܪܐ ܗܘ
ܫܬܩܗ ܠܚܪܝܢܐ

ܩ 6 ܡܢܘ ܕܠܐ ܢܬܡܗ ܒܘܟܠܐ ܕܒܗܪܐ
ܕܐܘܒܕܘ ܒܢ̈ܝܗܘܢ ܘܫܠܦܘ ܫܡ̈ܗܝܗܘܢ
ܬܪ̈ܝܗܘܢ ܚܙܝܢ ܐܢܘܢ ܡܢܗܘܢ ܕܦܐܪ̈ܝܗܘܢ
ܚܙܝ ܣܓܝܐܘܬܐ ܦܐܪܐ [3] ܕܒܒܘܬܐ
ܘܐܝܟ ܒܒܘܬܐ ܐܕܫܗ̇ ܕܕܒܘܪܬܐ ܗܘ
ܒܕ. ܡܚܦܝ ܦܩܚ

ܩ 7 ܡܢܗ ܘܒܗ ܙܠܩܗ̇ ܐܢ ܟܝܢ ܒܪܐ ܕܘܫܬܐ
ܡܬܚܫܒ ܕܠܘ ܝܠܕܐ ܗܘ ܡܕܡ ܐܦ ܠܐ ܒܒܕܐ
ܢܬܡܟܐ ܕܬܘܩܢܐ ܗܘ ܚܙܐ ܗ, ܟܝܢ [4] ܡܢ ܬܪ̈ܝܢ
ܕܐܘ ܡܢܗ ܬܪ̈ܝܢ ܟܬ̈ܝܢ ܚܙ. ܒܚܕ [5] ܒܬܘܩܢܬܗ
ܐܘ ܒܠܘ ܠܫܘܠܦܐ ܐܘ ܫܘܪ ܫܡ̈ܗܝܗܘܢ
ܐܘ ܦܘܗ ܒܢ̈ܝܗܘܢ

[1] B ܐܚܝܢܐ — [2] Omitte ܕ cum B — [3] B ܦܐܪܗ̇ — [4] B om. — [5] Omitte ܒ cum B

ܡ 8 ܡܢܘ ܕܠܐ ܢܫܐܠ ܕܐܝܢ ܗܘ ܕܫܡܗ[1] ܕܒܪܐ
ܒܪܝܬܐ ܗܘ ܒܡܘܡܒܗ ܡܕܝܢ ܐܦ ܗܝ ܒܪܝܬܐ
ܠܒܪܐ ܗܝ ܒܫܘܐܠܬܐ ܟܕ ܠܐ ܡܨܐ ܡܚܝܠ
ܗܘ ܫܡܗ ܕܢܫܠܡ ܠܗ ܫܡܗ ܫܪܪܗ ܟܢܝ
ܘܒܪܡ ܠܘܬ ܠܒܪܐ ܐܝܟ ܕܐܦ ܫܡܗ ܕܒܪܐ
ܢܦܩ ܠܗ ܠܒܪ̈ܝܬܐ

ܡ 9 ܡܚܝܠ ܕܗܝ ܒܪܝܬܐ ܠܘ ܐܝܟ ܒܪܝܬܐ ܗܝ ܬܘܒ
ܐܡܟ ܕܐܦ ܠܒܪܐ ܠܘ ܐܝܟ ܒܪܐ ܗܘ ܡܚܝܠ
ܦܣܩܬ ܒܠܠܘܬܐ ܐܢ ܟܢܝ ܒܪܐ ܕܡܘܫܬܐ
ܫܠܝ ܐܘܒܕܗ[2] ܠܫܡܗ ܗܝ ܕܢܦܩ ܘܠܐ ܬܗܘܐ
ܡܢܘ ܡܨܐ ܡܦܘܪܐ ܫܡܗ̈ܘܗܝ ܒܟܐܢܘܬܐ
ܕܒܪܘܗ ܠܘܠܝܬܐ

ܡ 10 ܡܢܘ ܕܗܘܐ ܡܘܫܐ ܕܐܦ ܫܡܐ ܐܠܗܐ
ܘܢܘܚܐ ܫܡܝܢܐ ܡܚܠ ܘܠܐ ܐܡܪܢ
ܕܢܐܡܪ ܕܐܠܗܐ ܗܘ ܘܠܐ ܐܬܚܫܒ ܠܚܡܐ
ܟܕ ܟܠ ܒܢ̈ܝ ܥܡܐ ܟܗܢܝ ܗܘܘ ܒܟܠ ܛ̈ܠܠ
ܠܡܠܟܐ ܒܡܠܟܕܝܩ ܘܗܘܐ ܟܠܗܘܢ ܡܕܐ
ܘܒܬܟܗܘܢ ܗܘܐ

ܡ 11 ܡܢܘ ܕܦܘܠܘܣ ܫܠܝܚܐ ܘܒܪ ܙܘܓܗ
ܟܕ ܫܪܘ ܒܢ̈ܝ ܐܢܫܐ ܠܡܕܒܚ ܠܗܘܢ ܕܒ̈ܚܐ
* 23 ro b ܘܠܡܩܡ ܠܗܘܢ ܒܫܡ̈ܗܐ * ܐܠܗ̈ܐ ܡܢܘ ܐܢܘܢ
ܕܚܘܘ ܬܕܡܪ̈ܬܐ ܟܪܘ ܠܒܗܘܢ ܒܫܡܐ
ܘܠܒܫܘܗܢ ܟܠܝܐ ܘܡܚܠܘ ܕܢܬܪܓܡܘܢ
ܟܠ ܡܢ ܕܢܬܟܪܘܢ

ܡ 12 ܡܢܘ ܕܢܘܚܢ ܐܫܬܐܠ ܕܠܘ ܐܢܫܐ ܐܢܫܐ
ܡܫܝܚܐ ܕܒܟܝܢ ܐܢܬܘܢ ܘܐܢ ܕܝܢ ܙܟܐ ܒܟܕܐ
ܕܡܪܗ ܒܢܬܗ ܗܘ ܢܚܪܐ ܕܠܐ ܒܟܕ
ܟܠ ܗܦܟ ܕܟܠ ܕܒܪܐ ܕܐܠܗܐ

[1] B om. ܕ — [2] B ܘܐܘܒܕ

ܣܠܩ ܕܐܬܘܬܗ̈ܝ[1] ܘܗܘܐ ܡܟܝܟܐ ܒܟܠܟܠ
ܡܠܬܗ ܕܒܪܘܪܐ

ܡ 13 ܡܢܘ ܕܒܨܝܐܝܬ ܠܐ ܢܟܠ ܠܕܢܝܐܝܬ
ܕܢܐܡܪ ܕܐܠܗܐ ܗܘ ܗܘܦܟܐ ܠܐܫܝܢܐ
ܕܠܐ[2] ܢܟܠ ܕܢܐܡܪ ܠܗ ܕܒܪܐ ܗܘ ܕܐܠܗܐ
ܒܪܝܐ ܘܠܐ ܕܟܠܗ ܢܒܝܐ ܘܠܐ ܒܒܝܘ
ܥܠܝܫܐ ܘܠܐ ܕܘܕܘ ܘܗܢܐ ܕܒܪ ܡܢ ܟܠ
ܒܟܠ ܒܗ ܡܒܕܩ ܗܘܐ

ܡ 14 ܡܢܘ ܕܐܢ ܥܡܛܐ[3] ܕܐܠܗܐ ܠܐ ܗܘܐ ܫܪܪܐ ܗܘܐ
ܡܠܟܘܬܗ ܘܦܐܫ ܗܘܐ ܫܪܪܗ[4] ܗܘܐ ܟܠܗܘܢ.
ܕܠܡܕܢܚܐ ܢܗܘܐ ܘܠܡܥܪܒܐ ܢܦܬܐ
ܘܠܓܪܒܝܐ ܢܐܣܘܪ ܘܠܬܝܡܢܐ ܢܫܒܘܩ
ܒܒܗܡܬܐ ܢܫܬ ܘܕܒܐ ܒܪܘܡܐ ܗܠܘ ܘܥܪܐ
ܘܐܡܠܟ ܒܟܠ ܟܠ ܟܠ
[ܫܠܡ][5]

LXII

[ܩ.][1] ܒܪ ܡܠܗ

ܡ 1 ܡܢܘ ܕܫܘܪܪܐ ܒܢܬ ܥܕܠ ܒܕܝܢ
ܕܢܩܠܘܣ ܒܢܩ̈ܬ ܒܪܗ ܫܪܪ ܡܢ ܟܠ
ܘܕܐܠܗܝ ܡܢ ܒܒܪܝܐ ܡܪ ܒܢܬ ܗܘ
ܘܕܥܒܕ[2] ܥܒܝܕܬ ܡܢܬ ܒܪܝܬܐ ܗܝ ܬܘܒ
ܠܐܒܐ ܡܥܒܕܐ ܒܪ ܒܒܪܐ ܡܫܬܥܒܕܢܐ
ܡܪܝ ܡܥܒܕܬ
ܒܚܘܣܝܐ: ܬܫܒܚܢ ܠܗܘܪܝ

ܡ 2 ܡܢܘ ܕܠܐ ܚܙܐ ܕܐܕܡ ܦܪܐ ܥܒܕܘܬܐ
ܐܦ ܠܗܝܢ ܠܫܒܘ̈ܬܐ ܘܥܒܕܪ[3] ܠܚܡܪܐ ܟܠ

[1] Adde ܗܘܐ cum B — [2] B om. ܕ (?) — [3] B ܥܡܛܐ — [4] B ܫܪܪܐ — [5] Suppl. ex B

LXII. A 23 r° b, 31 – 23 v° b, 15; B p. 171 b, 10 – p. 172 c, 10 — [1] Suppl. ex B — [2] Lege ܘܕܥܒܕܝܢ B — [3] B ܘܥܒܕܪ

---

[1] B ܠܒܘܪܝܘܗܝ — [2] B ܐܘ — [3] B ܠܦܘܬܐ — [4] B ܕܢܚܝܗ

ܩ 7 ܡܢ ܕܐܬܡܪ، ܠܒܪܐ   ܘܠܐ ܡܫܬܐܠ ܠܒܪܗ
ܫܡ̈ܗܐ ܫܐܝ̈ܠܐ ܐܢܘܢ   ܕܠܒܪܐ ܘܠܐܒܘܗ
ܕܐܦ ܗܘ ܐܒܐ ܒܫܡܗ   ܦܠܓܐ ܗܘ ܕܟܠ ܫܡܗ[1]
ܘܗܘ ܒܪܐ ܒܠܒܪܗ   ܠܐ ܗܘܐ ܦܠܓ̈ܐ ܐܢܘܢ
ܦܐܪܐ ܘܐܝܠܢܗ   ܕܠܒܘܫܬܐ ܕܦܘܫܩܬܐ
ܡܒܪܝܢ ܫܡ̈ܗܝܗܘܢ

ܩ 8 ܡܢܘ ܡܨܐ ܠܡܦܠܓ   ܒܒܪܐ ܒܫܡ ܠܒܪܐ
ܘܒܫܡ ܒܪܐ ܒܪܝܬܐ   ܕܡܢܗ ܘܒܗ[2] * ܕܦܐܪܐ * 23 v° a
ܡܨܐ ܡܬܕܪܟ ܠܡܒܥܗ   ܘܐܢ ܕܝܢ ܣܘܟܠܬܐ ܗܝ،
ܠܡܒܥܗ ܕܡܪܢܝܐ   ܒܡܦܩܐ ܗܘ ܡܫܬܡܥ
ܫܡ̈ܗܐ ܕܠܒܪܗ   ܘܡܢܘ ܡܨܐ ܗܦܟ
ܫܡ̈ܗܘܗܝ، ܕܒܪܐ ܠܟ

ܩ 9 ܡܛܠ ܕܐܬܟܣܝܘ   ܐܢܫܐ ܒܠܒܘܫܬܐ
ܠܐ ܗܘܐ ܒܫ̈ܡܗܝܗܘܢ   ܐܘܒܕܘ ܒܒܘܣܝܐ
ܫܡ̈ܗܐ ܗܘ ܫܬ̈ܝܬܐ   ܠܒܫܝܢ[3] ܕܐܢܫܘܬܐ
ܘܫܡܗܘܢ ܠܗܘܢ ܒܘܪܐ ܗܘ   ܐܢ ܕܝܢ ܒܪܐ ܒܒܪܐ ܗܘ
ܐܫܬܡܥ ܒܢܬܢ ܗܘ   ܘܐܢ[4] ܕܝܢ ܒܪܐ ܡܪܐ ܗܘ
ܒܡܘܫܬܐ ܐܠܗܢ ܗܘ

ܩ 10 ܡܢܘ ܕܠܐ ܢܬܡܪ   ܕܐܢ ܐܦ ܒܪܗ ܒܒܪܐ ܗܘ
ܒܢܬܐ ܠܟܠ ܒܒܪܗ   ܒܗܟܐ ܕܠܒܪܗ
ܘܐܫܬܡܥ ܡܫܡܪ ܒܝ   ܒܠܒܪܐ ܕܡܢ ܡܪܝܡ
ܕܐܢܫܐ ܗܘ ܫܪܪܐ   ܒܒܪܗ ܠܐܢܫܘܬܐ
ܘܬܪ ܡܢ ܒܗܟܐ   ܕܒܒܪܗ ܒܢܬ ܠܓܘܐ[5]
ܠܢܫܐ ܘܠܒܣܝܪܐ

ܩ 11 ܡܢܘ ܡܨܐ ܡܒܕܠ   ܫܡ̈ܗܘܗܝ، ܕܫܪܪܐ
ܫܪܪܗ ܫܡܥ ܒܫܡܗ   ܘܐܢ ܫܡ ܒܪܐ ܘܠܒܪܐ
ܡܫܬܡܥ ܕܠܐ ܫܪܪ   ܕܟܠ ܗܘ ܡܕܡ

[1] Lege ܢܫܡܗ B — [2] B ܘܒܪܗ — [3] Lege ܠܒܫܝܢ B — [4] B om. ܘ — [5] B ܒܗܠܐ

ܘܟܐ ܐܢܘܢ ܐܫܬܘܕܝ ܫܪܝܪ   ¹ܐܒ ܐܝܪ ܕܝܪܐܝܬܐ

ܕܒܩܕܘܡ ܡܢ ܐܝ ܠܝܢܘ ܐܫܬܠܡ   ܐܗܘ ܐܫ ܕܒܝܐ ܦܩܕܡܗ

ܕܚܒܩܬܗ ܘܚܬܡܗ،

¹ܕܐܝܬܘܬܐ ܫܡܐ ܠܓ ܝܪ ܗܒܢ ܐܚܢ ܗܘܐ 12   ܡ ‖

ܕܐܪܟ ܒܪܐ ܘܐܝܢܘ ܒܩܘܡ ܐܢܘܢ ܠܒܪܐ

ܒܩܕܡ ܗܘܐ ܡܢ ܕܐܝܬ ܠܓܒ ²ܕܝ.ܐ ܠܒܪܐ ܕܐܝܢ ܐܒܐ ܘܗܒ

ܒܘܗܐ ܒܒܪܘܬܐ   ܐܘܢ ܒܩܘܡ ܒܪܐ ܘܐܝܢܘ

ܠܗ ܣܝܡ ܠܓ ܝܪ ܐܠܐ ܕܚܬܝܬܐ ܠܒܘܬܐ

ܒܩܘܡ ܐܠܗܘܬ

ܒܒܪ ܕ.ܝܪܝ   ܐܝܢ ܡܢ ܓܐ ܐܝܟܪܐ ܕܒܪܘܬܐ ܗܢܘ ܡ ‖   13   10

ܒܒܪ ܓܐ ܗܘܐ ܕ.ܝܪܝ   ܐܝܟܪܐ ܕܒܪܘܬܐ ܗܢܘ

ܡ ܠܒܘܬ ܐܠܐ ܕܚܒ.ܝܢ   ³ܐܝܬ ܟܝܠܗ ܒܘ ܗ ³ܝ.ܗ.ܝ

ܒܪ.ܠܗ ܗܢ ܕܝܪܐ ܣܠܘ ܕܐܝܬ.ܟܕ ܡ ܓܝܢ

ܘܦ.ܪ ܡ ܓܐ ܗܢܘ ܒܩܘܡ ܐܠ ܒܠܝܠ

ܕܐܝܟܪܐ ܒܫܪܘܬܐ   15

⁴ܗܢ ܐܘܢ ܗܢܘ ܝܢܘ ܕ.ܒ.ܝܪ ܕܐܠܐ ܕ.ܝܪܝ ܗܢܘ ܡ ‖   14

* 23 vo b   ܒܝܪ ܡܢ ܝܟ ܠܗ ܠܝܪܝܒܗ * ܐܒ.ܝܪ ܠܗ ܒܝܪܘܬܗ

ܕܐܝܟ ܐܫܪܝ ܦܩܝܠ ܡܠܦ ܐܫܪ.ܝܡ ܩܐܢ ܗܢܘ ܒܪܐ

ܐܘܗ.ܪ ܠܗ ܕܒܪ ܠܣ ܟܒ ܐܢܝܪ ܘܐܟܪܐ ܗܢ ܠܝܪܕ ܒܪܐ

ܡܢ ܟܕ ܒܠ ܕܠ.ܐܬ ܐܫܪ.ܝܗܘܢ ܚܝܠ   20

ܕܒܪܟܝܕ ܐܘܡܪܐ

ܗܢܘ ܡ ‖   15   ܗܢܘ ܕܒ.ܝܠ ܠܗ ܐܝܟ ܠܝܠ ܠܒܪܘܬܐ

ܕܕܐܝܪ.ܝ ܐܝܟ ܡܝ.ܚ ܡܣܝܐܗ ܠܒܪ ܐܡܣ ܘܐܝܪܝ

ܐܠܗܐ ܘܫܟܝ ܘܗܡܐ ܐܠܗ ܕܒ.ܝܪܐ   ܐܫܡܐ

ܕܐܠ.ܟ ܒܠܒ.ܝܗ ܫܡܝ ܕܡ.ܝܚ   25

ܐܘܪ.ܝܐܚ،ܝܪ.ܝܗ ܕܕܠ ܗܪܝ ܐܝܟ ܕ.ܝܪܘܬܗ

ܕܚܒܣܗ،ܝ ܗܢ ܕ.ܚܒܣܐ

⁵[ܫܠ.ܡ]

---

¹ B om. puncta pluralis — ² B ܕܕܠ.ܝ — ³ B ܝ.ܗ — ⁴ B om. — ⁵ Suppl. ex B

LXIII

ܡܘܢ ܒܪ ܟܘܡ

ܡ 1 ܡܗܕ ܕܐܝܬ ܒܪ، ܟܕ ܐܝܬܝ ܕܐܝܟܐ ܘܐܝܟܢ

ܓܗܝ ܠܗܘܢ ܐܦ، ܠܚܘܐܗܝ، ܐܠܗܐ ܘܒܪܗ ܐܝܟ

ܘܗܘ ܕܐܝܟܠܝܢ ܡܝܒ ܡܝܣܡ ܘܡܣܒܪܗܘܢ

ܚܕ. ܘܐܬܘ ܐܒܐܗܐ ²ܚܠܐܪ ܘܓܐܪܚܐ

ܡܪܐܗܐ ܗܘ ܚܣܒܚܕ ³ܚܕܪܐ ܟܒ ܗܘܗ ܕܚ.

ܚܘܝܐܬܗ ܘܐܩܚܕܗ

⁴ܠܠܠܐܢ : ܬܘܚܐܗ : ܟܘܚܠܐ

ܡ 2 ܗܘ ܕܐܝܬ ܣܒܚܡ⁵ .ܗܕܝ ܟܐܠܠܐ⁶ ܟܡ ܪܝ

ܐܒܠܗ،ܩܡܐܚܘܗܝ، ܗܘܚܐܡ ܘܐܠܝܐ ܘܟܒ،ܟܠܦܝܢ،ܘܟܠܦܢܘܗܝ،

ܘܐܪܝ، ܗܒ ܒ،ܪܝ⁷ܦܐ ܐܦ ⁸ ܗܕ. ܝܗܒ ܗܘܕ ⁹ܚܣܘܚܝܢ

ܘܐܩ ܟܗܕ. ܚܠܐܬ ܕܒܪܝ ܗܘ ܗܕܝ ܐܘ ܐܠܐ

ܘܒܟܪܚܝܗ ܥܝ ܚܒܐ ܝܐܪܐ ܠܚܒܐ ܗܒܘܬܚܡ

ܥܝ ܠܐܬ ܒܠܡ

ܡ 3 ܗܘ ܕܐܝܬ ܡܪܐ ܟܒܪܐ ܐܦ ܕܠ ܠܟܒܐܬܗ¹⁰

ܐܒܠܗ،ܘܐܝܐ ܘܟܠܦܐ ܐܝܐ ܕܐܪܝ ܐܪܚܟܒܘܗ

.ܒܪܝܚܘ ¹¹ ܟܒܪܐ ܗܘ ܗܕ ܒܠܗ ܡܝܪ ܚܝܪܐ

ܘܝܪܐܡ، ܠܝܐܬ، ܠܚܒܐ ܠܚܒܐ ܒܪܚܣ ܟܒܚ ܚܦܝܪܐ *

ܠܚܐܬܚܐ ܐܝܐ ܘܒܣܒ ܚܠܐܬ ܚܦܚ ܗܘܟܬܐ

ܦܝܟ ܟܒ ܒܪܝܐܪܐ

ܡ 4 ܗܘ ܕܐܝܬ ܠܝܗܘܡ ،ܗܘ ܘܠܝܗܘܬܝ ،ܗܘ ܐܠܬ ܐܝܬܠ

ܟܣܚܣܒܡ ܘܦܐܪܘܩܡ ܗܕ. ܐܡ ܗܒܚ ܒܪܝܚ

ܘܐܪܝ، ܠܝ ܒܠܗ ܟܚܝܪܒ ܗܘ ܘܐܠܐ ܗܘ ܕܚܝ ܒܠ ܩܠܘ

ܡܚܚܝ ܠܚܠܬ ܒܠܗ ܐܝܪܐ، ܘܐܝܪܐ ܟܒܐܘ ܝܪܐ

* 23 vo c

LXIII. A 23 v° b, 16–24 r° a, 12 a. i.; B p. 172 c, 11 – p. 173 c, 29 — ¹ Suppl. ex B — ² B ܚܠܐܦܪ — ³ B ܚܣܒܚܕ ܚܕܪܐ — ⁴ B ܠܠ ܟܚܝ — ⁵ B ܢܚܚܡ — ⁶ B ܐܟܠܓܪ — ⁷ B om. ܘ — ⁸ B ܗܣܘ — ⁹ Lege ܚܣܘܚܝܢ B — ¹⁰ B ܡܗܟܒܠܝ — ¹¹ Lege ܘܒܪܝܚܗ B

ܐܘܕܝ، ܒܪܝ ܘܒܗܬ ܘܫܬܩ ܕܠܘ ܒܒܪܐ ܗܘ
ܕܐܝܟ ܒܪܐ ܢܦܘܩ[1] ܒܐܒܘܗܝ،

ܥ 5 ܡܛܠ ܕܢܛܪܐ ܗܘ ܚܕ ܕܦܘܪܫܢܐ
ܕܐܬܪܝ، ܡܬܦܪܫܢܐ[2] ܦܘܐ ܢܛܪ ܐܝܟ
ܕܡܠ̈ܬܗ، ܕܦܪܘܩ ܕܠܐܒܘܗܝ، ܩܪܐ ܒܡܠܐ
ܐܚܪܢܐ ܕܟܠ ܩ̈ܠܝܢ ܐܪܒܐ ܠܛܘܒ ܐܪܟ
ܫܡܫܐ ܠܟܠ ܐܢܫܝܢ ܐܦ ܗܘ ܡܟܐ ܘܫܬܩ
ܕܒܪܐ ܗܘ ܕܐܠܗܐ

ܥ 6 ܡܢܘ ܕܡܪܐ ܟܠ ܠܦ ܒܟܠܐ ܒܫܡܡ
ܠܐ ܓܒܪ ܩܪܐ ܢܦܫܗ ܒܫܡܐ ܕܐܠܗܘܬܐ
ܕܫܡ ܐܠܗܐ ܪܒ ܗܘ ܘܪܡ ܗܘ ܒܟܐܢܘܬܗ
ܡܢܘ ܕܫܘܒܚܬܐ ܘܠܐ ܡܬܪܥܝܢ ܪܘܡܗ
ܕܫܡܗ ܘܟܘܢܝܗ ܢܒܥ ܠܒܪ̈ܝܬܐ
ܕܫܡܗ ܕܐܠܗܘܬܐ ܗܘ

ܥ 7 ܡܢܘ ܕܠܐ ܢܬܗܪ ܒܫܡܗ ܘܒܟܘܢܝܗ
ܕܫܡܗ ܡܪܝܢ[3] ܟܠ ܟܠ ܘܣܘܟܗ ܙܟܝܢ ܚܕ ܟܠ
ܘܕܐܝܬ ܠܗ ܫܡ̈ܗܐ ܐܚܪ̈ܢܐ ܕܒܫܡܝܢ
ܘܡܬܪܥܝܢ ܠܒܪ̈ܝܬܐ ܘܪܚܝܩ ܠܡܘܪܒܘ
ܠܒܢ̈ܘܗܝ، ܒܟܘܢ̈ܘܗܝ، ܒܫܡܗ ܗܘ ܢܣܒ ܘܐܠܒܫ
ܫܡ̈ܗܘܗܝ، ܠܡܢ̈ܝܢܘܗܝ،

ܥ 8 ܡܠܟܐ ܫܡܝܢܐ ܡ̈ܠܟܐ ܩܪܐ ܠܥܒ̈ܕܘܗܝ،
ܘܕܐܝܬܘܗܝ، ܐܦ ܐܠܗܐ ܩܪܐ ܐܢܘܢ ܐܦ[4] ܐܠܗ̈ܐ
ܘܕܐܝܬܘܗܝ، ܐܦ ܕܝܢܐ ܗܐ ܕܝܢܝܢ ܥܒ̈ܕܘܗܝ،
ܘܕܡܠܟܝܢ ܡ̈ܢܘܢ ܠܐܟܠܐ ܩܪܐ ܢܦܫܗ
ܘܡܛܠ ܕ̈ܟܪܘܒܝܢ ܥܒܕ ܠܗ ܐܦ ܡܪܟܒܬܐ
ܕܟܠ ܢܗܘܐ ܒܗ

ܥ 9 ܡܢܘ ܕܗܘܐ ܒܗ ܟܠܗ ܗܟܠ ܘܡܛܠ
ܕܢܣܒܪ ܐܦ ܡܠܟ ܕܡܛܠ ܕܫܡ̈ܗܘܗܝ،

[1] B ܢܦܩ — [2] B ܡܬܦܪܘܢܐ — [3] Lege ܡܪܝܢ B — [4] B ܘܐܦ

ܐܝܟܪ ܐܦ ܪܠܬܐ ܟܠܕܗ ܕܐܚ * ܟܪܝܢ　　　* 24 ro a

---

[1] Lege ܠ B — [2] B add. ܚܒܚ — [3] B ܚܒܘ.ܒ — [4] B ܘ.ܐܒܘܠܒܩ܏ — [5] B
ܠܒ.ܘ.ܐ.ܒܒ܏ — [6] Suppl. ex B

LXIV

ܗ | 1 ܡ ܒܪ _ ܘܗܕܐ ܕܗܢܐ ܐܚܕ_ ܟܐ ܗܘ

ܗ | 2 ܡ ܩܘ ܐܠܐ ܕܝ ܗܒܐ _ܘܗܗ * ܗܘܡ̈ܚ 10

ܗ | 3 ܡ ܕܗܣܩ ܗܘ ܐܪ̇ܗܒ, ܗܒ̇ܡ̇ܗ ܠܗܩ̈ܥܗ

ܗ | 4 ܡ ܘܗ ܠܗܩ̈ܥܗ ܗܘܩ̈ܝܪܐ ܕܐܗܒܠܗ ܠ

LXIV. A 24 r° a, 11 a. i. – 24 r° c, 3 a. i.; B p. 173 c, 30 – p. 174 c, 5 a. i. —
¹ Suppl. ex B — ² B om. ܠ (sed m. p. add.) — ³ B ܣܚ ܕܢܚܡ — ⁴ B ܣܝܚ — ⁵ B
ܒܠ ܕܒ ܐܪܐ — ⁶ B ܥܩܥܚ — ⁷ B ܕܚܗ̇ܚ ܗܡ̇ܗܘܩܐ — ⁸ B om.

ܘܐܟܡ ܐܦ ¹ܚܙܘܐ ܠܐ ܚܠܡ ܠܘܚܝܢܘ

²ܘܗܘܬܝܩ ܗܘ ܐܝܘܬ

ܡ 5 ܘܗܘ ܕܠܐ ܘܗܝ ܕܐܟܠ ܘܚܘܗ ܗܘ ܚܢ

ܘܘܚ ܐܬܘ ܐܦ ܘܝܪܐ ܟܘܗ ܚܝܪܐ ܟܘ

ܘܐܟܡ ܕܠܐ ܪܝܬ ܘܘܩܗ ܕܠܘܝܐ

ܣܘܘܗܘ ܚܝܪ ܟܘ ܗܘ ³ܐܪܘܐ ܟܘ ܕܠܐ ܙܪܝܬ ܕܬܘܝܪ ܘܗܘܬܣ

ܘܘܝ ܠܝܚ ܚܝ ܕܗܝ ܘܚܬܘܚܡ ܗܘܗܘܬܘܗ

ܐܟܝ ܠܘܒܠܘ ܗܘ

ܡ 6 ܘܗܘ ܚܝ ܚܘ ܗܘ ܘܗܕ، ܘ، ܥܝ ܘܗܝ ܚܠܥ ܘܗܥ

ܘܘܗܡܐ ܘܘܗܡܣ ܗܘ ܘ ܡ ܕܠܐ ܘܠܐ ܘܗܐܘܡ

ܘܘܘܟ ܘܗܘܙܘ ܘܘܗܣ ܕܠܘܣܘ ܘܘܗ ܐܘܟ

ܘܗܘܪܘܬܠ ܘܘܗܣ ܘ ܘܗܝܘܘܠܣ ܘܗܘܩ

ܘ ܚ ܐܟܪ ܝ ܠܘܒ ܘܘܗ ܘܘܘܐܘܗ ܘܘܘܗ ܘܘܚ

ܘܘܗܘܬ، ܝܘܗܘܬܘ

ܡ 7 ܚܝ ܘܚ ܐܣܪ ܘܙ ܘܐܪܗ ܝ ܠ ܘܘܪܐܘܘܘ ܚܘܬ ܘܘܠ ܠܐ

ܘܘܪܝܠ ܘܟܪܘ ܘܗܩܘܚܘ ܠܘ ܘܗܘ ܚܝܐ ⁴[ܘܘܗ] *   * 24 ro ⁰

ܘܐܟܘ ܠܘ ܠܘܠܘܗܠ ܘܗܒ ܘܚ ܘܗܘ ܠܘ

ܘܘܪܐ ܘܠܐ ܚܝܐܪ ܠܘܒ ܘܐܪ ܘܗܘܘ ܠܘ

ܐܠܝ ܚܬܘܪܗܘ ܘܗܘܘ ܕܚܝܐܘܘ ܚܠ

ܠܚ ܘܘܘܝ ܠܟ

ܡ 8 ܘܗܘ ܘܝܚܘ، ܘܟܝܘܗ،، ܠܘܗܘܘܠ ܘܗܘܬܘܟ ܚܝ ܘܒ ܚܝܐ

ܘܟܐܘܣ ܘܠܐ ܘܐܟܡ ܘ ܠܘܚܠܬ ܟܘܗܘܠ

ܘܗܘܦܘܠܘܟܘ ܘܟܘܚܘ ܘܗܘܟ ܘܘܗܩ ܘܘܘܗ ܘܘܗܘܚ

ܘܗܘܘܩܘ ܘܠܘ، ܚܬܘܘ ܚܘ ܚܝ ܘܝܗ ܚܝܐ ܚ ܘܘܘܗ ܘܗܘ ܠܟ

ܘܘܗܩ ⁵ܘܘܗܝܘ ܚܘ ܠܟ ܘܪܘܚ ܘܘܝܚ

ܘ ܚܕܘ ܠܘܒ ܘܘܝܐܪ

ܡ 9 ܘܗܘ ܚܝ ܘܚ ܘܘܚܘܣܘ ܘܚܝܐܘ ܘܚܬܝ ܘܗܘ ܘܘܩܘܒ

ܘܘܘܗ ⁶ܘܘܗ ܚܝ ܟܝܘܘܚܘ ܘܘܚܘ ܚܝܐ ܘܩܘ ܘܘܝܚ

¹ B ܘܐܟ — ² B ܘܗܘܬܣܘ — ³ B ܘܐܪܐ — ⁴ Suppl. ex B — ⁵ B ܘܘܗܝܘ —
⁶ Lege ܘܗܘ B

ܘܠܐ ܒܪܝܬܐ ܩܦܣ ܪܡܙܟ ܦܓܘܪ ܐܝܟ
ܗܘ ܟܠܗܘܢ ܠܥܡ ܕܟ ܚܡܝ ܪܗܛܘܢܝ
ܐܠ ܐܬܘܗܝܢ ܠܘ ܒܪܐܝ̈ܪ ܥܠܗ ܕܪܘ̈ܢܩܐ
ܩܕܝ ܬܪ ܐܠܗܝܢ

10 ܡ ܚܕ ܐܝܟ ܐܝܟ ܥܝܪ ܕܡܬܒܪܝܢ ܠ ܡܬܒܪܝ ܐܝܟ ܥܪܡ[1] ܐܘ[2]
ܐܢܬ ܚܡ̈ܝ ܪܡܐ ܥܝܪ ܠܟ ܚܕ ܪܐܫܝܬܗ ܗܘ ܐܟ̈ܘܬܗܝ
ܦܬܘܬܗܡ ܕܒܝܢ ܐܝܟ ܚܕܐܕ̈ܗ ܦ̈ܠܗ, ܘܗܘ
ܘܗܓܠܬ ܐܝܪ ܗ̇, ܕܦܠܝܢ ܐܠܗܐ
ܐܕܪܟܬ ܘܐܪܝܒܬܗ ܒܡܟܝܘܠܬ̈ܗܝ,
ܕܝ̈ܗ ܪ̈ܬܗ[3] ܕܪܝܡܬ̈ܗ,

11 ܡ ܦܬܘܡ ܩܪܝ ܠܐ ܛܒܐ ܕܟܗ ܬܪ ܐܠܗܝܢ
ܐܝܟܐ ܘܪܗܝܪ ܐܝܪ ܗܘܢܝ ܘܪܗܝܪ ܕܒܪܝ̈ܬܗ[4]
ܐܘܪܝܢ[5] ܠܐ ܕܟ ܚܬܝܒ ܘܪܝܡ, ܪܩܝܦܡ
ܗܘܡ ܠܐ ܕܟ ܚܬܝܒ ܘܘܣܗ ܕܬܒܪܝ ܚܒܝܬ
ܕܪܝܬܠ[6] ܕܘܬܠܗܡ ܩܝܡܝ ܕܠܐ ܚܒܝܬ
ܩܐܘܪ ܕܒܪܝܬܗ ܚܒܝܬ

12 ܡ ܟܫܗ ܪܒ ܘܡܣܒ ܠܟܠܗ ܪ̈ܩܝܦܬܐ
ܟܕܗ ܪܡ ܩܬܝ ܘܡܣܒ ܠܐܪܥܐ ܘܕܐ̈ܝܪܗ
ܘܡܗܘܣ ܐܝܢ ܪܡܠܐ ܐܝܟ ܪܝܡ ܒܪ ܪܡܢܝ
ܬܘܠܬܐ ܘܕܝܪܝܪܗܡ[7] ܐܘ[8] ܕܘܪܡܗܝ ܢܬܝ ܗܘ
ܘܠܟ ܘܪܒ ܬܪ ܐܠܗܝܢ ܬܘܠܬܐ ܪܒܠ̈ܬܐ
ܣܘܣܒܬܗܡ ܠܟܘܣ ܗܘ
    [ܫܠܡ][9]

LXV

[ܢ][1] ܒܪ ܩܠܗ

* 24 vo a **1** ܡ ܐܝܬ ܐܝܪ ܕܡܬܒܕܩ ܒܪܒܐ * ܕܠܐ ܩܘܝܗܪ
ܘܐܠܝܟ ܕܠܐ ܪܫܝ ܘܡܫܟܐ ܕܠܐ ܣܘܗܝ

---

1 B ܐܬܒܪܝ — 2 Divisio stichi incerta — 3 B ܟܠܗ — 4 B ܕܒܪܝܬܗ — 5 B
ܘܪܝܢ — 6 B ܕܬܠܗ — 7 B ܘܕܝܪܗ — 8 B ܘܐܘ — 9 Suppl. ex B
 LXV. A 24 r° c, 2 a. i. - 24 v° c, 9; B p. 174 c, 4 a. i. - p. 175 c ult. — 1 Suppl. ex B

ܠܕܢ ܡ ܚܒܪ ܟܚܠܐ ܐܝܠ ܗܘܐ ܐܡܗܐ ܝܡܐܚ ܗܒܠܐ

ܗܒܫܝܓ ܐܘܝܦܐ ܟܒܝ ܐܥܠ ܢܐܡܗܗܘ

ܐܚܝܐܘ ܟܠܒܬܐ ܟܣܬܘܠܒܬܐ ܐܝܢ ܗܘܐ ܟܣܡܢ

ܟܝܠܐ ܠܐܪܘܥܡ

⁵ ܐܥܘܡ : ܐܬܥܒܨܡ ܠܐܪܐܘܗܟ

ܡ 2 ܠܥܠ ܠܠܗܡ ܚܡܐ ܟܚܠ ܟܝܪܘ ܡܪܡ ܚܡܐ ܐܪܡܐܝܢܥܝ

ܐܝܟܬܐ ܡܪܡ ܟܝܚܣܬ ܟܚܐ ܠܗܠܗ ܡ ܐܘ ܠ

ܟܠܗ ܡ ܐܘܠ ܟܚܣܡ ܟܚܐ ܚ ܡ ܥܠ ܐܝܢ

¹ ܐܥܠܐ ܐܠܐܚܟܣܐ ܡ ܕܚ ܝܝ ܐܘܐܪ

ܠܥܝ ܐܝܪܐ ܟܚܐܘ ܐܝܪܘܥܐܗܡ ܝ ܚܡ ܕܝ ܗܬ ܠܬ

ܐܚܐ ܠܐܡܘܗܬ

ܡ 3 ܚ ܚ ܕܝ ܐܠܒܘܥܝܚ²ܡ ܠܝܠܠܬ ܐܝܪܟ ܝܚ ܕܝ ܚܝܪܒܡ

ܝܝ ܡ ܕܝ ܗܬ ܐܬܟܘܐܡ ܐܠܒܠܐܡ ܠܐܒܠܗܡ

ܟܚܣܐ ܐܘܝܩܘܟ ܝܝܐ ܕܝܪ ܕܡ ܟܠ ܟܣܘܚܬ ܠ

ܟܚܐ ܚܠ ܚܕܝܪܒ ܐܚܣܐ³ ܗܘܐ ܚܡ ܝܝܪ ܟܐ ܗܒܫܘܩ

ܠܟ ܐܪܟ ܐܪܐܝܡ ܟܐܒܐ ܐܘܢܩ ܟܐܝ ܐ ܗܡ ܕܝܪܘܐܝܝ ܐ

ܠ ܣܝܚܣ ܕܝܚܒܚ

ܡ 4 ܚܣܗ ܚܡܗ ܚܒܒܐܘ⁴ ܐܟܪ ܗ ܝܣܐ ܐܠܐ⁵ ܝܝܝ ܝܚ

ܟܚܒܪܡ ܗܒܐܝܪܟ ܟܐܘ _ ܟܐ ܝ ܕܝ ܚܒ ܣܒܝܐ ܐܟܪܝܥ

ܐܠܗܠ ܐܘܡ ܐ ܟܐܪ ܐܠܬܪ ܐܒܒܟܚܐ

ܗܒܣܘܐ ܝܪܘܦܥ ܟܒ ܕܝܪܘ ܐܡ ܠܛ ܣܝܠܟ

ܗܒܝܝܪ⁶ܐܡ ܐܪܝܟ ܐܠܐܘܩ ܟ ܗܡܣܠ

ܗܒܣ ܝܪܘܗ

ܡ 5 ܚܣܗ ܕܝ ܐ ܟ[ܝ]⁷ܚܒܠܝ ܝܚܒ ܙܪܝ ܚܣܐ ܐܪܒܐ ܗܠ

ܠܗܠܪܡ ܚܝܝܚܒܪ ܚ ܣܗ ܠܐ ܕܝܪ ܡܝܚ ܐ ܟܥ ܐܝܪܟ

ܟܝܠܪ ܐ ܟܝܪ ܚܒܚܒ ܙܪܝ ܕܟܠܚ ܫܝܚܒܐ ܐܥܘܗܒܪ_

ܕܐܟܐ ܐܪܒܐ ܐܘܢܩ ܕܝܪܘ ܐܘܣ ܐܒܠܩܫܬܗ

---

¹ B ܠܥ. — ² B ܐܒܠܘܥܝܚ, — ³ Lege ܐܗܟܚ B — ⁴ B om. ܘ — ⁵ B ܝܠܐܝ —
⁶ B om. — ⁷ Supp. ex B; A add. in margine

* 24 vo b   * ܘܪܚܝܡ ܠܘܡܗ ܗܘ

ܥ * 24 vo c　13　ܒܗܘ ܕܠܐ ܢܕܘܠ * ܕܝܢ ܕܪ ܚܝܪܬܐ ܘܣܒܥܐ

¹ Lege ܐܣܬܟܠܘܣ B — ² B ܚ — ³ B ܐܦܐ — ⁴ B ܚܝܪܕܝ — ⁵ B ܫܥܬܗܣ (cfr. Hym. L)

LXVI

LXVI. A 24 v° c, 10–25 r° a, 26; B p. 176 a, 1–p. 176 b, 4 a. i. — [1] B
ܐܘܪ — [2] Lege ܟܝܣ B — [3] B ܪܬܚܣ — [4] B ܐܪܟܐ

ܒ 9 ܒܟܠܗ ܩܘܫܬܐ ܗܘܘ ܡܫ̈ܬܐ
ܦܬܓܡܐ ܕܒܪܘܗ̇ ܠܗ̇ ܠܟܢܘܬܐ
ܕܡܠܝܐ ܒܐܪ̈ܐ

ܒ 10 ܒܫܢܐ ܫܕܠ ܠܦܫܝܩܘܬܐ
ܘܐܟܠ ܫܘܫܘܗ̇ ܒܢܝܬ ܫܘܐ̈ܠܐ
ܕܦܣܩ ܣܒܪܐ

ܓ 11 ܓܪ݂ ܐܢܘܢ ܠܒ̈ܢܝ ܐܢܫܐ
ܒܕܠܐ ܚܫܝܢ ܐܝܟ ܕܢܩܘܫܘܢ
ܡܢ ܕܢܗܘܢ

ܕ 12 ܕܪܫܘ ܠܗܘܢ ܠܟܫܘ ܚܪ̈ܝܢܐ
ܐܝܟ ܫܪ̈ܝܢܐ ܠܩܘܫܬܐ ܫܪܒܘܗܝ
ܐܝܟ ܕܠܚܘܫܬܐ

ܗ 13 ܗܘ ܕܝܢ ܩܘܫܬܐ ܠܐ ܡܬܦܠܓ
ܕܠܫܪ̈ܒܘܗܝ ܫܪܒ ܫܪܐ
ܡܢ ܡܠܟܘܬܐ

ܗ 14 ܗܐ ܠܟܫܘ ܝܕܥܐ ܐܝܟ ܒܘܪܟܐ
ܟܠ * ܝܕܥܬܐ ܕܒܗ ܗܘ ܟܣܝܐ * 25 rº *a*
ܚܟܡܬܐ

ܘ 15 ܘܟܕ ܡܣܬܒܪܐ ܕܚܠܦ ܩܘܫܬܐ
ܪܚܡ ܒܘܪܟܐ ܚܠܦ ܩܘܠܣܐ
ܪܚܡ ܒܐܝܩܘܢܐ

ܙ 16 ܙܟܘ ܐܫܬܒܗܪܘ ܚܒܘ ܐܬܚܬܪܘ
ܒܕ ܡܬܓܢܒܝܢ ܕܚܠܦ ܩܘܫܬܐ
ܙܕܩ ܠܡܒܟܬ

ܚ 17 ܚܪ̈ܝܢܗܘܢ ܓܪܓ ܐܢܘܢ
ܠܡܐܡܪ ܡܕܡ ܕܠܠܥܐ
ܠܐ ܡܫܦܫ ܠܗ

ܛ 18 ܛܦܘ ܐܝܟ ܓ̈ܠܠܐ ܒܢܝܬ ܓ̈ܠܠܐ
ܓܝܘ ܡܚܘܠܐ ܕܠܐ ܡܬܓܝܫ
ܡܢ ܬܪܒܝܬܐ

LXVII   20

¹ B ܐܝ — ² B ܟܪܝܪ — ³ Suppl. ex B

LXVII. A 25 r° a, 27 – 25 r° b, 6 a. i. ; B p. 176 b, 3 a. i. – p. 177 a, ult. ; C 114
r°, 1 – 115 v°, 3 — ¹ Suppl. ex B — ² B om.

ܕܢܒܥܘ ܢܝܫܐ ܘܬܪܘܢ[1] ܓܐܪ̈ܐ
ܥܠ ܟ̈ܠܝܠܘܗܝ

ܢ 3 ܢܝܫܐ ܗ̇ܢܐ ܗܘ[2] ܕܐܒܐ ܚܕ ܗܘ
ܕܠܐ ܦܘܠܓܐ ܘܒܪܐ ܚܕ ܗܘ
ܕܠܐ ܒܘܨܝܐ

ܢ 4 ܢܝܫܐ ܓܠܝܐ ܣܝܡ ܒܢܘܗܪܐ
ܘܕܫܚܠ ܥܕܪܐ ܓܐܪ̈ܐ ܩܠܝܠܐ
ܓܒܗ ܫܘܒܚܐ

ܢ 5 ܢܗܘܐ ܥܠܝܐ ܬܣܝܡ ܛ̈ܠܠܐ
ܘܬܚܬܝܐ ܢܗܘܐ ܬܣܝܡ ܒܪ̈ܘܝܐ
ܥܠ ܒܦ̈ܝܬܐ

ܢ 6 ܢܐܠܦ ܦܘܡܐ ܕܐܡܝܢ ܢܐܡܪ
ܘܐܡܝܢ[3] ܢܐܡܪ ܕܠܡܐ ܢܬܬܘܐ
ܒܬܪ ܕܐܡܪ

ܢ 7 ܢܐܠܦ ܠܘܩܕܡ ܘܐܡܝܢ[4] ܢܠܦ
ܕܠܡܐ ܢܗܘܐ ܐܝܟ ܡܡܪܪܬܐ
ܠܕܠܐ ܚܫܚ

ܣ 8 ܣܡܝܢ ܬ̈ܠܬܐ ܐܝܟ ܡܫܝܚܬܐ
ܕܥܦܝܐ ܚܝܠܗ ܢܠܡܐ ܕܘܥܬܐ
ܚܝܐ ܬܡܢ

ܣ 9 ܣܝܡ ܗܘ ܬܡܢ ܠܡܢܝܢܗ[5] ܕܐܒܐ
ܪܓ ܗܘ ܬܡܢ ܠܡܢܝܢܗ ܕܒܪܐ
ܘܪܘܚ * ܩܘܕܫܐ * 25 ro *b*

ܣ 10 ܣܡܝܢ ܫܡ̈ܗܐ ܕܬܠܬܝܘܬܗ
ܚܕ ܒܬܪ ܚܕ ܒܡܫܚܠܦܘܬܐ
ܠܡܕܒܪܢܘܬܐ

[1] Incipit C — [2] BC ܗܢܘ — [3] Lege ܘܐܡܝܢ C (B?) — [4] B ܘܐܡܝܢ — [5] BC ܕܡܢܝܢܗ

ܐ 11　ܐܠܬ ܐܠ ܐܠ　ܠܬܪܩܐ.ܘ

ܪܩܐܝ ܠ ܡܐ ܠܩ ܘܪܟܝ ܪܐܘܢ

ܪܩܐܝ ܐܘܢ

ܐ 12　ܐܠ ܐܘܩܐ　ܐܠ ܘܝܐ ܐ

ܐܠ ܬܬܐܬܩ　ܪܝܪܐ ܘܝܒܐ

[. . . . .]¹

ܗ 13　ܘܗܐ ܗܘܐ² ܩ.　ܐܠܪ.ܐ ܘܐܪܝܪ

ܘܝܘܐ ܩܐܒܐ　ܘܠ ܐܝܪܒܝܐ.ܐ

ܘܗܐ ܡ ܠܐ ܩܒܐ

ܗ 14　ܘܗܐ² ܗܘܐ ܬܘܠ ܬܪܩܐܒܪ.ܐ

ܩܘܝ ܪܩ ܘܝܪܐ ܩܐ ܒܬܒܐܬ

ܩܐܬ ܐܠܪܩ

ܗ 15　ܘܗܐ ܡ ܐܠ ܩ.ܪ ܩܗ

ܢܝܬ ܐܠܒܝ ܐܘܩܐ ܘܐܠ ܘܝܠ ܪܩܘܪ

ܠܒ ܒܩܒܪ

ܗ 16　ܘܗܐ ܡ ܐܠ ܡܐ ܠܪ.ܐ ܡܝܩ

ܘܝܪ.ܐ ܒܝܩ ܪܐܬ,ܩ ܡܪ ܩܝܐܬܐ

ܘܩܐ ܐܡ ܒܐ.ܐ

ܗ 17　ܘܗܐ ܒܠܠ ܝܒ.ܐܘ.ܪ

ܪܩܘܪܝܬ ܬܐܪܝ ܩܐܠܪ ܘܝܒܐܬ

ܐܘܩܐ ܪܐܩܒܐ

ܣ 18　ܒܟܝ.ܩ ܩܗܒܠܐ ܢܝܪܩ ܐܪ.ܘܒܐ

ܢܐܠܘ ܝܪܘܩ ܘܐܠ ܐܘܒ

ܩܩ.ܐ ܬܪܩ ܬ ܘܝܪܐܣ ܐܘܪ

ܡ 19　ܡ.ܩ ܩܬܘ ܐܪ.ܐ ܪܐܬ.ܘ,ܩ

ܘܩܠܒܐ ܩܐܪ.ܐ.ܟ ܒܕ ܪ.ܐܩ ܪܐ ܐܪܬ,ܩ

ܒ ܪ.ܩܝܩ

<hr>

¹ Deest stichus in ABC — ² B ܘܡ

ܪ 20 ܪܡܙ ܗܘܐ ܒܗ ܦܬܓܡܗ ܠܬܪܥܐ ܕܫܝܘܠ
ܘܐܦܣ[1] ܡܚܝܗ ܦܓܪܗ ܕܐܕܡ
ܕܗܘܐ ܟܦܪܐ

ܪ 21 ܪܡܙ ܗܘܐ ܒܗ ܦܬܓܡܗ ܬܪܥ ܦܪܕܝܣܐ
ܒܝܕ ܡܘܠܟܢܐ ܘܐܫܪܝ ܠܐܕܡ
ܒܐܝܠܢ ܚܝ̈ܐ

ܫ 22 ܫܘܒܚܐ ܠܕܢܚܠ ܗܢܐ ܐܘܠܕܢܐ[2]
ܕܒܪ ܗܘ ܚܕ ܗܘ ܗܘܘ ܦܬܚ
ܠܟ ܒܝܬ ܓܢ̈ܙܝ

ܫ 23 ܫܘܒܚܐ ܠܐܒܐ ܕܚܣܐ ܒܐܬܝܬܗ[3]
ܫܘܒܚܐ ܠܒܪܐ ܕܚܣܐ ܠܝܕܗ[4]
ܒܚܘܬܡ ܫܬܩܐ

ܬ 24 ܬܘܕܝ ܠܐܒܐ ܕܠܐ ܡܬܕܪܟ
ܬܘܕܝ ܠܒܪܐ ܕܠܐ ܡܬܥܩܒ
ܥܡ ܪܘܚ ܩܘܕܫܐ

ܬ 25 ܬܫܒܘܚܐ ܠܟ ܡܪܝ ܫܬܩܐ ܘܡܠܐ
ܕܒܗܘܢ ܐܢܫܐ ܕܐܒܗܬܐ ܒܒܬܝܟ
ܘܐܡܪ ܫܘܒܚܟ ܫܘܒܚܐ ܠܫܡܟ[5]
[6][ܥܠܡ]

LXVIII

[ܠܚ][1] ܒܪ ܡܠܗ

[2]ܐ 1 ܒܢ̈ܬܟܐ ܥܠܝܡܢ ܐܝܟܐ ܦܠܚܢ
ܕܟܠ ܚܕ ܡܫܬܐܠܐ ܗܘܘ ܚܢ̈ܝܢܐ
ܡܢ ܚܐܪܘܬܐ

ܒܚܝܘܬܐ: ܫܘܒܚܐ ܠܟ ܡܪܝ* * 25 rº c

[1] C ܘܐܦܣܣ — [2] BC ܘܠܕܐ — [3] B ܚܣܐ ܒܐܬܝܬܘܬܗ — [4] BC ܒܝܕܗ —
[5] BC om. — [6] Suppl. ex B

LXVIII. A 25 r° b, 5 a. i. - 25 v° a, 8; B p. 177 b, 1 - p. 177 c, 5 a. i.; C 115 v°, 4 - 117 r°, 10 — [1] Suppl. ex B — [2] Invertendi duo primi stichi?

---

[1] C ܐܫܒܝ — [2] C ܟܪܘܟܒܬܐ (corr.) — [3] B ܒܐܟܘܠܐ — [4] Legendum

ܟ 11 ܟܡܐ ܟܦ ܬܘܒܗ ܐܦ ܕܚܝܒܐ
ܕܚܒ ܒܕܪܫܐ ܐܦ[1] ܒܚܘܫܒܐ
ܬܘܒܐ ܫܠܡܐ

ܠ 12 ܠܐܢܫܐ ܕܚܒܪܗ ܚܒܫ ܒܒܝܬܐ
ܚܒܫܗ ܚܘܬܪܐ ܐܝܟ ܕܒܓܘܒܐ
ܫܠܝܐ ܪܒܐ

ܡ 13 ܡܠܐ ܚܕ ܚܟܡܬܐ ܐܚܪܝܢ ܚܪܝܢܐ
ܕܪܒܘ ܒܢ̈ܝܢ ܘܐܢܫܘ[2] ܣܒܪܐ
ܕܦܫܛ ܣܒܪܐ ܗܘ

ܢ 14 ܢܒܥܐ ܕܫܒܩ ܟܠ ܐܠܗܐ
ܘܟܠ ܒܪܢܫܐ ܒܡܠܠܘܬܐ
ܕܢܣܦܘܢܗܝ

ܣ 15 ܣܘܪܒܐ ܒܐܪܥܐ ܟܠ ܕܫܡܥܐ
ܐܪܥܐ ܕܠܚܡܐ ܕܪܫܐ ܠܥܦܪ
ܐܝܟ ܬܢܝܢܐ

ܥ 16 ܥܡܘܪ̈ܝܢ ܫܡܝܐ ܘܫܡ̈ܝ ܫܡܝܐ
ܡܢ ܥܘܡܩܐ ܘܢܦ̈ܩܝܗ ܕܐܪܥܐ
ܡܠܝܢ ܠܥܘܕܪܐ

ܦ 17 ܦܪܝܣܬ ܫܡܝܐ ܟܠ ܬܪ̈ܥܬܐ
ܛܠܐ ܘܡܛܪܐ ܥ̈ܢܢܐ ܕܡ̈ܠܝܢ
ܟܠ ܛܒ̈ܬܐ

ܨ 18 ܨܒܪܬ[3] ܐܪܥܐ ܟܠ ܒ̈ܢܝܐ
ܟܠ ܫܘܐ̈ܠܝܢ ܕܪܫܐ ܕܡܠܟܐ
ܟܠ ܥܘܕ̈ܪܝܢ

ܩ 19 ܩ̈ܠܠܐ ܢܦܫܘ ܒܡ ܚ̈ܒܝܫܘܗܝ
ܒܪ̈ܫܝܗܘܢ[4] ܘܢܦܠܘ ܒܐܪܥܐ
ܘܗܘܘ ܠܥܦܪܐ

[1] C ܘܐܦ — [2] B ܘܐܢܫܐ ܗܘ — [3] Lege ܨܒܬ BC — [4] C invertit stichos

* 25 vᵒ a　　ܐܠܐ 21 ܝ * ܒܟܝܐܠ ܟܡ ܒܟܪܝܐܠ

LXIX

¹ Suppl. ex B

LXIX. A 25 vᵒ a, 9 – 25 vᵒ b, 19; B p. 177 c, 4 a. i. – p. 178 b, 8 a. i.; C 117
rᵒ, 10 – 118 vᵒ, 9 — ¹ Suppl. ex B

4 ܒܡܘܫܚܬܐ ܕܐܚܕܬ ܐܦ ܬܬܦܠܓ
ܬܐܫܘܕ ܢܦܫܟ ܬܬܦܫܟ ܠܦܠܓܝܢ
ܐܪܒܥܐ ܟܡܗܘܬܐ

5 ܒܪܝܫܗ ܒܡܫܚܐ ܐܦ ܬܬܒܚܫ
ܢܗܘܐ ܕܒܨܝܗ ܡܟܐ ܪܒܐ
ܘܢܕܘܠ ܚܠܝܢ

6 ܒܡܫܡܫܘܬܐ ܐܝܟ ܕܒܐܠܦܐ
ܪܕܝ ܒܡܬܟ̈ܘܗܝ ܐܝܟ ܡܠܚܐ
ܒܝܬ ܠܡ̈ܐܢܐ

7 ܕܠܐ ܒܡܬܟ̈ܘܗܝ ܠܐ ܬܪܕܐ ܒܗ
ܕܐܝܟ ܠܡܐܢ̈ܘܗܝ ܒܝܬ ܡ̈ܬܩܠܘܗܝ
ܐܘܕܐ ܠܥܡܗ

8 ܡܗܡܐ ܒܫܘܒܗ ܘܥܒܪ ܒܗ ܪܒ
ܗܘܐ ܦܓܕܐ[1] ܠܐܝܠܐ ܕܡܚܝܠ
ܡܢ ܕܠܡܥܪܕܐ

9 ܬܘܒ ܒܫܘܒܗ ܗܘܐ ܡܟܐ
ܕܢܬܬܒܪ ܒܗ ܐܝܠܐ ܕܦܚܝܫ
ܥܠ ܦܬ̈ܚܬܐ

10 ܒܚܝܠܗ ܕܝܢ ܐܦ ܡܬܒܚܫ
ܠܐ ܬ̈ܠܝܐ ܘܠܐ ܬܫ̈ܥܝܬܐ
ܡܛܠ ܕܕܝܢ ܒܗ

11 ܠܐܠܗܘܬܐ ܐܝܟܐ ܒܒܕܐ
ܡܟܐ ܒܟܐ ܠܗ ܕܦܫܬܐ ܗܘ ܒܝܬ ܠܗ
ܘܠܒܪܘܬܐ

12 ܠܐܠܗܘܬܐ ܠܝܬ ܕܪܫܡ
ܡܢ ܡ̈ܢܝܢܐ ܕܫܘܒܐ ܗܘ ܒܝܬ ܠܗ
ܘܠܒܪܝܬܐ

[1] C ܦܓܪܐ

ܩܢܐ ܐܢܬ ܠܐ   ܠܗܠ ܐܠܗܐ 13

ܠܟ ܗܘ ܪܘܡܘ ܕ   ܟܪܟܐ ܡܢ

ܚܘ ܕܪܘܡܐ.

ܠܥܠ ܗܘ ܥܡܝܩ ܟܪ   ܠܐ ܡܬܥܩܒ 14   5

ܐܝܟܐ ܕܐܝ̈ܟܐ¹   ܕܒܝܐ ܠܗܘ

ܕܥ ܪܘܡܐ.

ܗܘܐ ܕܒܩܐ *   ܠܐ ܡܐ ܐ ܠܗ 15

ܐܝܟܐ ܕܒܝܠ ܡܫܡ ܐܬܚܘ,

ܕ.ܬܘܡܬܐ.

ܗܘܐ ܫܠܐ   ܠܐ ܡܐ ܐ ܠܗ 16   10

ܐܝܟܐ ܕܝܢܚܬ ܡܫܡ ܕܪܝ

ܕ.ܝܚ ܡܬܘܡ.

ܗܘ ܐܠܗܐ   ܠܐ ܡܣܝܟܝܢ 17

ܡܢ ܐܝܟܐ   ܕܟ. ܠܟ ܪܝܡܐ

ܠܫܪ̈ܘܚܐ   15

ܗܘ ܒܪܘܩܐ   ܠܐ ܡܣܝܟܝܢ 18

ܡܢ ܝܚܒܒܪܝܡ   ܕܟ. ܐܝ ܪܒ ܗܘ

ܟܪܬܒ ܡܪܗ ܣܘܠܛ

ܗܘ ܒܪ²ܪܒ ܚܘ   ܠܐ ܡܬܝܠܠ 19

ܡܢ ܡܒܘ̈ܥܐ   ܐܦ³ ܠܐ ܒܝܕ.ܡ   20

ܡܢ ܕܪܘܥܐ.

ܠܟ, ܪܒܘܬܐ   ܒܡܘ ܣܒܥܐ 20

ܪܒܘܬܐ ܕܡܚܫ̈ܠܐ   ܘܒܕ ܚ̈ܒܝ ܪ̈ܝܟ

ܩܘܝ̈ܐ ܒܫܠ

ܐܠܝܟ ܕܡܣܝ   ܐܝܟ ܕܡܨ̈ܝܝ ,ܕܐܘܦ ,ܘܩܡ܀ ,ܝܒܣ 21   25

ܡܛܠܗ ܗܘܐ ܟܠܒ   ܒܠܗ ܛܐܪ

ܒܠܗ ܒܪܝܚ

⁴[ܫܠܡ]

¹ BC ܕ.ܐ̈ܟܠܐ — ² C ܝܚ. — ³ B ܘܐܦ — ⁴ Suppl. ex B

LXX

ܗܘ̇ ¹[ܡ] ܒܪ ܘܟܠܗ

1 ܐܠܗܐ ܚܝܐ   ܣܒܪ ܠܟܠܢܫ
   ܘܗܘ ܠܟܠܗܘܢ   ܕܡܝܩ ܒܪܘܬܗ
       ܘܗܘ ܒܪܟܐ

ܥܘܢܝܬܐ : ܫܘܒܚܐ ܠܐܒܐ

2 ܕܣܓܝ ܒܪܬܗ ܡ̇ܢ ܕܚܘܠ ܘܣܒܟܐ
   ܠܐ ܡܟܬܒ ܠܐ   ܠܐ ܕܟܬܒܝܬܐ
       ²ܐܦ ܠܐ ܒܡܟܐ

3 ܕܟܬܒܝܐ ܠܟܝ ܐ̣ܪ   ܐ̄ ܕܒܚ ܗܘ ܘܡܟܐ
   ܘܕ. ܒܣܐ ܗܘ ܡܗ ܘܟܐܪܝ³ ܗܦܝ⁴
       ܒܠܐ ܪܣܝ

4 ܢܒܐ ܣܒܝܬܐ   ܕܒܐܠܟ ܠܚ̇ܗ
   ܡܟܝ ܡܢܕܝܬܐ⁵   ܐܡܪ ܣܟ ܠܥܕ.
       ܒܠܟܡܘܬܐ

5 ܘܟܐ ܠܐ ܐܠ ܗ̇ܝ ܠܗ̄   ܡܢ ܠܚܬܒܣܐ
   ܟܬܠܒܝ⁶ ܪ̈ܢܟܐ   ܘܬܪܝܢ ܬܒܣܐ⁷
       ܠܗܘܢ⁸ ܒܪܘܟܐ

6 ܡܛ ܠܟܐܪܟ   ܪ̇ܝ, ܪܕ ܣܠܐ
   ܕܐ ܠܟ ܟܚ ܪ̄ܒܐ   ܠܟܐܪܟ ܘܣܪܟܒ.
       ܐܝܟ ܟܚ ܠܥܘܗܐ ܗܘ

7 ܘܪܒܣ ܠܟܠ ܠܬܬܟ   ܟܢܫܐ ܬܠܚܝܠ
   ܘܐܟ ܕܚܝ ܒܐܡ̇   ܠܥܠ ܘܟܣܪܝ.
       ܘܟܐ ܒܪܟܬܐ

LXX. A 25 v° b, 20 – 25 v° c, 32; B p. 178 b, 7 a. i. – p. 179 a, 29; C 118 v°, 9 – 120 r°, 10 — ¹ Suppl. ex B — ² B ܐܦܟܐ — ³ B om. ܘ — ⁴ B add. ܗܟ — ⁵ B ܡܢܕܝܬܐ — ⁶ B ܟܬܠܒܝ — ⁷ B ܬܒܣ — ⁸ B ܐܟܣ

[1] B ܐܠܐ

LXXI

---

¹ B om. ܗ — ² B ܟ‌ܬ‌ܟ; lege ܟ‌ܬ‌ܠ C — ³ B ܕ‌ܒ‌ܗ‌ܣ‌ܗ‌ܒ‌ܗ.

LXXI. A 25 v° c, 33 – 26 r° a, 4 a. i.; B p. 179 a, 29 – p. 179 c, 6; C 120 r°,
11 – 121 v°, 9 — ¹ In B in initiis hym. LXXI-LXXIV neque numerus neque nova
linea; sed cfr. initium hym. LXXV. — ² B ܝ‌ܒ‌ܪ — ³ B ܟ‌ܒ‌ܒ‌ܬ

3 ܫܒܠܐ ܗܝ ܗܕܐ ܕܢܗܘܐ ܥܒܕܐ[1]
ܪܒ ܘܡܬܝܬܪ ܟܕ ܥܒܘܕܗ
ܠܐ ܪܒ ܡܢܗ

4 ܘܐܢ ܕܝܢ ܪܒ ܗܘ ܗܘ ܒܪܘܟܐ
ܥܒܕܐ ܕܥܒܕ ܐܝܟ ܡܬܢܚ
ܥܡ ܢܕܒܬܗ

5 ܘܐܢ ܗܘ ܕܥܒܕ ܥܒܕܐ[2] ܕܡܟܝܟܐ
ܡܬܢܚ ܒܥܒܕܗ ܗܘܝ[3] ܦܓܪܐ
ܕܠܐ * ܡܬܗܦܟ

* 26 rº *a*

6 ܒܪ ܬܘܒ ܬܗܪܐ ܗܘ ܒܠܚܐ ܕܥܒܕ
ܕܪܒ ܒܥܒܕܐ[4] ܥܒܝܕ ܐܝܟ
ܐܦ[5] ܒܪ̈ܝܬܗ

7 ܪܒܐ ܒܪܝܬܐ ܕܪܒ ܒܪܘܚܗ
ܘܥܒܘܪܐ ܬܘܒ ܕܥܒܕܐ ܕܬܐܪܒ
ܠܗ ܫܠܝܐ ܗܝ

8 ܠܐ ܒܥܠ ܕܒܪ ܡܟܝܟ ܕܥܒܕ
ܡܛܠ ܚܘܒܗ ܘܥܒܪ ܗܘ ܠܗ
ܡܛܠ ܥܘܒܕܗ

9 ܘܐܦ ܒܪܘܟܐ ܠܗ ܥܡ ܢܦܫܗ
ܡܬܒܬܥ ܗܘܐ ܕܒܪܐ ܡܟܝܟ
ܕܡܫܝܢ ܠܗ

10 ܠܐ ܗܘܐ ܠܡܘܒܠܗ ܬܘܒ ܢܟܐ ܗܘܐ
ܗ̇ܘ ܥܒܘܕܐ ܕܢܥܒܕ ܡܟܝܟ
ܕܡܬܚܡ ܠܗ

11 ܠܐ ܗܘܐ ܫܡܫܐ ܗܘ ܒܥܠ ܒܪܘܟܐ
ܘܠܒܪ̈ܝܬܐ[6] ܕܫܡܫܐ ܗܘ ܚܠܦ
ܢܝܪ ܡܢܝܢܘܗܝ

[1] B ܕܥܒܕܐ ܢܗܘܐ — [2] A add. supra lineam; lege ܡܟܝܟ BC — [3] C ܗܢܐ ܗܘ — [4] C ܒܪܘܟܐ — [5] C ܘܐܦ — [6] BC ܘܠܒܪ̈ܝܬܗ

---

[1] B ܐܟܐ — [2] B ܒܝܐܣܟ — [3] C ܟܝܕ ܚܣܠܝܢ ܣܝܟ

LXXII

ܒܪ ܩܠܗ

1 ܒܬܗܪܐ ܪܒܐ ܬܚܡ ܢܦܫܟ
* 26 r° b ܐܘ ܫܬܩܐ ܘܒܚܫ *ܪܢܝܟ
ܡܢ ܒܘܕܪܐ

ܒܚܝܬܐ: ܫܘܒܚܐ ܠܡܕܒܪܐ

2 ܒܗܝܡܢܘܬܐ ܡܬܦܪܥ ܠܟ
ܒܥܠܬܐ ܓܝܪ ܐܝܬ ܗܘ ܡܪܚܡ
ܡܢ ܒܘܕܪܢܐ[1]

3 ܕܕܪܫܐ ܪܒܐ ܠܐ ܦܣܩ ܠܗ
ܐܝܟ ܕܡܫܡܫܢܘܗܝ܆ ܕܫܦܐ ܗܘ ܗܦܟ
ܡܢ ܒܓ̈ܘܪܐ

4 ܒܗܝܡܢܘܬܐ ܩܘܐ ܠܬܗ
ܘܐܢ ܬܒܥܐ ܒܗ ܠܗ ܗܘ ܐܬܝܬ
ܡܐ ܕܐܫܬܗܝܬ

5 ܘܐܦ[2] ܠܐ ܠܗܕܪܐ ܦܣܩ ܪܗܛܟ
ܕܡܢ ܒܠܚܘܕܘܗܝ܆ ܐܦ ܠܐ ܕܐܝܬܘܗܝ܆
ܬܫܟܚ ܬܕܥ

6 ܡܬܘܡ ܘܠܥܠܡ ܐܢ ܕܪܫ ܐܢܫ
ܗܕܐ ܗܘ[3] ܝܗܒ ܠܟ ܕܬܫܟܚ ܬܕܥ
ܕܐܝܬܘܗܝ܆ ܒܠܚܘܕ

7 ܘܡܟܐ ܕܠܐܐ ܐܢܫܐ ܕܠܐܐ
ܗܕܐ ܗܘ ܢܕܥ[4] ܘܠܒܪ ܡܢܗ
ܠܐ ܐܝܬ ܕܢܕܥ[5]

8 ܟܠܐ ܗܘ ܓܝܪ ܗܦܟ ܠܕܒܟܐ ܠܗ

LXXII. A 26 r° a, 3 a. i. – 26 r° c, 34; B p. 179 c, 6 – p. 180 a, 8 a. i.; C 121 v°, 9 – 123 v°, 8 — [1] B ܒܘܕܪܢܝܗ; C ܒܘܕܪ̈ܢܘܗܝ — [2] B om. ܘ — [3] B ܗܝ — [4] B ܝܕܥ — [5] B ܕܢܕܥ̇; C ܕܢܕܥ

ܘܕܡܐ ܠܗ ܗܘ ܩܠ ܠܬܠܓܐ ܠܗ

ܥܠ ܐܪܥܐ

9 ܚܝܠ ܗܘ ܡܚܝܢ ܠܐ ܗܘܐ ܒܪܢܫܐ

ܠܠܐ ܗܘ ܟܘܠܬ ܐܣܟܪ. ܢܨܚ

ܘܚܝܢܗ ܗܘ ܓܠ

10 ܐܡ ܐܬܪܬܝܘܢ ܒܢ ܘܐܝ ܐܢܘ ܠܗ

ܢܚܝܠ ܗܘ ܐܢܘ ܐܘ ܟܒܘ ܐܬܐ

ܟܚܢܗ ܗܘ ܓܠ ܐܘ ܩܘܫܐ

11 ܐܠܟ ܒܩܒܬܘܬܗ ܒܩܒ ܐܘܒ ܒܩܒܬܘܬܗ

ܐܘ ܬܢܒܬܘܬܗ ܚܒܪ ܒܬܒܬܘܬܗ

ܕܢܚܝܐ ܠܐ [¹]

12 ܐܠܟܪ ܦܫܝ ܗܘ ܘܩܘܡܒ ܠܚܝ ܗܘ

ܦܠܝܚ ܗܘܬ ܚܠ ܦܩܘܒܡ

ܚܒܪ ܐܪܢܝܘ

13 ܚܝܢ ܪܒܐ ܪܒܐ ܗܘ ܘܪܒ ܐܠ

ܐܘ ܚܠܐ ܬܒܪ ܠ ܐܠܟܗ

ܕܢܠܐ ܪܝܘܚܐ ܗܡ

14 ܒܘܪܗ ܪܒܐ ܠܐ ܣܦܩ[²] ܐܠ

ܕܐܪ ܒܬܚܝ ܟܠܒ ܘܬܚܝܘܡܝ,

ܕܐܪ ܚܒܩܐ ܗܡ

15 ܘܠ ܢܟ ܕܝܡ ܬܚܝܫ ܐܟܪ ܠܬܚܡܝܪ.

ܘܕܡܐ ܗܡ ܬܘܦܩܘܡ ܘܠܐܠܬ ܗܝ ܩܝܡ.

ܐܠܬ ܡܬܬܘܚܝܪ *   * 26 r⁰ c

16 ܠܐ ܐܢܬ ܐܚܪܐ ܠܚܒܪܝܢ ܚܒ ܡܝܪ

ܡܝܪ ܘܐܠܐ ܐܢܬ. ܪܚܒ ܘܐܠܝܘ ܘܠܐܠ

ܐܠܝܘ ܠܐ ܒܪܟ

17 ܘܠܐ ܗܘܐ ܒܠܘܚܝ. ܘܐܠܝܘ ܘܠܐܠ

ܬܠܐ ܠܚܒܪܝ   ܐܠܐ ܐܘ ܠܐ

ܘܠܚܒܬܐ

18 ܠܝܬ ܠܡܩܪܒܗ ܘܐܦ[1] ܠܐ ܠܡܒܥܝܘ
ܘܐܦ ܠܐ ܠܡܫܐܠܐ ܘܐܦ ܠܐ ܠܡܦܫ
ܕܟܠ ܬܗܪܐ ܗܘ

19 ܘܐܝ ܚܘܣ ܐܢܬ ܕܠܟܠ ܬܫܐܠܬܐ
ܗܘ ܦܩܕ ܠܢ ܕܢ ܠܐ ܢܥܙ
ܡܢ ܒܪ ܕܐܝܬܘܗܝ

20 ܕܚܙܪ ܗܘ ܘܒܪܐ[2] ܡܬܚܙܝܢ ܗܘ
ܪܚܡ ܡܚܝܢ ܕܢ ܠܢ[3] ܢܦܩ
ܐܝܟ ܬܚܢܢܘܗܝ

21 ܠܘ ܐܝܟ ܢܘܪܐ ܗܘ ܕܒ ܪܚܘܡܐ
ܠܒ ܩܪܒܐ ܕܡܚܝܠ ܒܥܡܡܐ
ܕܢܬܩܪܒ ܠܗ

22 ܠܘ ܐܝܟ ܫܡܫܐ ܗܘ ܕܒ ܠܐ ܠܒܐ
ܢܘܗܪܗ ܠܥܝܢܐ ܗ̇ܝ ܡܬܒܥܝܐ
ܒܡܚܝܠܘܬܗ

23 ܚܠܝܦ ܗܘ ܡܪܐ ܒܢ ܡܩܢܝܢܘܗܝ
ܒܪܘܚܐ ܘܦܘܪܩܢܐ ܗܐ ܒܥܝܢ ܠܗ
ܘܠܒܝܢ ܠܗܘ

24 ܗܐ ܪܚܡ ܒܗ ܕܐܝܟ ܡܥܒܕ ܗܘ
ܒܪܘܚܐ ܪܒܐ ܕܢ ܠܗ ܚܣܝܢ
ܐܝܟ ܒܢܘܗܝ

25 ܢܦܩܐ ܪܒܐ ܡܟܐܒܐ ܪܘܚܐ
ܠܐ ܡܫܦܝܢ ܠܗ ܕܢܚܠܘܢܗܝ
ܕܢܦܩܐ ܗܘܐ

26 ܕܢ ܐܦ ܢܦܩܐ ܡܠܦܝܬܐ ܗܘ
ܢܦ ܪܒܘܬܐ ܠܐ ܬܦܠ ܒܗ
ܕܠܐ ܬܦܗܐ ܒܗ

[1] C om. ܘ — [2] B ܘܒܪܗ — [3] B ܠܐ

LXXIII

ܒܪ ܩܠܗ

1 ܗܐ ܦܠܓܘܬܐ ܒܨܝܐ[1] ܘܐܒܐ
ܕܝܠܕܐ ܘܒܪܐ ܕܚܝܡܢܘܬܐ
ܘܪܘܚܐ ܕܩܘܕܫܐ

ܒܫܝܢܬܐ : ܒܪܝܟ ܫܘܠܛܢܟ

2 ܘܚܕ ܗܘ ܚܕ ܗܘ ܬܠܬܝܘܬܐ
ܡܬܚܙܝܐ ܒܗ ܕܠܐ ܡܬܦܪܕܐ
ܟܠܗ ܢܦܫܗ

3 ܚܕ ܡܫܝܚܐ[2] ܗܘ ܚܕ ܕܬܠܬܐ ܗܘ
ܘܬܠܬܐ ܚܕ ܦܓܪܐ ܪܒܐ
ܬܗܪܐ ܠܟܠܐ

4 ܦܪܫ ܗܘ ܒܨܝܐ ܡܢ ܐܢܘܢ
⌜ܘܚܠܦ ܟܠܗ[3] ܕܐܦ[4] ܐܢܘܢ
ܒܨܝܐ ܗܘ ܐܦ ܗܘ

5 ܬܪܝܢ ܕܝܢ ܒܨ̈ܝܢ ܠܐ ܐܝܟ ܐܚܪܢ
ܟܕ ܐܢܘܢ ܒܨܝܐ ܗܘ ܐܦ ܗܘ * * 26 v° *a*
ܟܠ ܬܪ̈ܬܝܢܐ

6 ܬܪܝܢ ܐܠܗ̈ܝܢ[5] ܠܐ ⌜ܦܪ̈ܝܢ ܐܚ̈ܝܢ[6]
ܟܕ ܗܘ ܒܪܐ ܐܦ ܐܠܗܐ ܗܘ
ܟܠ ܒܪ̈ܝܬܐ

7 ܒܗ ܢܒܝܐ ܕܐܡܝܢ ܘܐܡܝܢܐ
ܐܣܝܪ ܐܢܘܢ ܐܣܝܪܐ ܘܫܪܝܐ
ܚܝܡܢܘܬܗ

LXXII. A 26 r° c, 35 – 26 v° a, 6 a. i.; B p. 180 a, 7 a. i. – p. 180 c, 12; C 123 v°, 8 – 125 r°, 9 — [1] BC ܕܒܨܝܐ — [2] B ܕܡܫܝܚܐ — [3] BC ܦܪ̈ܝܫܝܢ ܘܒܨܝܢ — [4] B ܘܐܦ — [5] B ܐܠܗ̈ܐ — [6] C ܦܪ̈ܝܢ; B ܦܪ̈ܝܢ ܚܝܢ

---

[1] B ܘܒܝܩ — [2] Lege ܘܩܝܝ B (C corr.) — [3] C add. ܘܗ — [4] B ܒܝܪ̈ܝܬܝ —
[5] C ܠܒܝܬ ܒܝ̈ܪܗ

17 ܐܝܟ ܦܪܘܩ ܕܠܒܫ ܦܓܪܐ
ܗܘ ܚܠܫܐ ܘܦܫ ܫܕܗ[1]
ܠܟܠܗ ܒܪܝܬܐ

18 ܡܢܐ ܕܥܒܕ ܕܝܢ ܗܘ ܐܠܝܦܐ
ܓܝܪ ܡܟܒܫܗ ܠܐ ܓܝܪ ܦܪܫ
ܡܢ ܠܘܬܗ

19 ܫܒܩ ܗܪܟܐ ܚܡܝܡܘܬܗ
ܐܝܟ ܪܘܚ ܩܘܕܫܐ ܕܫܒܩ ܡܢ ܒܪܢ
ܓܝܪ ܬܠܡܝ̈ܕܐ

20 ܚܝ ܕܬܘܒܬܐ ܟܕ ܗܘ ܒܪ̈ܝܬܐ
ܘܠܐ ܬܬܦܠܓ ܒܬܠܡܝ̈ܕܬܐ[2]
ܕܠܡܐ ܬܐܡܪ

21 ܕܒܛܠܠܐ ܗܘܬ ܠܟ ܗܐ ܚܙܝܬܟ
ܚܙܝ ܕܬܠܬܐ ܗܘ ܬܠܝܬܝܘܬܐ
ܚܕܐ ܐܝܬܘܬܐ

LXXIV

ܒܪ ܩܠܗ

1 ܡܢ ܢܦܩ ܠܗ ܕܐܓܪ ܘܐܚܝܪ
ܟܝܢ ܢܗܝܪܐ ܕܡܟܢܫ ܟܝܢ
ܐܕܪ̈ܝ ܒܪܝܟ
* ܒܘܢܝܬܐ : ܒܪܝܟ ܠܕܪܟ * 26 vº *b*

2 ܡܢܘ ܢܕܪܟ ܚܡܝܡܘܬܗ
ܕܒܗ ܡܬܦܠܓܐ ܠܐ ܡܬܦܫܛܐ
ܐܝܟ ܪܘܚ ܩܘܕܫܐ

[1] B ܫܕܝܗ̇ — [2] BC sine punctis pluralis

LXXIV. A 26 v° a, 5 a. i. – 26 v° c, 25; B p. 180 c, 12 – p. 181 b, 10; C 125 r°, 10 – 127 r°, 6

3 ܫܪ̈ܐ ܒܗܘܢܐ ܕܡܫܬܡܗܬܗ
ܟܠ ܟܠ ܡܕܡ ܢܓܕ ܟܠ ܟܠܗ
ܘܢܓܕ ܚܕ ܟܠܗ

4 ܠܐ ܡܬܦܫܩܐ ܡܢ ܙܥܘܪܐ
ܕܢܬܒܨܐ ܒܗ ܘܠܐ ܡܢ ܫܡܝܢܐ
ܕܡܫܟܚܐ ܒܗ

5 ܘܟܕ ܡܬܦܫܩܐ ܟܠ ܒܪ̈ܝܬܐ
ܚܕ ܚܕ ܥܡܠ ܚܝܠܐ ܕܒܘܨܝܗ
ܐܝܟ ܡܐ ܕܡܨܝܐ

6 ܒܗ ܡܫܬܥܝܢ ܒܪ̈ܝܬܐ
ܟܕ ܠܒܪ ܠܗ ܒܕܡܘܬ ܐܕܡ
ܗܘ ܕܐܬܦܪܣ

7 ܗ̣ ܗ̣ ܙܥܘܪܐ ܠܟܠ ܕܫܠܝܚ
ܟܕ ܫܠܝܐ ܠܗܘ̱ ܐܝܟ ܒܥܝܪ̈ܐ
ܠܟܠ ܣܘܒܪ̈ܝܢ

8 ܪܘܚܐ ܠܒܫܬ ܐܦ ܠܫ̈ܠܝܚܐ
ܘܫܠܚܬ ܐܢܘ̱ ܠܐܪܒܥ ܦܢ̈ܝܢ
ܟܠ ܣܘܒܪ̈ܢܐ

9 ܒܡܫܡܫܘܬܐ ܡܬܒܥܠ ܟܠ
ܐܝܟ ܕܒܪܘܚܐ ܡܬܡܕܥ ܟܠ
ܦܘܫܩܐ ܓܠܝܐ

10 ܒܗ ܡܙܕܒܢܐ ܦܪ̈ܝܫܘܬܐ
ܕܟܠܗ ܦܓܪܐ ܐܝܟ ܠܡܐܢܘܬܐ
ܡܢ ܪܘܚ ܩܘܕܫܐ

11 ܒܗ ܡܫܬܪ̈ܝܢ ܐܦ ܓܒ̈ܝܬܐ[1]
ܕܐܝܟ ܩܘܪܒܢܐ ܐܝܟ ܢܦܩ̈ܬܐ
ܕܐܝܟ ܒܢܝܐ

12 ܒܗ ܗܘ ܕܝܗܒ ܟ̈ܠ ܢܣܒ

[1] B ܓܒ̈ܘܬܐ

18 ܚܘܒܐ ܕܙܪ ܒܠܟܝ ܣܝܡܐ * * 26 vo c

LXXV 20

---

¹ B ܟܐܫܘ — ² Lege ܟܐܘܐܠ BC — ³ C ܠܝ̈ܪ.ܐ — ⁴ C ܗܪ.ܥ — ⁵ B ܐܒܪܟܐ —
⁶ Suppl. ex B

　LXXV. A 26 v° c, 26–27 r° b, 18; B p. 181 b, 11–p. 182 b, 12; C 127 r°, 7–
129 r°, 12 — ¹ Suppl. ex B — ² B ܟܐܡܐܠ ܟܐܘܗܩܒܫ

2 ܘܐܝܟ ܬܒܥܐ ܠܗܘ ܒܪܘܝܐ
ܐܝܟ ܒܪ ܐܢܫܐ ܟܕ ܐܢܫܘܬܟ
ܐܘ ܒܪܢܫܐ

3 ܠܐ ܡܬܒܨܝܐ[1] ܘܦܫܝܩܘܬܗ
ܕܗܘ ܢܗܝܪܐ ܟܕ ܠܐ ܦܫܝܩܐ
ܡܢ ܐܚ̈ܘܕܝܗ

4 ܠܐ ܡܬܚܙܝܐ ܚܣܝܢܘܬܗ
ܕܗ̇ܘ ܙܠܝܩܐ ܡܢ ܒܒ̈ܬܐ
ܕܡܡܠܠܬܐ ܗ̇ܝ

5 ܘܪܒܐ ܠܥܝ̈ܢܐ ܒܚܣܝܢܘܬܗ
ܘܐܦ ܠܐܕ̈ܢܐ ܒܦܫܝܩܘܬܗ
ܕܠܐ ܓܫ ܘܚܙܝ

6 ܦܘܡܐ ܘܐܕ̈ܢܐ ܘܚܝܪܐ ܬܘܒ
ܬܠܬܐ ܪ̈ܓܫܝܢ ܠܐ ܐܪܓܫܘ ܗܘܘ
ܒܬܠܝܬܐ[2]

7 ܠܐ ܓܝܪ ܦܘܡܐ ܠܗܘ ܢܗܝܪܐ
ܐܟܠ ܡܬܚܘܡ[3] ܘܐܦ[4] ܠܐ ܚܙܝܐ
ܩܐܡ * ܙܚܝܐ[5] * 27 rº a

8 ܐܦ[6] ܠܐ ܐܕܢܐ ܫܡܥܬ ܡܬܚܘܡ
ܡܠܗ ܕܢܘܗܪܐ ܟܕ ܗܐ ܪܗܛ
ܟܠ ܒܪ̈ܝܬܐ

9 ܘܐܢ ܓܝܪ ܫܡܫܐ ܗܢܐ ܕܒܗܪܐ
ܕܐܢܬ ܒܐܪܘܥܐ[7] ܪ̈ܓܫܐ ܬܠܬܐ
ܗܐ ܬ̈ܠܬܝܢ

10 ܟܠܗ ܠܓܘܫܡܟ ܐܠܘ ܪ̈ܓܫܐ ܗܘ
ܠܐ ܡܫܟܚܢ ܗܘܘ ܠܐܠܗܘܬܐ
ܒܨܝܬ ܡܢ ܟܠ

[1] BC ܡܬܒܨܐ — [2] In C puncta pluralis — [3] B ܡܢ ܡܬܚܘܡ — [4] B om. ܘ — [5] Lege ܕܚܙܝܐ BC — [6] B ܘܐܦ — [7] BC ܒܪܘܥܐ

11 ܪ̈ܓܫܐ ܬܠܬܐ ܕܗܘܐ ܒܓܠܝܠܝܐ
ܟܕ ܐܪ̈ܝܫܘܗܝ ܕܬܠܡ̈ܝܕܐ
ܕܢܦܩܘ ܫܡܫܐ

12 ܗܢܘܢ ܩܕܡ ܕܐܦ ܢܒܪ̈ܝܢ
ܠܒܘܩ̈ܝܗܘܢ ܕܐܒܐ ܘܒܪܐ
ܘܪܘܚ ܩܘܕܫܐ

13 ܬܠܬ ܬܘܒ ܫ̈ܢܝܐ ܠܘܩܒܠ ܫܡܫܐ
ܘܚܕ ܬܘܒ ܕܘܡܝܐ ܕܝܠܕܗ
ܕܗܘ ܡܕܢܚܐ

14 ܕܕܠܐ ܦܘܫܐ ܘܕܠܐ ܙܪܥܐ
ܒܟܠܗ ܢܘܪܐ ܝܠܕܐ ܕܗܘܐ
ܐܝܟ ܡܘܠܕܗ

15 ܠܘ ܒܦܘܫܐ ܗܘ ܗܝ ܟܕ ܫܡܫܐ
ܘܐܦ ܠܐ ܒܙܪܥܐ ܗܝ ܒܗ ܫ̈ܢܝܐ
ܐܪܙܐ ܪܒܐ

16 ܟܕ ܫܠܡܝܢ ܒܢܝ ܫ̈ܢܝܐ ܘܫܡܫܐ
ܗܘܐ ܝܠܕܐ ܕܚܙܐ ܒܗ ܐܢܫ
ܝܠܕܗ ܕܒܪܐ

17 ܡܢ ܒܬܘ̈ܠܬܐ ܒܦܫܪ̈ܬܐ
ܠܒܣܝܠܘܬ ܕܦܫܘܩܝܬܐ
ܢܒܥ ܕܒܪܐ ܗܘ

18 ܒܟܠ ܕ̈ܘܟܘܢ ܗܘ ܐܬܩܪܒ ܠܗ
ܗܘ ܒܫܡܝܐ ܠܒܪܢܫܘܬ
ܐܝܟ ܕܐܢܫܝܗ

19 ܘܐܦ ܗܘ ܕܒܪܐ ܐܦ ܐܠܗܐ
ܕܠܐ ܕܡܘ̈ܬܐ ܠܐ ܐܬܩܪܒ
ܟܕ ܐܢܫܘܬ

20 ܗܘ ܒܪ ܐܢܫܐ ܕܗܘܐ ܡܠܟܐ ܗܘ

* 27 ro b

[1] B ܘܐܘ — [2] B add. ܕܚܘܠܝܢ

ܟܠ ܪ̈ܓܫܘܗܝ ܪ̈ܘܚܢܐ
ܕܫܪ̈ܟܐ ܦܓ̈ܪܐ

30 ܒܐܝܠܝܢ ܚܝ̈ܪܐ ܗܐܘ ܠܓܢܗܝ
ܘܒܐܝܠܝܢ ܪ̈ܓܠܐ ܪܗܛ ܒܫܩܐ
ܒܒܘܠܬܗ̇ ܒܪܬܐ

[ܫܠܡ][1]

LXXVI

[ܐ][1] ܒܪ ܡܠܗ

1 ܒܫܡ ܐ̈ܠܗܐ ܗܐ ܡܬܟܢܫ
ܐܦ[2] ܦܐܪ̈ܝܗܘܢ ܐܢ ܗܘ ܕܥܠܝܢ ܐܢܘܢ[3]
ܐܘ ܡܙ̈ܢܝܢ

ܒܚܝܬܐ : ܒܪܝܟ ܐܢܬ ܒܐܒܘܟ

2 ܫܘܡ ܐܢܘܢ ܫܡܗ̈ܬܐ ܐܦ ܕܐ̈ܠܗܐ
ܘܕܦܐܪ̈ܝܗܘܢ ܦܪ̈ܫܝܢ ܘܫܘܡܝܢ
ܐܪܙܐ ܪܒܐ

3 ܦܪܫ ܗܘ ܦܐܪܐ ܡܢ ܐܝܠܢܗ
ܘܫܘܐ ܠܡܗ ܕܚܕ ܒܡܢܝܐ
ܗܝܡ ܠܬ̈ܪܝܗܘܢ

4 ܚܠܐ ܒܡܪܐ ܘܚܠܐ ܦܐܪܗ
ܒܫܡܐ ܫܘܐ ܦܪܘ ܠܬ̈ܪܝܗܘܢ
ܠܗ ܘܠܦܐܪܗ

5 ܦܪܫ ܫܡܗ̈ܐ ܕܒܢܐ ܘܦܐܪܗ
ܘܐܫܘܐ ܐܢܘܢ ܬܘܒ ܘܦܪܫ ܠܦܐܪܐ
ܒܫܡ ܐܠܗܐ

[1] Suppl. ex B

LXXVI. A 27 r° b, 19 – 27 r° c, 26; B p. 182 b, 13 – p. 182 c ult.; C 129 r°, 12 – 130 r°, 18 — [1] Suppl. ex B — [2] B ܘܐܦ — [3] Omitte cum BC

6 ܕܐ ܗܘ ܕܢܠܒܫ ܢܚܬܐ[1] ܦܓܪ
ܐܦ[2] ܠܦܐܪܐ[3] ܘܠܒܘܫܗ
ܒܪ ܚܢܢܐ ܗܘ

7 ܦܪܫ ܥܡܗ̈ܐ ܕܐܒܐ ܘܒܪܐ
ܘܐܫܘܐ ܐܢܘ ܬܘܒ ܕܐܒܐ ܐܠܗܗ
ܘܒܪܐ ܐܠܗܗ

8 ܕܐܠܗܐ ܗܘ ܓܝܪ ܫܡܗ ܕܐܒܐ
ܘܐܠܗܐ ܗܘ * ܬܘܒ ܫܡܗ ܕܒܪܐ * 27 ro c
ܐܝܟ ܡܐ ܕܟܬܝܒ

9 ܦܪܫ ܓܝܪ ܒܫܡܗܐ ܡܛܠ ܕܒܪܐ ܗܘ
ܘܫܘܐ ܒܫܡܗܐ ܕܐܦ ܗܘ[4] ܐܠܗܐ ܗܘ
ܫܘܒܚܐ ܠܫܡܗ

10 ܘܕܪܫܝܢ ܐܦ ܐܢ̈ܫܐ
ܐܦ ܦܐܪ̈ܘܗܝ ܕܐܒܐ ܘܒܪܐ
ܒܡܐ ܕܪܫܝܢ[5]

11 ܓܪ ܒܡܗ̈ܝܡܢܘܬܐ ܥܠ ܠܒܢ̈ܬܐ
ܐܝܟ ܕܢܣܒܐ ܕܠܐ ܡܬܚܙܝܢ
ܒܕܡܬܚܙܝܢ

12 ܘܪܫܡ ܐܪ̈ܙܘܗܝ, ܥܠ ܐܢ̈ܫܐ
ܐܝܟ ܕܢܦܫܐ ܕܠܐ ܡܬܕܪܟܝܢ
ܒܕܡܬܕܪܟܝܢ

13 ܬܪܓܡ ܠܝ ܓܝܪ ܘܐܦ[6] ܟ̈ܠܝܠܬܐ
ܒ̈ܠܝܠܬܐ ܕܕܠܝܠܐܝܬ
ܢܫܬܟܠ ܒܗ

14 ܘܐܦ ܟ̈ܠܝܠܬܐ ܒܦܫܝ̈ܩܬܐ[7]
ܗܐ ܦܫܩ ܠܝ ܕܦܫܝܩܐܝܬ
ܢܕܥ ܕܒܪܐ ܗܘ

[1] B add. ܗܘ — [2] B ܘܐܦ — [3] B ܠܦܐܪܗ — [4] Omitte cum BC — [5] B ܕܪܫܝܐ — [6] BC om. ܘ — [7] C ܒܦܫܝܩܘ̈ܬܐ

15 ܕܗܘ ܕܝܢ ܡܪܢ ܘܐܦ[1] ܐܠܗܐ ܗܘ
ܒܐ̈ܝܢܐ ܐܪܓܙܘ ܒܡܘܪ̈ܐ ܕܝܢ
ܐܦ[2] ܠܐ ܒܐܒܘܗܝ

16 ܬ̈ܠܬܐ ܡܢܝܢ ܕܐܒܐ ܐܠܗܗ
ܘܒܪܐ ܐܠܗܗ ܕܠܐ ܐܠܗܗ ܗܘ
ܒܡܟܐ ܕܒܦܪ

[ܫܠܡ][3]

LXXVII

[ܡܒ][1] ܒܪ ܡܠܗ

1 ܠܟ̇ ܠܡ ܫܒܚܬܐ ܠܐ ܚܕ ܠܟ̇
ܬܠܘܬܗ̇ ܫܒܪ̈ܐ ܒܥܡܗ ܕܒܪܐ
ܘܐܝܟ ܢܪܒܬ ܠܟ̇

ܒܚܝܘܬܐ : ܒܪܝܟܐ ܕܚܝܬܟ[2]

2 ܐܝܟܢ ܠܐܒܐ ܚܕ ܒܡܘܪܐ
ܗܘ ܕܪܒ ܒܝ ܗܢܘ ܕܐܒܐ
ܕܠܐ ܚܕ ܠܗ

3 ܠܟ̇ ܠܡ ܫܒܚܬܐ ܠܐ ܐܝܬ[3] ܚܕ
ܘܐܦܠܐ[4] ܒܡܘܪܐ ܕܐܒܐ ܗܘ ܒܠܚܘܕ
ܗܘ ܚܕ ܠܗ

4 ܘܐܢ ܐܝܟ ܕܪܘܚ ܠܐ ܚܕ ܠܟ̇
ܒܪ ܕܒܪܝܬܐ ܗܘ ܗܐ ܚܒܪܝ[5] ܠܗ
ܒܡܩ̈ܒܠܗܘܢ

5 ܬܘ ܐܬܕܡܪܘ ܕܐܢ ܗܘ ܕܡܪܢ

[1] BC om. ܘ — [2] C ܘܐܦ — [3] Suppl. ex B

LXXVII. A 27 r° c, 27 – 27 v° b, 14 ; B p. 183 a, 1 – p. 183 c ult. ; C 130 r°, 19 – 132 v°, 5 — [1] Suppl. ex B — [2] BC ܐܚܝܬܟ — [3] B ܠܐ ܐܝܬ — [4] B om. ܘ — [5] C ܚܒܪܝ

ܟܠ ܕܒܪܢܫܐ ܗܘ ܠܗ̇ܝ ܠܡ ܫܒܬܐ
ܠܐ ܝܕܥ ܠܗ̇ܝ

6 ܗܢܘܢ ܕܒ̈ܥܝܢ * ܒܐܝܕܗ ܕܝܠܗ	* 27 v° *a*
ܣܠܩ ܗ̄ܝ ܫܒܬܐ ܠܡܪܐ ܥ̈ܒܕܐ
ܕܢܚܬܘܢ ܐܡܪܝܗ

7 ܢܣܒܘܢ ܡܕܡ ܥܠ ܡܠܬܗܘܢ
ܕܟܠ ܕܒܪܢܫܐ ܗܘ ܢܦܠ ܫܘܬܐ ܗܘ[1]
ܝܕܥ ܒܘܪܐ[2]

8 ܒܗ̇ܝ ܝܕܥܬܐ ܕܝܕܥ ܠܐܒܘܗܝ
ܐܦ[3] ܗ̄ܝ ܫܒܬܐ ܐܬܚܫܒܬ[4] ܠܗ
ܒܟܢ[5] ܝܕܥܬܗ[6]

9 ܐܢ ܕܝܢ ܢܗܒ ܠܗ ܕܝܕܥ ܫܘܒܚܗ
ܘܒܗ̇ܝ ܡܢܗ ܫܒܬ ܪܒܐ
ܪܒܐ ܗ̄ܝ ܡܢܗ

10 ܐܘܦ ܫܒܬܐ ܕܠܐ ܝܕܥ ܠܗ
ܠܐܒܐ ܕܝܕܥ ܘܬܘܩܠ ܘܣܝ
ܐܝܟܐ ܡܛܬܝ

11 ܒܪܐ ܗܘ ܠܡ ܒܠܚܘܕ. ܕܝܕܥ ܠܐܒܐ
ܠܟܠܗ ܝܕܥ ܠܐ ܗܘܐ ܠܡܢܗ
ܕܠܘ ܚܣܝܪܐ ܗܘ

12 ܘܕܚܝܬܬܐ ܗܘ ܗܘ ܒܡܪܐ
ܚܬܝܬܐܝܬ ܗܘ ܝܕܥ ܠܗ
ܠܦܐܪܐ[7] ܕܐܘܠܕ.

13 ܘܐܝܟܐ[8] ܦܐܪܐ ܕܥܠܠ ܝܕܥ
ܡܢ ܒܡܪܗ ܕܡܣܟܢ ܗܘ
ܟܠܗ ܒܟܠܗ

14 ܕܐܢ ܦܐܫ ܠܗ ܗܘ ܒܐܝܕܥܬܗ[9]

[1] BC om. — [2] BC ܒܘܪܝܗ — [3] B ܘܐܦ — [4] C ܐܬܚܫܒܬ — [5] B ܬܚܝܬ — [6] BC ܐܝܕܥܬܗ — [7] Lege ܦܐܪܐ BC — [8] B add. ܗܘ; C ܘܐܝܟ — [9] B ܒܐܝܕܥܬܐ; C ܒܝܕܥܬܗ

---

¹ C ܡܝܒ — ² C om. — ³ BC ܟܐܚܝܝܟ — ⁴ C ܐܟܘ — ⁵ C ܙܝܐܝ (corr.) —
⁶ B om. ܘ — ⁷ Lege ܟܐܚܐܒܝ BC — ⁸ Lege ܟܝܟܐܝ BC — ⁹ BC ܥܠܐܝ —
¹⁰ Omitte cum BC — ¹¹ BC ܝܚܝ — ¹² BC ܐܟܘ

23 ܪܡ ܕܝܢ ܦܐܪܐ   ܘܠܒܫ ܦܓܪܐ
ܘܠܒܫ ܒܗܘܢ   ܫܘܦܪܐ ܡܫܝܚܝܐ
ܕܒ̈ܢܝ ܦܠܓܘܬܗ

24 ܕܐܝܟ ܕܠܒܫ   ܐܦ ܐܠܒܫܢ
ܐܘܣܦ ܘܠܒܫ   ܘܐܦ[1] ܝܗܒܢ
ܟܠܝܠܢ

25 ܗܘܐ ܝܗܒ ܟܠ   ܠܐ ܝܗܘܒܐ
ܫܐܠ ܘܫܩܠ   ܐܝܟ ܒܪ ܐܢܫܐ
ܡܛܠ ܐܢܫܐ

26 ܘܐܢ ܫ̈ܠܝܛܐ   ܒܥܘ * ܠܐܠܗܘܬܐ   * 27 vo *b*
ܗܘ ܒܪ ܕܒܪܐ ܗܘ   ܐܦ ܠܐ ܚܛܘܦܬܐ
ܣܦܩ ܕܢܣܒܢ

27 ܐܘ ܢܥܠܘܢ ܒܗܬ   ܐܠܐ ܝܗܒ
ܘܐܢ ܕܝܢ ܒܥܘ   ܢܕܘܢ ܠܒܪܐ
ܕܟܠ[2] ܝܗܒ

28 ܐܢ ܕܝܢ ܒܥܘ   ܒܙ ܠܐ ܡܦܝܣ
ܡܪܫܘܬܐ ܗܝ   ܐܢ[3] ܕܝܢ ܡܦܝܣ
ܐܝܟ ܡܘܗܒܬܐ ܗܝ

29 ܗܿܘ ܕܠܦܓܪܐ   ܝܗܒ ܕܢܗܒ
ܐܝܟ ܟܠܐ   ܠܒܪܗ ܕܝܗܒ
ܫܒܩ ܘܒܥܐ

30 ܠܗܿܝ ܠܡ ܫܒܩܬܐ   ܠܐ ܝܗܒ ܠܗ
ܒܠܬܐ ܕܗܘܕܐ   ܠܐ ܝܗܒܬܐ
ܦܓܪܐ ܗܘ ܕܠܒܫ

[ܫܠܡ][4]

[1] BC om. ܘ — [2] Lege ܕܠܟܠ BC — [3] BC ܘܐܢ — [4] Suppl. ex B

LXXVIII

[ܩܠ][1] [ܒܪ ܡܠܘܗ][2]

1 ܕܠܐ[3] ܡܡܬܘܡ[4] ܬܒܥܝܐ[5] ܠܡܐܡܪ
ܕܠܗ̇ ܫܒܬܐ ܒܪܐ ܠܐ ܢܕܥ
ܕܣܟܡ ܗܘ ܠܗ̇

[ܥܘܢܝܬܐ : ܒܪܝܟ ܣܟܡ ܟܘܠ][6]

2 ܫܒܬܐ ܗܝ ܕܐܬܝܬܗ̇ ܡܢ ܚܘܫܒܢܐ
ܢܕܥ[7] ܗܘ ܠܗ̇ ܕܒܗ̇ ܐܬܪܒܒܘ
ܟܠ ܡܢܝܢܝܢ

3 ܘܐܦ[8] ܡܢ ܫܢܬܐ ܗܝ ܣܟܡ ܗܘ ܠܗ̇
ܕܒܗ̇ ܐܬܪܒܒܘ ܝܪ̈ܚܝ ܫܢܬܐ
ܐܝܟ ܗܕ̈ܡܐ

4 ܐܦ ܡܢ ܝܪܚܐ ܗܝ ܢܕܥ ܗܘ ܠܗ̇
ܕܒܗ̇ ܐܬܪܒܒܘ ܝܘܡ̈ܝ ܝܪܚܐ
ܐܝܟ ܫܪ̈ܒܐ

5 ܘܐܦ ܡܢ ܝܘܡܐ ܗܝ ܠܐ ܛܥܝܐ ܠܗ̇
ܕܒܗ̇ ܐܬܦܠܓܘ[9] ܫ̈ܥܐ ܘܫ̈ܒܥܐ
ܐܦ ܫܒ̈ܥܐ

6 ܘܐܦ ܡܢ ܫܥܬܐ ܗܝ ܢܕܥ ܗܘ ܠܗ̇
ܕܗܘܝܘ ܕܪܫ ܠܗ̇ ܫܒ̈ܝܠ ܡܘܬܐ
ܘܕܪ̈ܓܝ[10] ܡܚܛܐ

7 ܘܐܦ ܡܢ ܣܗܪܐ ܗܝ ܬܘܒ ܣܟܡ ܠܗ̇
ܕܗܘܝܘ ܕܒܟܢ ܟܣ̈ܐܐ ܚ̈ܠܦܐ[11]
ܟܡ ܪܫ ܝܪ̈ܚܐ

LXXVIII. A 27 v° b, 14 – 27 v° c, 9 a. i.; B p. 184 a, 1 – p. 184 c, 3 a. i.; C 132 v°, 6 – 134 v°, 6 — [1] Suppl. ex B — [2] Suppl. ex BC (A solummodo puncta dividentia strophas) — [3] BC ܕܠܡܐ — [4] C ܡܢ ܡܬܘܡ — [5] Lege ܬܒܝܥܐ B (C corr.) — [6] Suppl. ex B — [7] B ܘܢܕܥ — [8] BC om. ܘ — [9] BC ܐܬܦܠܓ — [10] B ܘܕܪ̈ܓ — [11] B ܚ̈ܠܦܐ (corr ?); C ܚ̈ܠܦܐ

* ‍ܟܘܐܝ ‍ܟܘܡ‍ ‍ܟ‍ܝܒ ܚܝܣܘ   * 27 vo c
---

[1] Lege ‍ܡܝܪ BC — [2] Lege ‍ܟܠܚ BC — [3] B ‍ܘܡ — [4] Suppl. ex BC

17 ܗ݂ܢܝ ܫܘܒܚܐ ܐܪ [1]ܗܘ ܟܝܐ

ܐ݂ܣ ܗ݂ܘ ܒ݂ܝ ܥ݂ܠ ܗܘ ܪܗܛܐ ܕܐܬܬܠ݂ܝܬ

ܟ݂ܕ ܬܠ݂ܝܐ

18 ܗ݂ܡ ܪ݂ܢܐ ܫܘܒܚܐ ܕܒܛ݂ܢ݂

ܡ݂ܢ ܣܘܚܡ̇ܗ ܐܪ ܗܘܟܝܐ

ܐ݂ܣ ܗ݂ܘ ܒ݂ܝ ܥ݂ܠ

19 ܐ݂ܠ ܗ݂ܝ ܒܫ݂ܡ ܫܡ݂ܫܘܗ

ܗܘܐ ܝܪܐ ܠ݂ ܕܒܪ݂ܐ[2] ܡ݂ ܕ݂ ܠ݂

ܘܐܬܠܐ ܡܢ ܒ݂ܠ

20 ܫܡ݂ܫܘܗ ܓ݂ܝܪ ܕܐ݂ܠܗܐ

ܗ݂ܝ ܕܒܛ݂ܢ݂ ܠܥܘܒ݂ܗ ܗ݂ܝ

ܗ݂ܝ ܕܬܠܚ

21 ܘܫܡ݂ܫܘܗ ܕܒܛ݂ܠ ܠ݂ܡ݂ܗ

ܐܡܘܗܬܗ ܕܐ݂ܪ ܗ݂ܝ ܐܚܝܘܗ

ܘܬܠܚ ܒܬ݂ܠ

22 ܐܘ ܬ݂ܠܠܐ ܘܡ݂ܪܬܐ

ܕ݂ܝ ܬ݂ܪܚܬ ܐܪ [ܘܩ݂ܝ ܚ݂ ܘܒܪܐ

ܕ݂ܠܐ ܡܬܒ݂ܪ̈][3]

23 ܕܫ݂ܥܬ ܪܒܢ ܗܘ[4] ܘܥ݂ܠܬ [5]ܪܒܢ ܗܘ

[ܘܒܪܐ ܪܒܢ ܗܘ[6]][3] ܘܟ݂ܣܗ ܕܪܒܢ݂ܐ

ܥܬ ܪܒ݂ܝ ܡܒܪܟ

24 ܪ݂ܢܐ ܬ݂ܠܐ ܕܒ݂ܩ݂ܘܬܐ[7]

ܕ݂ܠܐ ܡ݂ܝ ܐ݂ܝܐ ܒܚ݂ ܪ݂ܝ ܒܬ݂ܠ݂

ܐܝܟ ܕܒ݂ܩ݂ܗ

25 ܪ݂ܢܐ[8] ܬ݂ܠܐ ܕܐܡܘܗܬܗ

ܕ݂ܠܐ ܐ݂ܝܐ ܠ݂ܡ݂ܗ ܗܘܐ ܡܒ݂ܬܠ

ܐܪ [9]ܠܒܢܪܐ

[1] B ܐܟܘ — [2] B add. ܗ݂ܝ — [3] Suppl. ex BC — [4] BC om. — [5] BC om. ܘ —
[6] B om. — [7] C (corr.) ܕܒ݂ܩ݂ܘܬܗ — [8] B add. ܗ݂ܝ — [9] B ܐܟܘ

LXXIX

ܘܠܐ ܐܬܒܥܫܐ [5]* * ܐܠܒܚ̇، ܫܒܝܐ ܐܘܢܐ   * 28 r° a

[1] Suppl. ex B

LXXIX. A 27 v° c, 8 a. i. – 28 r° c, 9 a. i. ; B p. 185 a, 1 – p. 186 b, 25 ; C 134
v°, 6 – 139 r°, 12 (omisso folio 136 quod continet hym. de Margarita IV 10-15) —
[1] B ܒܝܪ — [2] B ܐܫܒܚܠ — [3] BC — [4] B * ܒܝܬܒ، ܗ̇ ܐܘ — [5] AB

¹ C — ² B add. ܗܘ — ³ B om. ܘ — ⁴ B ܫܡܝ̈ܢ — ⁵ Deest in Mss. — ⁶ B
ܝ̈ܗܘܡܣ — ⁷ Lege ܘܒܛܝܠܗ BC — ⁸ C , ܘܐܬܒ — ⁹ Lege ܒܝ̈ܪ B — ¹⁰ C ܪܡܐܝ

5

     * 28 ro b

10

15

20

25

---

¹ C — ² BC ܪܟܗܘܐܝܟܬ — ³ B ܒܪܘ (in C ܒ add. supra lineam) — ⁴ Lege
ܐܝܘܢܪܐ BC — ⁵ B .ܒܕܘ — ⁶ AC — ⁷ Lege ܩܫܝܪܐ BC — ⁸ B ܪܝܡܪܝ. —
⁹ AC — ¹⁰ BC ܫܒܩܘܪ — ¹¹ C ܪܩܪ̈ — ¹² C — ¹³ B om.

* 28 ro c

5

10

15

20

25

---

[1] BC om. — [2] BC — [3] Lege ܪܒܝܚܗ ܣܡܠܬܝܟܪ B (C corr.) — [4] B add. ,ܗ —
[5] Deest in Mss — [6] Lege ܪܒܩܘܡܣܐ BC — [7] C — [8] B ܬܚܝܢܝ — [9] BC

[1] C ܣܝܘܢ — [2] BC ܕܪ̈ܘܡܗܬ — [3] BC — [4] C — [5] B ܘܥܦ — [6] Lege ܐܘܚܝܠ
BC — [7] Lege ܪܚܝܠܬܐ C; B ܪܚܝܠܬܐ — [8] A — [9] AC — [10] C ܐܝܟܪ; B ? —
[11] Lege ܣܘܪܚܬܐ B (C corr.) — [12] BC ܪ̈ܢܝܪ — [13] C ܒܢܝܪܬܐ — [14] Lege
ܒܡ BC — [15] C ܐܝܠܛܬ، (corr.) — [16] Lege ܒܢܝܪ̈ܬܗ BC — [17] Suppl. ex B

LXXX

ܥܠ ܩܠܐ [ܕܟܠܗ̇ ܒܪܝܬܐ ܫܒܚܬܟ][1]

1 ܫܐܠܐ ܘܫܡܥܐ ܦܪܘܫܐܝܬ
ܕܢܦܫܐ ܕܬܬ̈ܪܝܡ ܗܝܡܢܘܬܐ ܗܝ
ܘܐܟܢܐ ܕܦܓܪܐ ܒܢܦܫܐ ܩܐܡ
ܘܐܦ ܗܝ ܢܦܫܐ ܬܠܝܐ ܐܘ̣ ܚܝ̈ܝܗ
ܒܗܝܡܢܘܬܐ ܘܐ̣ ܗܘ ܕܬܬܒܥܪ
ܐܘ ܬܬܦܠܓ ܗܘܬ ܠܗ ܥܠ̇ܝܐ * (* 28 v° a)
ܒܡܫܚܬܐ : ܘܒܢܐ ܗܘ ܕܐܓܘܢܐ[2]
ܕܢܝܚܐ ܠܐܬ̈ܠܝܛܐ
ܕܗܘܐ ܥܠܬܐ ܠܡܣܒ ܪܒܘܬܐ

2 ܦܓܪܐ ܗܘ[3] ܡܚܝܠ ܗܘ ܒܡܚܘܬܐ
ܗܐ ܬܠܐ ܒܢܦܫܐ ܘܢܦܫܐ ܬܠܝܐ
ܒܗܝܡܢܘܬܐ ܘܗܝܡܢܘܬܐ
ܬܠܝܐ ܐܦ[4] ܗܝ ܒܐܠܗܘܬܐ
ܕܗܟܢܐ ܕܐܒܐ ܒܒܪܗ[5] ܙܪܐ
ܘܡܬܐ ܕܗܢܐ ܠܟܠܗܘܢ ܒܪܘܚܐ

3 ܒܗܢܐ ܙܪܪܐ ܚܢܢ ܡܫܡܫܝܢ ܐܢܫ
ܐܢܫ ܢܦܫܗ ܒܡ ܟ̈ܠܝܐ
ܒܢܦܫܐ ܚܝܐ ܘܒܗ ܦܓܪܐ
ܚܝܐ ܘܫܡܫ ܒܗܝܡܢܘܬܐ
ܘܫܒܩܐ ܘܫܒܚܐ ܡܬܡܪܝܢ ܬܘܒ
ܒܐܠܗܘܬܐ ܘܡܬܡ̈ܪܝܢ[6] ܒܝ̈ܠܕܗ̇

4 ܠܐ ܚܣܬ ܢܛܪܘܗܝ ܠܙܘܒܒܐ
ܗܢܐ ܬܡܝܗܬܐ ܘܠܐ ܬܬܕܪܫ

LXXX. A 28 r° c, 8 a. i. – 28 v° b, 14 ; B p. 186 b, 26 – p. 187 b, 3 ; C 139 r°, 13 – 141 r°, 1 — [1] Suppl. ex BC — [2] B ܕܐܓܘܢܐ — [3] BC om. — [4] B ܘܐܦ — [5] C ܒܒܪܐ — [6] B ܘܡܬܡ̈ܪܝܢ

ܗܝܡܢܘܬܐ ܡܢ ܢܦ̈ܩܬ
ܕܡ ܢܗܘܐ ܠܟ ܡܢ̈ܬܐ ܒܦܩ̈ܐ
ܗܘ ܕܐܡܪ ܚܝܐ ܠܟܠܗܘܢ
ܕܢܣܒܘܢ ܡܢ̈ܬܐ ܡܕܝܢ ܡܢ̈ܬܗܘܢ[1]

5 ܐܐܪ ܗܕܐ ܢܦܫܐ ܕܟܘܠܐ
ܗܘܘܐ ܚܝܐ ܡܚܝܐ[2] ܠܦܓܪܐ
ܘܐܝܟܐ ܕܡܡܪܚ ܦܫܫ ܡܢܗ
ܙܕܩܐ ܚܝܐ ܡܫܬܐ ܗܘ ܠܥܠܡܐ
ܐܝܟܐ[3] ܕܦܫܫ ܡܢܗ ܡܡܐܡܪ
ܘܡܫܬܐ *[4] ܢܦܫܗ ܫܠܕܐ ܗܝ ܒܡܫܬܐ

6 ܠܐ ܓܒܐ ܐܝܟܐ ܒܡܘܬܗ ܕܡܫܬܐ
ܐܦܗܕ ܚܝܐ ܗܘ ܡܚܝܐ ܟܠ
ܐܝܟ ܡܟܐ[5] ܗܘ ܫܪܝܪܐ
ܕܠܐ ܡܬܕܓܠ ܡܟܘܒ ܚ̈ܝܐ
ܓܠܐ ܓܒܝܗ ܘܐܫܕ ܚܘܒܗ
ܕܓܗܐ ܗܘ ܦܓܪ ܕܢܦܠܗ ܠܟܘܬ

7 ܒܬܠܬܐ ܫܬܩ ܕܙܕܝܩܐ
ܒܗܝܡܢܘܬܐ ܡܫܒܚ ܚܝܐ
ܠܗ ܠܫܪܪܐ ܐܝܟ ܒܗܪܐ
ܗܕܝܐ ܒܕܪܗ ܘܠܕܘܒܪ̈ܐ
ܐܝܟ ܕܠܦܐܪܐ ܒܗܝܡܢܘܬܐ
ܥܡܠ ܘܬܠܐ ܐܢܘ ܒܫܘܒܚܬܐ ܕܘܡܫܬܐ

8 ܒܦܠܘܣܐ ܓܠܝܐ ܗܐ ܒܫܪ̈ܬܐ
ܢܬܚܣܡ[6] ܠܟ ܐܝܟ ܕܒ̈ܝܫܐ
ܕܚܣܝܢ ܦܓܪܐ ܐܝܟ ܬܓܪܐ
ܒܠ ܡ̈ܢܝܐ ܘܐܦ ܪܒܝܐ
ܢܒܥ ܓܪ̈ܗܝ ܐܝܟ ܡܠܝܐ
ܠܗܝܡܢܘܬܐ ܐܠܦܐ ܕܫ̈ܝܐ

[1] B ܠܡ̈ܫܬܐ ; C ܡ̈ܫܬܐ — [2] B ܡܚܝܐ (C corr.) — [3] BC ܘܐܝܟܐ — [4] BC — [5] BC ܐܝܟܢܐ — [6] C ܬܬܚܣܡ

* 28 v° b

9 ܘܟܕ ܗܘ ܦܓܪܐ ܒܚܝܘܬܗ ܗܘ *
ܕܢܦܫܐ ܩܐܡ ˹ܒܠܚܘܕܐ ܩܐܡ
ܘܐܦ ܗܝ ¹ܢܦܫܐ ܒܪ ܠܒ ܚܝܐ
ܕܠܐ ܕܘܒܪ̈ܐ ܘܐܦ ܠܐ ܚܝܐ
ܕܒܡܥܡܕ̈ܢܐ² ܕܗܝܡܢܘܬܐ
ܡܓܢܐ ܠܚܝܐ ܘܩܘܕܫ ܒܠܒ̈ܐ

10 ܒܗܢܐ ܠܒܪ ܡܗܝܡܢܐ ܘܢܦܫ
ܘܒܫܡ ܪܘܚܗ ܒܡܠܐ ܕܩܝܡܗܝ
ܘܚܝܐ ܒܡܗ̈ܝܡܢܐ ܒܐܝܕܝ ܠܒܪ
ܢ̈ܦܫܐ ܒܦܓܪ̈ܐ ܘܒܐܝܕܝ ܒܗܢܐ
ܡܛܠ ܓܒܝܐ ܕܚܝܡ ܢܦܫܗ
ܘܐܘܪܬ ܚܝܠܗ ܠܦܓܪܐ ܕܐܓܪܘܗܝ
[ܫܠܡ]³

LXXXI

(De Margarita I)

ܥܠ ܡܪܓܢܝܬܐ ܥܠ ܩܠܐ ܕܒܗ ܦܦܡ

1 ܒܚܕ ܡܢ ܝܘܡܝܢ ܡܪܓܢܝܬܐ
ܫܩܠܬ ܐܚܝ ܚܙܝܬ ܒܗ ܐܪ̈ܙܐ
ܟܕ ܡܠܟܘܬܐ ܨܠܡܐ ܘܛܘܦ̈ܣܐ
ܕܗ̇ܝ ܪܒܘܬܐ ܗܘܬ ܠܗ ܡܒܘܥܐ
ܘܐܬܥܬܬ ܡܢܗ ܐܪ̈ܙܘܗܝ ܕܒܪܐ

ܒܘܝܢܐ : ܒܪܝܟ ܗܘ ܕܡܬܠܗ ˹ܠܡܠܟܘܬ ܪܘܡܐ
ܒܡܪܓܢܝܬܐ¹

2 ܣܡܬܗ ܐܚܝ ܥܠ ܦܣܬ ܐܝܕܝ
ܕܐܬܒܩܐ² ܒܗ̇ ܐܝܟ ܕܐܚܙܝܗ

[1] In C corr. — [2] B sine punctis pluralis; C ܕܒܡܥܡܕ̈ܢܐ — [3] Suppl. ex B

LXXXI. A 28 v° b, 15 – 29 r° a, 25; B p. 187 b, 4 – p. 188 b, 18; C 141 r°, 2 – 144 r°, 10 (omisso folio 143 quod continet De Marg. VII 9-16) — [1] C ܠܡܪܓܢܝܬܐ ܒܡܠܟܘܬ ܪܘܡܐ — [2] B ܕܐܒܩܐ

ܡܢ ܡܕܝ ܚܒܟܐ   ܟܐ ܠܗ ܗܘܐ ܐܠܐ

ܡܢ ܟܠ ܚܬܢ   ܬܟܠܗ ܘܒܪܐ

ܕܠܐ ܚܕܝܪܐ   ܕܟܠܗ ܘܢܡܐ ܗ,

3 ܚܕ, ܫܘܒܚܗ   ܘܚܕܘܬ ܠܐܒܐ

ܕܠܐ ܪܚܝܫܐ   ܕܒܢܪܝܟܐ ܘܚܕܘܬܗ

ܐܠܪܐ ܪܒܐ   ܦܪܝܡ ܪܗ ܝܪܢ

ܕܗܠܠܝ [1]ܗܘܐ   ܐܠܐ ܩܘܠܗܝ

ܫܘܚܘ ܘܠܩܘܠܬܐ   ܕܠܐ ܡܫܟܠܬ

4 ܗܘܐ ܠܗ ܚܕܒܝܪ   ܥܒܕ ܗܪܝܬܐ ܠܬܥ

ܘܩܒܠܗ ܠܐ ܗܘܐ   ܪܚܕܐ ܠܗ ܒܪܝܬܐ

ܘܒܪܐ ܟܩܢ   ܩܒܥ ܗܘܬ ܚܝܝܢ

ܕ, ܗ, ܠܝܚܬܗ   ܘܐܪ ܝܪܪܐ ܥܫܪܐ

ܕܐܝܠܬ ܚܝ ܪܗܠ [2]ܘܠܐ   ܐܝܟܐ

5 ܚܝܝܬ * ܚܝܚ ܫܦܚܝ,   ܘܗܟܘܒܝܬܗ,   * 28 vo c

[3]ܘܒܪܝܪܗ ܚܝܝܬ   ܘܒܠܠܟܬܗ,

ܘܒܥ ܥܝܪܪܝ [4]   ܘܒܚܘܒܝܗ

ܘܒܥܠܟܠܗܘ   ܪܝܪܗ ܠܗ ܠܐ

ܡܢ ܩܒܠ ܪܬܥܘܬ   ܕܩܒܠ ܠܗ ܡܢ

6 ܚܝܬ ܡܢ ܩܒܐܗ   ܕܠܐ ܟܠܠܝ

ܕܒܪܬ ܘܢܝܘܝ ܗ,   ܠܦܘܩܗܐ ܟܟܠܐ

ܕܠܐ ܐܪܠ ܪܒܐ   ܕܠܟܐ ܕܪܝܪܐ

ܕܠܐ ܩܒܐܗ   ܕܒܪ ܥܕܬ ܩܕܫܐ

ܕܠܐ ܪܝܗ   ܘܠܐ ܗܘ ܩܝܘܬܗ

7 ܦܩܘ ܥܩܘܒ [5]   ܘܠܚܢ ܝܪܒܪܐ

ܠܐ ܠܡ ܒܪܥܝܕ   ܫܒܥ ܒܘܗܝܬܗ

ܗܒ ܚܝܬ ܚܝܒ ܩܘܐ   ܐܠܗ ܐܪܝܪ ܦܠܬ ܐܪܢܝܪ.ܝܘܕ.

ܐܝܟ ܡܢ ܚܝܢ   ܪܕ ܒܠܥܘܕܠܪܐ

[1] BC ܗܡ — [2] BC ܗܝܘ — [3] BC ,ܗܘܝܪܝܫ — [4] BC ,ܗܘܝܬܗ — [5] BC ܪܝܪܒܥ

* 29 ro a

---

[1] B ܘܐܦ — [2] B om. ܘ — [3] Omitte ܢ cum BC — [4] B ܡܢܗܝ — [5] Lege ܡܚܬܝܠܬ BC — [6] C ܣܝܝ — [7] B ܥܒܕ — [8] Lege ܬܚܒܪܗ BC — [9] Lege ܡܚܒܪ̈ܝܢ BC — [10] B ܘܐܦ

20   LXXXII

(De Margarita II)

---

[1] B ܘܐܟ — [2] BC ܠܚܣܝ — [3] C (B?) ܘܐܟ — [4] BC ܟܚ̈ܠܬܗܐ ܚܡܝ̈ —
[5] Suppl. ex. B

LXXXII. A 29 r° a, 26 – 29 r° c, 11; B p. 188 b, 19 – p. 189 a, 4 a. i.; C 144
r°, 10 – 145 v°, 16 — [1] Suppl. ex B — [2] A add. contra metrum ܙܢ̈ܝ̈ܗܬܐ —
[3] B ܠܢܘ

ܚܠܠ ܚܡ ܕܐܝܢܝ ܪܟܡܫܐ

ܐܬܕܐܗ ܪܟܫܐ ܘܕܗܪܐ ܕܐܬܢܝ ܪܟܐ

ܐܬܐܟܪܘܬ ܠܟ ܩܪܘܡ،

2 ܪܟܡܝ ܐܝܪܡܟܘ ܟܘܬܐܠ ܪܟܡܘ   5

1 ܐܠ ܕܗ. ܡܟܡܘ ܐܟܝ ܟܩܡܟ ܢܒܠܐ ܡܩܡܗ 2ܐܠܒܝ

ܐܠ ܕܗ. ܒܟܚܗ ܚܡ، ܩܟܠܒܢ ܟܪܐܗܡܘ،

ܐܠ ܕܗ. ܒܡܟܗ ܚܡ ܠܩܡܗܪܟܐ

ܘܒܩ ܝܠܘܐܩܒܩ ܕܗ. ܠܗ ܝܠܐ ܠܚܡ

3 ܐܪܟ،ܘ 3ܡ، ܕܝ،ܒܟܘܡ ܐܠܟ ܐܪܟ ܟܠܘܢܘܪ.

م 4ܕܡ، ܠܟܐ ܕܗܒ ܝܡܚܬܠ ܗܡܕܐܪܟܘ، ܗܡ ܐܡ ܠܗܝ   10

ܠܟܠܗܬ ܐܪܝܘܡ5 ܒܟܐܪܟ.ܘ܃ܝܚܒܪܟ

ܒܟܠܝ. ܐܗܕܝ ܪܟܗ ܟܬܦܐܪܟ ܝܠܐܘܟܪ

ܪܟܐ ܚܕ ܐܪܟܬܠ ܟܚܟ.ܕ ܪܟܚ،ܩܒ

4 ܠܟܝ. ܐܠܟܪ ܕܟܚܒܐܪܟ ܚܒܡܐ

ܐܝܪܐܝ ܐܪܝܒܪ ܩܝܠܚܒ ܝܥܪܟܐ   15

ܐܠ. ܪܟ ܡܪ ܪܟܡ܃ܝ܃ ܐܠܕܟ ܐܗܩܘܐ

*6ܐܪܟܬܘ ܐܠ.ܗܩ   ܝܪܟܚܕ ܗܟ.ܕܗܠ *

ܐܩܡ ܟܚ،ܘ܃ܝܒܩ ܪܟܗܒܕܡܟܪ ܐܩܡ

5 ܠܟܠ ܢ ܝܒܟܪ ܐܟܪ ܘܐܠ.ܗܩ ܐܬܘܪ ܐܩܡ

ܐܩܡ ܟܚ،ܘ܃ܝܒ ܐܪܟ ܗܡ ܐܘ ܟܡܟܚܒܘ.ܗܬܪܟ   20

ܝܚܒܪܟ.ܘ܃ܝ ܐܪܝܒܪ ܝܥܪܟܐ

ܐܬܠܒܟܪ ܐܝܟܒ ܝܠܐܘܩܒܩ،ܘܚܒܘܬܐܪܟ

ܪܟܬܐܘܪ ܐܪ ܐܪܟܬܘ ܠܚܠ ܬܐܪܟ

6 ܝܟܬܦܟܬܐ ܐܝܠܟ ܗܡܐܩ ܐܒ ܪܟܥ_ܚܒܡܕ

ܝܒܟ ܐܪܒܟܐ ܐܬܠܟ ܪܟܡܐ܃ܘܬܐܪܟ   25

ܐܪܟ܃ܘܒ܃ ܐܗܩܘܐ ܥܝܒ ܚܒ܃ܝ܃ܐܬܕܒ ܐܪܟܗ܃ܘ.ܕ

ܥܝܒ ܪܝ ܟ ܗܡܘܐܠܩܕ ܠܚܠ ܐܬܠܟ ܟ ܥ ܗܡܐ

ܚܠܠ ܐܩܡܗܘ ܡܝ ܚ܃ܝ܃ܚܒܚܬܕ

¹ B ܗ.ܕ܃ — ² B ܗܠ — ³ C ܬܐܪܟ — ⁴ B ܗ܃ܡ — ⁵ C ܐܪܝܘܡ — ⁶ BC add. ܐܩܡ

* 29 ro b

---

¹ Lege ܕܩܘܠܬ BC — ² In A add. in marg. — ³ BC ܐܬܝܬ — ⁴ C add.
ܬܚܬܝ ܠܡ — ⁵ B ܪܥܝ — ⁶ B ܪܡܐ — ⁷ B ܐܠܟܬܠܐ — ⁸ Lege ܢܩܒܐ
B — ⁹ C ܚܝܕ — ¹⁰ B ܢܣܡܚܬ — ¹¹ B (C corr.) ܨܝܪܕ

LXXXIII

(De Margarita III)

---

¹ BC om. ܕ — ² Lege ܗܘܘ B (C corr.) — ³ Suppl. ex B

LXXXIII. A 29 rᵒ c, 12 – 29 vᵒ a, 2 a. i.; B p. 189 a, 3 a. i. – p. 190 a, 29 ;
C 145 vᵒ, 16 – 147 vᵒ, 12 — ¹ Suppl. ex B — ² B ܒܟܘܝܘܠܬ — ³ C ܒܝ̈ܢ̄ܣܐ, —
⁴ Sic ABC (pro ܕܒ̈ܙ̄ܘܪܣ) — ⁵ B ܒܗܪ̈ܣܢ — ⁶ C (in margine) ܘܐܟܫܠ

ܫܒ ܟܒ ܒܕ ܠܟ ܫܠܒܐ ܗܘ ܗܘܢܘܐܘ. ܟܒ *   * 29 vo a

---

¹ Lege ܫܒܚ BC — ² Suppl. ex BC — ³ Lege ,ܗܘ B (C corr.) — ⁴ Lege ܡܚܠܬ ܠܝܐ BC — ⁵ B ܕܝܚܘܫ.ܝܚܘܡܢ

LXXXIV

(De Margarita IV)

---

¹ C add. in margine — ² C ܐܒܪ — ³ BC ܐܘ̈ܠܕ.ܟܘܢ — ⁴ Lege ܪܒܝ B —
⁵ Suppl. ex B

LXXXIV. A 29 v° a, ult. – 29 v° c, 33; B p. 190 a, 10 a. i. – p. 191 a, 24;
C 147 v°, 13 – 148 v° ult. + 136 r°, 1 – 136 v°, 2 a. i. — ¹ Suppl. ex B — ² B
ܡܚܝܬ — ³ B om. ܗܘ — ⁴ BC ܪܒܣܝ.

3 ܘܐܦ ܒܡܘܕܐ ܠܡܪܓܢܝܬܗ
ܠܐ ܒܥܐ ܠܗ̇ ܒܗ̇ ܗܘ ܚܕܝ
ܟܠ ܬܓܪ̈ܐ ܒܪ̇ ܠܐ ܒܥܝ
ܕܐܡܬܝ̣ ܐܝܬܝܗ̇ ܠܐ ܗܡܫ ܒܗ̇
ܐܦ ܠܐ ܡܠܒܐ ܕܡܬܒܠܠ ܒܗ̇

4 ܟܠ ܕܗܘܐ ܠܗ̇ ܒܠܥܡ ܣܟܠܐ
ܒܥܝܪܐ ܣܟܠܬܐ ܒܪ̇ ܐܬܢܐ
ܡܠܠ ܒܦܘܡܗ ܕܢܦܩ ܠܐܠܗܐ
ܕܡܠܠ ܒܦܘܡܗ ܘܐܦ ܠܟ ܬܒܥ
ܡܪܓܢܝܬܐ ܚܠܦ ܐܬܢܐ

5 ܠܥܡܐ ܕܗܘܐ ܠܒܐ ܕܟܐܦܐ
ܒܟܐܦܐ ܒܣܪܗ ܕܗܘܐ ܠܗ̇ ܒܟܐܦܐ[1]
ܥܒܕܬ ܬ̈ܠܡܝ ܣܗܕܐ ܒܒܪܗ
ܕܠܗܘܢ ܬܒܥ ܘܠܒܘܢ ܚ̈ܙܝܐ
ܬܒܥ ܢܘܢ ܡܪܓܢܝܬܐ

6 ܒܣܘܚܬܐ ܘܣܘܪܒܐ ܚܙܝ
ܠܬ̈ܝܢ ܐܢܫܐ ܒܬܘܪܐ ܚܙܝ
ܐܦ ܒܚܡܪܐ ܬܒܥ ܗܡܣܐ
ܡܪܓܢܝܬܐ ܗܐ ܦܪ̈ܘܫܐ
ܐܦ [2] ܡܓܪ̈ܒܐ ܘܐܦ ܬܪ̈ܬܝܢܐ

7 ܠܘ ܐܝܟ ܣܗܪܐ ܡܠܟܐ ܢܗܘܪ
ܐܘ ܡܬܟܪܝ ܥܒܕܐ ܕܪܒ ܗܘ
ܕܢܗܘ ܡܢ ܟܠ ܗܐ ܓܝܪ ܠܦܘܣܗ
ܒܚܘܪܬܗ ܐܪܙܗ ܕܒܪܐ
ܕܢܚ ܙܗܪܝܪܗ ܪܒ ܡܢ ܥܒܕܐ

8 ܘܗܟܢܐ ܡܠܟܐ ܕܡܠܟܐ ܢܗܘܪܐ
ܡܪܓܢܝܬܐ ܗܝ ܘܠܝܬ ܐܟܘܬܗ
ܕܢܓܘܒ ܡܢܗ̇ ܕܙܘܪܗ̇ ܙܘܦܪܗ̇

[1] A add. supra lineam — [2] BC ܘܐܦ

ܐܦ ܢܛܘܪܬܗ ܠܐ ܣܥܘܪܐ
ܐܝܟܐ ܕܐܝܬܝܗ ܫܠܡܬ ܒܠܗ̇
9 ܘܐܢ ܐܢܫ ܓܒܐ ܕܢܬܒܪ ܢܣܒ
ܓܒܪܐ ܡܢܗ ܠܡܫܝܚܘܬܐ
ܕܡܢܬ ܕܐܒܕܬ ܓܙ. ܒܦܘ̈ܪܐ
ܕܦܬܦܬܘ ܦܪܝܣܘܬܗ̇ ܕܬܘܒ ܡܬܒܥܐ
ܗܝܡܢܘܬܐ ܦܠܓܐ ܗܝ ܡܢܗ *
10 ܗܝܡܢܘܬܐ ܚܝܐ ܗܝ ܫܡܠܝܐ
ܕܠܐ ܡܬܦܠܓ ܗܘ ܦܪܘܫܐ
ܡܫܬܠܓ[1] ܒܗ̇ ܗܘ ܒܦܘܪܐ
ܡܬܦܠܓ ܒܗ̇ ܕܪܕܦ ܢܘܗܪܐ
ܡܢ ܒܢ̈ܬܗ ܗܘ ܡܫܬܠܓܐ
11 ܡܬܦܠܓ ܐܝܟ ܢܘܪܐ ܘܪܘܚܐ
ܟܕ ܚܝܢ ܢܘܗܪܐ ܒܠܚܘܕ
ܡܢ ܟܠ ܒܢ̈ܝܢ ܠܐ ܡܬܦܠܓ
ܐܝܟ ܒܪܘܚܗ ܠܘ ܕܝܢ ܒܢܘܪܐ ܗܘ
ܕܐܦ ܗܘ ܡܦܠܓ. ܟܕ ܠܐ ܚܣܪ
12 ܘܐܢ ܐܢܫ ܣܒܪ ܕܡܬܦܠܓܐ ܐܢܬܝ[2]
ܦܠܓ ܦܠܓܐ ܚܝܢ ܡܢܗ
ܕܠܘ ܬܘܡܢܐ ܗܘ ܕܐܘܡܢܘܬܐ
ܐܝܟ ܟܠ ܒܢ̈ܦܝܢ ܒܐܪܙ ܗܘ ܡܠܐ
ܕܠܐ ܬܘܠܝܗ ܒܡܕܘܬܐ
13 ܒܪܘܬ ܒܦܡܝ[3] ܡܢ ܦܘܫܚܐ
ܕܒܦܗ[4] ܕܒܪܐ ܕܝܠܕܝ ܕܝܠܕܝ
ܡܢ ܟܘ ܒܡܫܡܥܐ ܕܒܪ ܒܪܘܚܝ
ܡܢ ܪܘܡ ܪ̈ܘܡܐ ܟܕ ܕܡܐ ܠܝ
ܠܐ ܕܡܐ ܠܝ ܕܠܐܒܘܗܝ ܕܡܐ
14 ܘܐܝܟ ܬܫܡܫܬܐ ܬܪ̈ܝܢ ܠܗ ܒܢ̈ܝܢ
ܕܝܠܕܝ ܐܦ ܠܝ ܢܚܬ ܡܢ ܪܘܡܐ

* 29 vo c

[1] In C corr. — [2] BC ܗܝ — [3] C ܒܐܦܡܝ — [4] C ܕܒܐܦܗ

LXXXV   10

(De Margarita V)

¹ C ܐܝܘܬܪ; B ܢܝܘܬ (?) — ² C ܘܬܡ — ³ B om. ܘ — ⁴ Suppl. ex B
LXXXV. A 29 v° c, 34-30 r° b, 6; B p. 191 a, 25-p. 191 c, ult. — ¹ Suppl.
ex B — ² Abhinc usque ad LXXXVII 9, 1 deest C — ³ B ܘܪܐ — ⁴ B ܘܬܒ

ܘܠܫܘ̈ܒܚܐ ܒܣܡܬܝ ܐܢܘܢ
ܠܐ ܡܫܬܬܝܬܝ ܘܒܬܫܒܘܚܬܐ
ܡܚܝܠܐ ܕܐܪ̈ܙܐ ܠܥ̈ܕܢܐ ܒܒܝܕܬܝ

4 ܐܢܬܝ ܗܝ ܕܪܒܐ ܒܡܘܪܬܗ̇ * — * 30 rº *a*
ܡܪܓܢܝܬܐ ܒܢܘܪܐ ܡܫܘܚܬܟܝ
ܘܒܘܪ ܒܠܒܝ ܟܡ ܡܬܠܟܝ
ܪܒ ܕܝܢ ܫܘܒܚܝ ܠܬܓܪܐ ܗܘ ܒܠܝܘܪ.
ܠܝܬ ܕܫ̈ܒܥܐ ܘܟܡ ܗܘ ܫܘܡܬܝ

5 ܘܐܝܟܐ ܕܠܐ ܪܓܫ ܒܡܘܪܬܟܝ
ܕܒܗܐ ܪܒܐ ܐܢ ܫܐܦ ܠܟܝ
ܐܦ ܡܘܒܕ ܠܟܝ ܕܢܬܒܕܠ[1] ܒܗ̇
ܒܗܕܝܘܦܬܗ ܡܢܐ ܓܒܪ ܕܢܣܒܝ
ܒܟܠܠ ܡܠܟܐ ܒܟܝ ܡܬܝܩܪ.

6 ܐܢܫܐ ܫ̈ܠܝܚܐ ܒܟܦܪܘ ܘܫܐܠܘܟܝ
ܡܪܓܢܝܬܐ ܠܐ ܗܘܐ ܡ̈ܠܟܐ
ܢܗܒܝ ܠܗܘܕܩ ܠܒ̈ܢܝ ܐܢܫܐ
ܐܠܐ ܫ̈ܠܝܚܐ ܐܪܙ ܡܫ̈ܒܚܐ
ܘܕܝ̈ܡܐ ܘܕܓ̈ܠܠܠܐ[1]

7 ܠܐ ܡܛܝܢ ܗܘܘ ܓܝܪ ܠܘܫ̈ܟܐ ܠܒܪ̈ܝܐ
ܕܢܐܬܘܢ ܐܪ̈ܝܟܝ ܐܬܘ ܕܫ̈ܠܝܚܝܢ
ܐܝܟ ܠܩ̈ܕܐ ܡܢܘ ܦܓܪ̈ܝܗܘܢ
ܘܢܣܬܘ ܐܪ̈ܝܟܝ ܘܣܘܣܝܬܝ ܠܗܘܢ
ܘܦܣܬܝ[2] ܒܗܘܢ ܕܒܗܐ ܪܘܡܘܒܝ

8 ܣܒܪܬܐ ܢܗܘܐ ܠܟܝ ܠܥ̈ܝܢܝܗܘܢ
ܡܕܡ ܒܥ̈ܒܝܗܘܢ ܦܬܚܘ ܡܫ̈ܒܚܐ
ܘܐܦܘ ܚܙܘ ܒܬܪܐ ܚܕܬܐ
ܒܢܬ ܬܓܪ̈ܐ ܒܘܪ̈ܝܗܘܢ
ܕܐܢܫܐ ܣܡܘܟܝ ܐܝܟ ܣܡ ܫ̈ܢܐ

[1] B om. ܕ — [2] B ܘܦܣܣܬܝ

ⁿܐܬܠܐ ܕܠ ܕܒܓܪܘܣܬܐ⁵

¹ B ܒܪܐܝܟ — ² Lege ܚܣܠ B — ³ Lege ܐܡܘܣܢ B — ⁴ B ܓ,ܢܝ, — ⁵ B ܥܠܚ

LXXXVI

ܬܘܒ ܥܠܘܗܝ ܕܡܠܟܐ[1]

1 ܢܦܫ ܕܘܒܪܢܐ ܕܐܒܗ̈ܘܬܐ
ܡܢ ܠܗ ܟ̈ܠܝܢ ܕܫܦܝܢ ܗܘܘ ܠܒ
ܟܕ ܚܣ̈ܝܢ ܘܚܪ̈ܝܦܝܢ ܗܘܘ
ܟܕ ܬܡܝܗܝܢ ܕܠܐ ܒܡܘܒܠܐ
ܕܪܥܝܗܘܢ ܘܐܬܘ ܠܐܘܪܚܐ ܕܚ̈ܝܐ
ܒܩܘܫܬܐ: ܠܦܘܩܕܢܗ ܠܐܢܫܐ ܕܪܘܡܟ ܒܥܡܟ
ܕܪܘܡܟ ܐܒܘܟ[2]

2 ܘܟܕ ܚܙܬܝܢ ܗܘܘ ܠܝܘܚ̈ܢܘܗܝ
ܠܐ ܐܬܒܥܣܘ ܠܐ ܐܬܒܕܪܘ
ܐܝܟ ܩ̈ܘܠܦܐ ܘܠܐ ܐܬܒܚܢܘ
ܐܝܟ ܟܢ̈ܘܫܐ ܒܟܠ ܫ̈ܒܝܠܝܢ
ܡܫܡܫܢܘܬܗܘܢ ܗܘܬ ܐܠܦܬܗܘܢ

3 ܝܗܒܘ[3] ܢܚܘܫܐ ܗܘܘ ܢܦܩ̈ܪܐ
ܘܕܫܪܐ ܫܪܐܘܗܝ ܒܒܘܪ̈ܟܐ ܦܬ̈ܐܐ
ܗܝ ܠܐܠܦܐ ܘܡܢ ܬܪܥܒܘܬܐ
ܕܒܫܐ ܠܫܡܫܘܗܝ ܠܐ ܕܢܘ ܘܕܪܫܘ
ܕܟܠ ܡܢ ܦܠܚܐ ܘܠܡܢ[4] ܕܟܝ

4 ܘܕܫܪܐ ܫܒ̈ܐ ܒܒܥܒܐ ܒܪܝܗܐ
ܠܒܫܘ ܚܘܠܡܢܐ ܢܣܒ ܗܘ[5] ܫܒܥܘܗܝ
ܒܪܬ ܢܘܒ̈ܪܐ ܘܠܐ ܗܘܐ ܕܫܪܐ
ܒܬܪ ܕܕܢ̈ܩܐ ܢܣܒ ܗܘܐ ܢܒܥܐ
ܐܦ ܕܝܬܐ ܘܫܠܝܘ ܒܟ̈ܪܐ

5 ܪܫܐ ܕܕ̈ܩܘܢܐ ܘܙܩܦ ܘܐܩܝܡ
ܒܚܪ̈ܝܢܘܗܝ ܚܝ ܫ̈ܠܝܬܐ

LXXXVI. A 30 r° b, 7 – 30 v° a, 32; B p. 192 a, 1 – p. 193 a, ult. — [1] B ܘܒܪ ܡܠܘܗܝ — [2] B ܠܟ ܬܫܒܘܚܬܐ ܒܪ ܒܪ[ܘܟܐ] ܕܠܟܠ ܡܚܝܢܐ — [3] Lege ܝܗܒ B — [4] B ܘܟܠ ܡܢ — [5] B ܗܘܐ

8   ܐܪ̈ܘܒܪܗ ܘܪ̈ܚܠܝܗ̈ܕܪܐ ܬܝܪ̈ܗ ܘܗܘ̣ܒܘ ܡܗ   * ܒܡ ܐܗ̈ܘܦܘ *   * 30 rᵒ c

¹ B ܘܗܘܡܐ — ² B ܘܟܐ — ³ B ܘܡܦ

---

¹ Lege ܐܝܢܝ B — ² B ܒܡܘܪܚ — ³ B ܠܓܠܐ — ⁴ B ,ܐܬܟܝܬܘܗ — ⁵ B ܠܪܝ — ⁶ Lege ܫܒܬ B — ⁷ B ܗ,ܕ

* 30 vo a　　　　ܡܫܟܐ ٭ ٢ ܚܒ ܡܫܝܚܐ ܓܒܪܝ ܒܩܠܗ　　　　5

---

¹ Lege ܥܒܪܝ ܂ܡ B — ² Lege ܠܟ،ܝ B — ³ Lege singularem cum B (?) —
⁴ Lege ܢܘܝ B — ⁵ B om. ܘ

ܪܕܝܬܐ ܪܘܪܒܬܐ ܕܥܠܡܐ ܚܪܝܢ، 22

ܗܐ ܗܘܪܢܝܪܚ[1] ܕܩܢ،ܝܬܐ

ܘܐܬܝ ܝܨܪܬܝ، ܡܢ ܡܕܐ

ܟܠܝܠ ܒܝܕܘܢ ܚܕܝܘ ܗܘ ܕܝܢ ܠ

ܐܦ ܒܩܚܕ ܐܦ ܗܘܪܝܢܝܚ

[ܐܠܦ][2]

LXXXVII

ܒܪ ܩܠܗ

ܐܡܪ ܐܠܗܐ[1] ܚܝܠ ܕܒܪܐ 1

ܬܚܘ ܫܘܒܚܐ[2] ܕܢܐܝ[3] ܠܒܪܬܗ

ܕܐܢܝ ܠܒܥܬܐ ܢܗܝܪܐ ܠܟܬ

ܐܚܕܬܘܗܝ ܗܘܘ ܡܢ ܢܓܗ

ܠܟܬܐ ܠܚܒܕܬ. ܕܐܬܚܠܝ ܗܘܘ

ܩܘܒܚܬܐ: ܫܘܒܚܐ ܠܐܠܗܐ ܒܩܪܗ ܥܒܕ

ܘܠܗܘ ܩܝܪܡ[4]

ܠܟܠ ܕܗܡܝ ܡܠܝ ܡܢ ܪܫܝܬ 2

ܟܕ ܒܕܩܬܐ ܘܠܗܘ ܩܝܪܡ

ܕܐܠܝ ܡܠܐܟܝ[5] ܩܒܘ ܕܐܦ ܨܥܬܗ

ܘܨܥܬܗ ܘܐܠܐ ܕܪܒܝܬܘܐ[6]

ܐܠ ܬܚܝܪܬ[7] ܬܚܝܪܬ[8] ܕܪܝܫܘܗܝ،

ܐܠܘܗܐ * ܠܟܝ ܕܡܒܬܚܝ 3   * 30 vo b

ܐܡܪܬ ܒܐܪܡ ܘܬܟܒܚܐ

ܡܢ ܫܘܒܐ ܚܕ ܗܝ ܕܝܚܬ

ܐܦ ܗܡܕܡ ܠ ܕܬܚܝ[9]

ܘܠ[10] ܠܕܝܢܝܚ ܘܩܘܡ ܚܒܝܪܐ

---

[1] B ܗܘܪܝܪܚ — [2] Suppl. ex B

LXXXVII. A 30 v° a, 33 – 31 r° a, 25; B p. 193 b, 1 – p. 195 a, 1; C (a str. 9,
1) 143 r°, 1 – 143 v° ult.; 149 r°, 1 – 150 r°, 6 — [1] B ܟܐܠܗܐ — [2] B ܚܝܘܚ —
[3] B om. ܝ — [4] B ܩܝܪܡ — [5] B ܡܠܐܟܝ — [6] B ܕܪܒܚܡ — [7] B ܬܚܝܪܬ —
[8] Lege ܬܚܝܠܥ B — [9] B ܐܟܕ — [10] B om. ܘ

¹ B om. ܘ — ² B ܐܟܘܥܪ — ³ B ܐܟܘ — ⁴ Hic incipit C — ⁵ Lege
ܐܠܘܪܢܝ BC

---

¹ BC ܣܝ — ² BC ܘܐܝܘܐ.ܢ — ³ Lege ܗܐܡ B et corrige ܐܠܒܝ — ⁴ Lege
ܚܒܝ BC

ܩܘܪܝܐ [1] ܗܘܐ ܠܗ ܡܢ ܫܪܝܪܐ   15

ܚܣܪ ܩܫܝܫܐ   ܘܣܓܐ ܕܠܝܠܐ

ܡܢ ܟܠܗܝܢ ܘܠܐ ܥܒܕ ܠܗ [2]

ܐܝܟ ܕܪܝܢܐ   ܩܦܘ ܗܕܪܘܗܝ

ܥܘܕ ܣܘܡܐ ܕܠܝܬ ܕܫܘܝܢ   5

ܚܘܐ ܣܘܦܐ   ܐܝܬܪܘܗܝ ܡܢ   16

ܕܥܒܪܐ   ܕܠܝܐ ܗܘ ܢܗܘܐ

ܐܠܐ ܣܓܕܐ   ܚܝ ܘܟܢܘ

ܢܘܚܐ ܘܢܘܚܐ   ܘܝܘܢܐ ܕܢܚܡܗ,

ܘܣܝܡ ܘܣܡܝܟ ܒܚܠܗ ܢܠܗܡ,

ܥܠܟ ܩܣܐ   ܥܠ ܗܘ ܩܣܐ   17

ܕܒܠܗ ܡܒܝ   ܥܠܟ ܘܢܐ

ܥܠ ܫܦܘܩܐ   ܥܠܟ ܗܘܢ

ܘܣܪܐ ܦܫܚܘ   ܥܠܟ ܚܝܐ

ܥܠ ܚܝܘܐ   ܕܣܘܚ ܥܠ [3]   15

ܩܛܪ ܝܪܒܬܐ   ܠܦܫܬܐ ܚܠܬܗ   18

ܘܣܝܒ ܘܐܬܗ   ܫܡܥ ܘܝܘܢܠܟ

ܘܢܗܕܝ ܘܢܝܐ   ܕܟܣܐ ܦܩܪ ܥܠܗ ܗܘܐ

ܥܠ ܩܪܢܘ   ܐܝܟ ܗܘ ܫܦܐ

ܕܦܩܘ ܩܠܬܐ   ܕܟܕ ܗܕܫ ܗܘܐ   20

ܥܠ ܘܢܩܐ   ܘܢܩܐ [4] ܒܩܣܐ   19

ܗܘܐ ܚܝܪ   ܘܒܠܗ ܣܓܝ

ܥܠ ܫܥܐ ܫܥܐܪ   ܘܒܠܗ ܫܥܢܠ

ܟܣܘܝܬܐ   ܫܥܝ [5] ܕܝܗܕܪܦ *

ܓܣܥ ܐܝܟ ܕܫܘܝܬ ܗܘܐ   25

20   ܥܠ ܐܘܣܝܐܟ   ܕܝܪܚܬ ܚܠܬ

ܐܝܪܪ̈ [6] ܣܟܡ ܗܘ [7] ܒܩܠܐ ܕܦܠܗ   31 ro a *

---

[1] Lege ܩܘܪܝܠ BC — [2] C om. et legit ܥܒܕ — [3] B ܠ — [4] B ܘܩܣܐ — [5] C corr. in ܫܥ — [6] C ܐܝܪ̈ܐ — [7] B ܗܘܐ

---

[1] Lege ܡܩܪܣܐ B — [2] B ܦܛܗ — [3] C ܐܠܐ — [4] BC ܪܗܪ — [5] Lege ܚܣܡܘܢ B (C corr.) — [6] B ܘܗܡ ܕܪ̈ܝܙܐ ܕܫܩܠܬܘܬܐ ܬܒܕܚܠ ܥܠܐ ܘܕܗ, ܐܦܪܝܡ ܗܘܣ ܒܩܝܪܐ ܡܝܦ̈ܢܐ; C ܬܒܕܚܠ ܥܠܐ ܘܚܕܝܐ ܕܐܪܟܝܡ ܘܩܒܐ ܗܘܣ ܕܪ̈ܝܙܐ ܕܫܩܠܬܘܬܐ ܗܐܡ [ܗܝܣ]ܗܒܩ ܕܗܒܕܚܠ ܠܚܣܝܐ ܕܗ, ܐܦܪܝܡ ܡܝܦ

GRIECHISCHE LEHNWÖRTER

ܐܐܪ (ἀήρ) 3, *22*; 20, *2, 23*; 69, *21*; 70, *12*; 146, *19*; 154, *2, 5*; 160, *11*; 171, *17*; 179, *23*; 247, *5*.

ܐ[ܝ]ܓܘܢܐ (ἀγών) 44, *10*; 68, *4*; 129, *11*; 150, *11*; 151, *22*; 205, *21*; 210, *10*; 246, *9*; 267, *9*; 268, *16*.

ܐܕܡܘܣ (ἀδάμας) 124, *9*.

ܐܕܫܐ (εἶδος) 189, *21*.

ܐܣܛܠܐ (στολή) 139, *6*.

ܐܣܟܡܐ (σχῆμα) 57, *4*; 73, *8*; 87, *15*; 106, *3*; 111, *20*.

ܐܣܦܘܓܐ (σπόγγος) 270, *26*.

ܐܬܠܝܛܐ (ἀθλητής) 83, *13*; 126, *5*; 210, *20*; 246, *9*.

ܒܐܡܐ (βῆμα) 56, *12*.

ܒܪܘܠܐ (βήρυλλος) 252, *25*; 264, *20*.

ܓܠܦ (γλύφειν) 161, *5* — ܓܠܦܐ 149, *8*; 265, *19*.

ܓܢܣܐ (γένος) 69, *19*; 133, *20*; 134, *12*; 197, *15*; 242, *12*.

ܕܝܬܩܐ (διαθήκη) 79, *2*; 163, *11*; 175, *15*; 195, *6, 20*; 201, *2*; 216, *14*; 264, *11*; 267, *1, 2* — ܕܝ̈ܬܩܣ 78, *14*; 175, *21*.

ܗܕܝܘܛܐ (ἰδιώτης) 149, *12*; 150, *15*; 153, *13, 17*; 163, *27*; 166, *8*; 176, *8*; 242, *21* — ܗܕܝܘܛܘܬܐ 167, *3*; 261, *12*.

ܗܪ̈ܘܡܐ (ἀρώματα) 96, *8*; 180, *4*; 199, *14*.

ܛܟܐ (τάχα) 69, *11*.

ܛܟܣܐ (τάξις) 16, *16*; 17, *21*; 82, *24*; 96, *9, 15, 18*; 97, *25, 26*; — ܛܘܟܣܐ 17, *20*; 96, *11, 22*; 97, *12*; 100, *7*; 122, *15*; 131, *27*; 187, *23*; — ܛܟܣ 89, *1*; 96, *13, 19*; 97, *2, 4, 21*; 122, *10*; 183, *18*.

ܛܘܦܣܐ (τύπος) 34, *14*; 86, *7, 10*; 89, *20*; 109, *9*; 110, *8*; 132, *13*; 135, *24*; 154, *15*; 155, *5, 22, 25*; 173, *19*; 226, *21*; 228, *2*; 244, *17*; 245, *3, 6*; 247, *23*; 248, *19*; 249, *20*; 252, *8, 22*; 258, *23*; 260, *20*; 267, *21*.

ܛܘܪܢܐ (τύραννος) 40, *14*; 131, *4*.

ܩܘܢܐ (εἰκών) 13, *2*; 248, *19*.

ܟܪܘܙܐ (κῆρυξ) 45, *17*; 71, *20*; 75, *12*; 153, *2*; 191, *2*; 219, *17, 19*; 266, *21*; — ܐܟܪܙ 10, *20*; 29, *12*; 47, *29*; 64, *2*; 71, *15, 22*; 75, *21*; 78, *14*; 85, *9*; 116, *8, 11*; 128, *21*; 140, *23*; 155, *14*; 158, *24*; 160, *28*; 166, *20*; 167, *25*; 181, *6*; 183, *8, 9*; 186, *11, 18, 19*; 192, *4, 15*; 193, *6*; 203, *22*; 208, *24*; — ܐܬܟܪܙ 137, *2*; — ܟܪܘܙܘܬܐ 67, *10*; 70, *1*.

ܟܘܬܝܢܐ (χιτών) 71, *8*.

ܠܓܝܘܢ (λεγιών, legio) 187, *7, 8*; 232, *3*.

ܠܡܐܢܐ (λιμήν) 6, *4*; 14, *17*; 59, *7*; 213, *9, 11*; 215, *19, 20*.

ܠܡܦ[ܝ]ܕܐ (λαμπάς) 55, *23*; 256, *19*.

ܡܘܪܝܬܐ (μυρίτης) 52, *6*.

ܡܝܠܐ (μίλιον) 16, *15*; 201, *3*; 206, *13*.

ܡܘܟܠܐ (μοχλός) 257, *6*.

ܡܪܓܢܝܬܐ (μαργαρίτης) 66, *13*; 161, *3*; 248, *16, 17, 23*; 250, *4*; 252, *25*; 254, *14, 23*; 255, *11*; 256, *7, 17, 21, 27*; 257, *2, 7*; 258, *1, 10, 15, 19, 27*; 261, *5, 15*; 262, *11, 16, 21*.

ܢܡܘܣܐ (νόμος) 91, *4*; 96, *26*; 113, *22*; 153, *7, 8*; 155, *26*; 216, *10, 16*; 263, *15*.

ܣܘܠܢܐ (σωλήν) 135, *1, 24*.

ܣܢ[ܐ]ܓܪܐ (συνήγορος) 85, *23*.

ܣܦܝܠܐ (σάπφειρος) 117, *11*.

ܦܝܣܐ (πεῖσις) 49, *18*; 54, *10*; 114, *6*; 146, *7*; 148, *11*; 163, *23, 24*; 173, *6, 10, 11*; 203, *10*; — ܐܦܝܣ 44, *1*; 87, *5*; 90, *1*; 114, *10*; 134, *21*; 141, *7*; 154, *8*; 167, *18*; 170, *27, 28*; 175, *21*; 176, *23*; 201, *15*; 242, *23*; 244, *13*; — ܡܦܝܣ 166, *26*; — ܐܬܦܝܣ 153, *14*.

ܦܝܪܡܐ (πύρωμα) 38, *26*; 99, *14*.

ܦܪܕܝܣܐ (παράδεισος) 57, *18*; 97, *27*; 154, *17*; 209, *4*; 257, *15*.

ܦܘܪܣܐ (πόρος) 14, *20*; 73, *24, 25*; 106, *16, 18*; 120, *12*; 129, *22*; 146, *4*; 183, *27*; 194, *23*; 203, *14*; 231, *1, 10*; 245, *14*; — ܐܬܦܪܣ 231, *9*.

ܦܪܨܘܦܐ (πρόσωπον) 91, *11, 14, 17*; 111, *15*; 171, *20*.

ܦܬܩܐ [ܦܛܩܐ] (πιττάκιον) 271, *6*.

ܩܒܘܬܐ (κιβωτός) 39, *24*; 40, *1, 15, 26*; 41, *2*; 42, *20*.

ܩܝܛܘܢܐ (κοιτών) 154, *9*.

ܩܝܬܪܐ (κιθάρα) 6, *21*.

ܩܠܝܕ[ܐ] (κλείς) 58, *13*; 61, *8*; 85, *14*; 150, *24*; 209, *7*; 257, *7*.

ܩܢܛܪ[ܝ]ܘܢܐ (κεντυρίων, centurio) 35, *3, 15*; 196, *4*.

ܩ[ܐ]ܪܣܐ (καιρός) 184, *20*.

ܬܪܘܢܘܣ (θρόνος) 56, *12*.

VERZEICHNIS DER HYMNENANFÄNGE
(alphabetisch geordnet)